Rechnungshöfe als Gegenstand zeitgeschichtlicher Forschung

Historische Forschungen

Band 31

Rechnungshöfe als Gegenstand zeitgeschichtlicher Forschung

Entwicklung und Bedeutung der Rechnungshöfe im 20. Jahrhundert

Herausgegeben von

Theo Pirker

DUNCKER & HUMBLOT / BERLIN

Gedruckt mit Hilfe der Ernst-Reuter-Gesellschaft
der Förderer und Freunde der Freien Universität Berlin e. V.

CIP-Kurztitelaufnahme der Deutschen Bibliothek

Rechnungshöfe als Gegenstand zeitgeschichtlicher Forschung: Entwicklung u. Bedeutung d. Rechnungshöfe im 20. Jh. / hrsg. von Theo Pirker. — Berlin: Duncker und Humblot, 1987.
(Historische Forschungen; Bd. 31)
ISBN 3-428-06142-X

NE: Pirker, Theo [Hrsg.]; GT

Gedruckt 1987 bei Berliner Buchdruckerei Union GmbH, Berlin 61
Printed in Germany

ISBN 3-428-06142-X

Inhaltsverzeichnis

Abkürzungsverzeichnis

AAbt.	– Außenabteilung
Abg.	– Abgeordnete(r)
ABl.	– Amtsblatt
AbwSt.	– Abwicklungsstelle
AGORP	– Arbeitsgemeinschaft der Obersten Rechnungsprüfungsbehörden des Bundesgebietes
AGRHe	– Arbeitsgemeinschaft der Rechnungshöfe
AO	– Anordnung
BA	– Bundesarchiv
BayrGVBl.	– Bayerisches Gesetz- und Verordnungsblatt
BefrGs.	– Gesetz zur Befreiung von Nationalismus und Militarismus vom 5. März 1946
BFA	– Beratender Finanzausschuß für die französische Zone
BGBl.	– Bundesgesetzblatt
BHO	– Bundeshaushaltsordnung
BK/O	– Berlin Kommandantur-Order
BPA	– Bundespersonalausschuß
BRH	– Bundesrechnungshof
BSA	– Bundesschuldenausschuß
BWV	– Bundesbeauftragter für Wirtschaftlichkeit in der Verwaltung
CdZ	– Chef der Zivilverwaltung
DBl.	– Dienstblatt
DGB	– Deutscher Gewerkschaftsbund
DJZ	– Deutsche Juristen-Zeitung
DÖH	– Der Öffentliche Haushalt
DÖV	– Die Öffentliche Verwaltung
DVBl.	– Deutsches Verwaltungsblatt
EuL	– Ernährung und Landwirtschaft
FinArch	– Finanzarchiv
FK	– Finanzkontrolle
GBV	– Generalbevollmächtigter
GemBl.	– Gemeindeblatt

GG – Grundgesetz

GGO – Gemeinsame Geschäftsordnung

GVBl. – Gesetz- und Verordnungsblatt

HH – Haushalt

HPA – Hauptprüfungsamt

LRH(e) – Landesrechnungshof(-höfe)

LRK – Landesrechnungskammer

MiBef. – Militärbefehlshaber

MilReg. – Militärregierung

(Z)MR – (Zentrale) Militärregierung

NF – Neue Folge

NS – Nationalsozialisten

NSDAP – Nationalsozialistische Deutsche Arbeiterpartei

NSFK – Nationalsozialistisches Fliegerkorps

NSKK – Nationalsozialistisches Kraftfahrerkorps

NSV – Nationalsozialistische Volkswohlfahrt

OKH – Oberkommando des Heeres

OMGUS – Office of Military Government for Germany (US)

ORH – Bayerischer Oberster Rechnungshof

ORK – Oberrechnungskammer

PKRHe – Präsidentenkonferenz der Rechnungshöfe

PrGesS – Preußische Gesetzessammlung

RBZ – Regierungsbezirk

RGBl. – Reichsgesetzblatt

RH(e) – Rechnungshof(-höfe)

RHfS – Rechnungshof für Sonderaufgaben

RHG – Rechnungshofgesetz

RHiVWG – Rechnungshof im Vereinigten Wirtschaftsgebiet (Bizonenrechnungshof)

RHO – Reichshaushaltsordnung

RHWB – Rechnungshof Württemberg-Baden

RK(n) – Rechnungskammer(n)

RKWHz. – Rechnungskammer Württemberg-Hohenzollern

RM – Reichsmark

RPA – Rechnungsprüfungsamt

RPrG – Gesetz über die staatliche Rechnungsprüfung in Bayern vom 4. Juni 1948

RRH	– Rechnungshof des Deutschen Reichs (Reichsrechnungshof)
RSA	– Reichsschuldenausschuß
RSK	– Reichssparkommissar
RT	– Reichstag
RVBl.	– Reichsverwaltungsblatt
SA	– Sturmabteilung (NS-Organisation)
SBZ	– Sowjetische Besatzungszone
SMAD	– Sowjetische Militäradministration in Deutschland
Sp.	– Spalte
SS	– Schutzstaffel (NS-Organisation)
VAK	– Verwaltungsabbaukommission
VfZ	– Vierteljahrshefte für Zeitgeschichte
VO	– Verordnung
VOBl.	– Verordnungsblatt
VPSt.	– Vorprüfungsstelle
VR	– Verwaltungsrat
VWG	– Vereinigtes Wirtschaftsgebiet
WiGl.	– Gesetz- und Verordnungsblatt des Wirtschaftsrates des Vereinigten Wirtschaftsgebietes
WR	– Wirtschaftsrat
ZIK	– Zentralinstitut für sozialwissenschaftliche Forschung der Freien Universität Berlin, Archiv „Planung und Kontrolle“
ZParl.	– Zeitschrift für Parlamentsfragen
ZRH	– Rechnungshof des Deutschen Reichs (britische Zone) (Zonenrechnungshof)
ZVOBl.	– Zentralverordnungsblatt

Einleitung

Theoretische Defizite einer Finanzsoziologie – Ein Problemaufriß

Von Theo Pirker

Daß die demokratischen Machtstrukturen in bedeutender Weise auch einer ‚finanzsoziologischen' Betrachtung unterzogen werden müßten, stellt ein altes Desideratum der sozialwissenschaftlichen Forschung in Deutschland dar. Dieser dringende und begründete Wunsch ist bis heute weder von deutschen noch von amerikanischen, französischen oder britischen Sozialwissenschaftlern zureichend erfüllt worden.

Auf die Bedeutung einer Finanzsoziologie zur Erhellung demokratischer Machtstrukturen verwies Karl-Dietrich Bracher bereits in seiner klassisch zu nennenden Arbeit über die Auflösung der Weimarer Republik[1]. Das von ihm angesprochene „Problem des Machtverfalles in der Demokratie" löste im Gefolge der Weltwirtschaftskrise und der Massenarbeitslosigkeit einerseits eine sichtbare Radikalisierung der Massen und in ihrem Gefolge ein Anwachsen von NSDAP und KPD aus, zum anderen jedoch wurde die Stellung des Reichspräsidenten gestärkt, was eine Machtzunahme der staatlichen Bürokratie insgesamt zur Folge hatte. Es ist fruchtbar und erhellend, wichtige Passagen aus seinem Werk wieder in Erinnerung zu rufen:

„So bildete die Ausweitung der Funktion der Bürokratie in Verwaltung und Gesetzgebung nur eine folgerichtige Gegenerscheinung zu jener unzulänglichen parlamentarischen Regierungspraxis, die mit dem Ausbruch der großen Krise und mit dem Auftreten von ‚unechten', nur im Negativen einigen Mehrheiten im Parlament nicht mehr länger tragbar erschien. Ein wichtiger Ansatzpunkt für die Machtsteigerung der Bürokratie auf Kosten des Reichstags wurden die offensichtlichen Lücken im Budgetrecht, das doch, im Kampf des parlamentarischen Prinzips gegen die autoritär-absolutistische Regierungsform um die Herrschaft im Staat entwickelt, in jeder Demokratie das wichtigste Instrument des Parlaments zur Kontrolle der Regierung darstellt. Nicht nur die Stellung des Finanzministers war in der Weimarer Republik sehr stark. Unabhängig vom Parlament und weitgehend auch vom Kabinett vermochten bürokratische Instanzen, besonders im Rechnungshof, sich wesentliche Teile der Haushaltsaufstellung anzueignen oder doch zu beeinflussen ... Der in dieser Entwicklung ausgedrückte Zusammenhang von

[1] *Bracher,* Karl-Dietrich, Die Auflösung der Weimarer Republik. Schriften des Instituts für Politische Wissenschaft (heute: Zentralinstitut für sozialwissenschaftliche Forschung), Band 4, 5. Aufl., Villingen 1971, S. 32f.

gesellschaftlicher und finanzieller Macht in seiner Bedeutung für eine „metaökonomisch" fundierte Gestaltung der Finanzverfassung und Beeinflussung der Finanzpolitik weist auf den sozialen Funktionscharakter der staatlichen Finanzpolitik überhaupt und auf die Bedeutung auch einer ‚finanzsoziologischen' Betrachtung der demokratischen Machtstruktur hin"[2].

Die Quellen und Fußnoten zu diesem Zitat lesen sich wie eine zusammengefaßte Darstellung zu dem festgestellten Desideratum einer finanzsoziologischen Betrachtung demokratischer Machtstrukturen. Die angeführten Autoren reichen dabei von Lorenz von Stein über Hermann Heller bis zu Kurt Heinig. Sie schließen Friedrich Karl Vialon ebenso mit ein wie Friedrich Ernst Moritz Saemisch (den wohl wichtigsten Präsidenten des Reichsrechnungshofes im 20. Jahrhundert) und vor allem Johannes Popitz, den so lange und treu dem „Reiche" dienenden Staatssekretär im Reichsfinanzministerium.

Die Entwicklung finanzsoziologischer Analysen politischer Machtstrukturen wurden im Staate Hitlers jäh unterbrochen (der Beitrag von Rainer Weinert in diesem Band zeigt eher beiläufig auf, warum dies geschah) und in der Nachkriegszeit nur noch vereinzelt aufgegriffen, von einer systematischen Weiterführung ganz zu schweigen; die Gründe hierfür müssen anderenorts erörtert werden (erste Hinweise hierzu enthält der Beitrag von Franz-O. Gilles, Gerhard Otto und Rainer Weinert).

Will man heutzutage dieses Theoriedefizit in Sachen Finanzsoziologie aufarbeiten, ist man gezwungen, auf Ansätze der Klassiker Anfang dieses Jahrhunderts zurückzugreifen. Die herausragenden Vertreter sind zweifellos Joseph A. Schumpeter und Max Weber[3].

Schumpeter definiert in seinem klassischen Werk „Kapitalismus, Sozialismus und Demokratie" ‚parlamentarische Demokratie' folgendermaßen: „. . . die demokratische Methode ist diejenige Ordnung der Institutionen zur Erreichung politischer Entscheidungen, bei welcher einzelne die Entscheidungsbefugnis vermittels eines Konkurrenzkampfs um die Stimmen des Volkes erwerben"[4]. In diesem institutionellen Machtkampf ist die Funktion des Parlaments nicht immer von der der Exekutive bzw. Regierung, wie er behutsam einräumt, sauber zu trennen: „Denn obschon jeder Parlamentsakt, ausgenommen Resolutionen und politische Erklärungen, in

---

[2] Ebenda.

[3] *Schumpeter,* Joseph A., Kapitalismus, Sozialismus und Demokratie, 2. Aufl., München 1950; *Weber,* Max, Wirtschaft und Gesellschaft, Studienausgabe, 5. rev. Aufl., hrsg. von Johannes Winckelmann, Tübingen 1976. – An dieser Stelle ist natürlich auch auf Goldscheids finanzsoziologische Analysen hinzuweisen: *Goldscheid,* Rudolf, Staat, öffentlicher Haushalt und Gesellschaft. Wesen und Aufgabe der Finanzwissenschaft vom Standpunkt der Soziologie, in: Handwörterbuch der Finanzwissenschaft, Bd. 1, Tübingen 1926.

[4] *Schumpeter,* 1950, a. a. O., S. 428.

einem formalen Sinne ‚Recht' setzt, gibt es manche Akte, die als Verwaltungsmaßnahmen angesehen werden müssen. Das Budget ist das wichtigste Beispiel. Seine Aufstellung ist eine Verwaltungsfunktion"[5]. Er führt diesen interessanten Gedankengang nicht weiter aus, geht er doch weder auf das Budget und die Institutionen seiner Kontrolle näher ein. Dies ist besonders deshalb überraschend, als es doch die proklamierte Absicht des Verfassers ist, kapitalistisch-planwirtschaftliche Verfahren (in welchen Formen auch immer) mit sozialistisch-planwirtschaftlichen (in welchen Formen auch immer) im Hinblick auf ihre ökonomischen und demokratischen Leistungsfähigkeiten zu vergleichen. Damit weicht einer der wohl bekanntesten deutschen Sozialwissenschaftler blind oder auch elegant der Aufgabe aus, eine finanzsoziologische Betrachtung der beiden Wirtschaftssysteme zu unternehmen.

Ebenso verwunderlich ist die Vernachlässigung finanzsoziologischer Fragestellungen bei dem anderen Klassiker der deutschen Soziologie, Max Weber. Dies um so mehr, als Max Weber in dem Entstehen und in der Entwicklung des Kapitalismus der Rationalität der Warenrechnung, der Geldrechnung, der Kapitalrechnung eine geradezu weltgeschichtlich einzigartige Bedeutung zumißt[6]. Auf die uns interessierende Problematik geht er nur sehr kurz und flüchtig ein, indem er auf die der modernen Wirtschaft neben der kapitalistischen Unternehmung eigentümliche „Art der Ordnung der Geldverfassung" hinweist. Unter Paragraph 32 führt er im Zusammenhange mit der Geldverfassung aus:

„§ 32. 1. Der moderne Staat hat sich zugeeignet

a) durchweg: das Monopol der Geldordnung durch Satzungen,
b) in fast ausnahmsloser Regel: das Monopol der Geldschaffung (Geldemission), mindestens für Metallgeld.
   1. Für diese Monopolisierung waren zunächst rein fiskalische Gründe maßgebend (Schlagsatz und andere Münzgewinne). Daher – was hier beiseite bleibt – zuerst das Verbot fremden Geldes.
   2. Die Monopolisierung der Geldschaffung hat bis in die Gegenwart nicht überall bestanden ...

Ferner:

c) ist er mit steigender Bedeutung seiner Steuern und Eigenwirtschaftsbetriebe entweder durch seine oder durch die für seine Rechnung geführten Kassen (beides zusammen soll: ‚regiminale Kassen' heißen)
   – der größte Zahlungsempfänger,
   – der größte Zahlungsleister.

Auch abgesehen von den Punkten a und b ist daher gemäß Punkt c für ein modernes Geldwesen das Verhalten der staatlichen Kassen zum Geld, vor allem die Frage, welches Geld sie tatsächlich („regiminal")

---

[5] Ebenda, S. 442f.

[6] *Weber,* 1976, a. a. O., §§ 10, 11, 13.

1. zur Verfügung haben, also hergeben können
2. dem Publikum, als legales Geld, aufdrängen, –

andererseits die Frage, welches Geld sie tatsächlich (regiminal)

1. nehmen,
2. ganz oder teilweise repudiieren,

von entscheidender Bedeutung für das Geldwesen"[7].

Dabei ist unerfindlich, warum Max Weber trotz seiner Erkenntnis der steigenden Bedeutung der Steuern und staatlichen Eigenwirtschaftsbetriebe und der „regiminalen Kassen" an der Rechnungsführung dieser Kassen, ihrer Buchführung, ihrer Haushalte und letzten Endes an der Institution des Budgets des modernen Staates vorübergeht. Obwohl er den Stellenwert der „Finanzen im weitesten Wortsinn" für Verbände aller Art[8] sieht, stellt er nicht die analytisch wichtige und auf der Hand liegende Frage nach dem Charakter des modernen Staates als „Steuerstaat". Vielmehr verweist er darauf, daß ihm an dieser Stelle die Analyse der staatlichen Steuerordnung auch nur in Umrissen ganz ferngelegen habe[9].

Allerdings handelt Max Weber auch in den folgenden Kapiteln zentrale Begriffe wie Steuern, Etat, Budget, Finanzen nur am Rande ab. Sie besitzen in seinem verstehenden System keineswegs die Bedeutung wie die Formen rationalen Wirtschaftens in kapitalistischen Unternehmen. In den Kapiteln 9 und 10 seines Werkes wird zwar auf diese zum Verstehen der kapitalistischen Gesellschaft unabdingbaren Begriffe rekurriert, so zum Beispiel, wenn er darauf hinweist, daß „ein festes Steuersystem Vorbedingung der dauernden Existenz bürokratischer Verwaltung" sei[10], oder auf die Rolle des Rechnungswesens im normannischen Staatswesen England in der Institution des exchequers sowie auf das Syndrom der Beziehungen der Entstehung ‚stehender Heere' und der „Entwicklung des Finanzwesens"[11] und einiges mehr. Zum zentralen Gegenstande seiner Analyse wird jedoch der moderne Steuerstaat nicht. Die Institutionen der Rechnungsprüfung und der Finanzkontrolle als Instrument zur Ausübung bürokratischer Herrschaft in modernen Industriegesellschaften kommen bei diesem weltweit bekannten, berühmten und gerühmten Klassiker wenn überhaupt, nur am Rande vor. So etwa, wenn er anführt, daß ‚die Rechnungsbeamten' aus ihrer Etatisierungskunst eine Geheimlehre machten[12].

---

[7] Ebenda, § 32, S. 97.

[8] Weber wendet seine Kasuistik für Verbände „aller Art" an, beschränkt sich aber in seiner Abhandlung auf politische Verbände. Vgl. *Weber*, 1976, a. a. O., S. 116.

[9] Ebenda.

[10] Ebenda, S. 559.

[11] Ebenda, S. 556.

[12] Vgl. ebenda, S. 572. – Zur Arkanpolitik der Bürokratie vgl. auch den Beitrag von *Franz-O. Gilles, Gerhard Otto* und *Rainer Weinert*.

Auch der 8. Abschnitt des Kapitels 9 von „Wirtschaft und Gesellschaft", der die Überschrift trägt: „Die rationale Staatsanstalt und die modernen politischen Parteien und Parlamente (Staatssoziologie)", der theoretisch für eine allgemeine Finanzsoziologie – genauer für eine historische, zeitgeschichtliche und aktuelle Analyse der Finanzkontrolle – thematisch von Wichtigkeit sein müßte, bringt hierzu enttäuschend wenig. Dies gilt für die Darstellung des Systems des Merkantilismus in England[13] ebenso wie für die irreführende Analogie von privaten und kapitalistischen Unternehmen und dem staatlichen Herrschaftsbetrieb als Verwaltung, die in der Aussage gipfelt: „Beide sind vielmehr im Grundwesen ganz gleichartig. Ein ‚Betrieb' ist der moderne Staat, gesellschaftswissenschaftlich angesehen, ebenso wie eine Fabrik: das ist gerade das ihm historisch Spezifische"[14]. Diese Aussage könnte beinahe für ein Axiom einer Finanzsoziologie genommen werden, wenn sie nicht so offensichtlich falsch wäre. Gerade die moderne Büroforschung hat nachgewiesen, daß diese Analogie von öffentlicher Staatsbürokratie und privater Wirtschaftsbürokratie zu falschen Schlüssen führen muß – wie beinahe alle Analogien in der sozialwissenschaftlichen Forschung. Dies nicht zuletzt aus dem Grunde, weil die Eigenarten dieser unterschiedlichen Formen von „Bürokratien" eben ihre jeweils unterschiedlichen Konstellationen ihrer Entwicklung, ihrer Organisationsformen, Verfahrensweisen und Rekrutierungsstrategien, ihre Leistungs- und Kontrollfunktionen innerhalb der jeweiligen Bereiche dadurch verdunkelt werden[15]. In der Allgemeinheit des Begriffes Bürokratie als der weltgeschichtlichen Institution zur „Rationalisierung der Welt" geht jeglicher analytische, historische und zeitgeschichtliche Ansatz verloren. Max Weber verläßt damit seine eigenen Postulate einer ‚verstehenden Soziologie', die gegen Hegel und Marx gerichtet ist und die – so verwunderlich es klingen mag – sich damit eben diesen wieder zuwendet.

Es stellt sich die Frage, ob sieben Dekaden nach dem Tode Max Webers alle diese wissenschaftsimmanenten Probleme für eine Finanzsoziologie überhaupt noch relevant sind. Diese Frage zu verneinen, wäre eine vorschnelle Überlegung, denn Politiker wie Wissenschaftler leben von Denkmustern oder, wie der große Bacon es nannte, von ‚Idola', die äußerst langlebig und zählebig sind. Die beiden angeführten Sozialwissenschaftler Max Weber und Joseph A. Schumpeter gehören nicht nur in Deutschland, sondern in der ganzen Welt sowohl bei Politikern als auch bei Sozialwissenschaftlern zu den großen Konstrukteuren von Denkmustern dieser Art, oder

---

[13] *Weber,* 1976, a. a. O., S. 824.

[14] Ebenda, S. 825.

[15] Vgl. hierzu *Bahrdt,* Hans-Paul, Industriebürokratie, Tübingen 1958; *Pirker,* Theo, Bürotechnik. Zur Soziologie der maschinellen Informationsverarbeitung, Stuttgart 1963; *ders.* (Hrsg.), Schreibdienste in obersten Bundesbehörden, Frankfurt a. M. 1981.

in den Worten Webers, zu den „Legendenbildnern“ von größter Wirkung in diesem Jahrhundert. Ihre Wirkung wird nicht dadurch geringer, daß diese Denkmuster und Legenden heutzutage extrem trivialisiert und veralltäglicht worden sind.

In diesem Zusammenhange muß jedoch noch auf zwei Kategorien Webers hingewiesen werden, die nicht nur für eine allgemeine Finanzsoziologie, sondern insbesondere für die historische und zeitgeschichtliche Analyse der Finanzkontrollinstitutionen, d. h. also der Rechnungshöfe, von grundsätzlicher Bedeutung sind. Er betont, daß „berechenbare Regeln“ typisch für moderne Bürokratien seien. In diesem Element „bürokratischer Herrschaft“ ist auch die Kategorie der „Verfahren“ enthalten, die Herrschaftsausübung weitaus exakter indiziert als die ungenauen Funktionsbestimmungen sowie die Kategorie des „sine ira et studio“, d. h. der formalen wie auch der inhaltlichen Neutralität der Verfahren. Eine Neutralität dieser Art ist natürlich in Extremsituationen der politischen Entwicklung weder von den Bürokratien, den Finanzbehörden noch von den Behörden der Finanzkontrolle durchzuhalten[16]. Ebenso wesentlich erscheint uns Webers Typologie des ‚Bürokraten-Wissens‘, in der sowohl deren Machtstellung als auch die Grenzen parlamentarischer oder monarchischer Kontrolle aufscheinen. Er unterscheidet zwischen dem durch Schulung erworbenen „technischen Fachwissen“ und dem „Dienstwissen“, das durch die Mittel des amtlichen Apparates nur dem Beamten die Kenntnisse über die für sein Verhalten maßgebenden konkreten Tatsachen zugänglich macht[17].

Von diesem „Fachwissen“ und dem „Dienstwissen“ der Beamten setzt Max Weber das „Geheimwissen“ der Beamten ab. Er reduziert dieses „Geheimwissen“, das seiner Ansicht nach wichtigste Wissen der Beamten, womit sie sich tendenziell jedweder politischen Kontrolle entziehen, auf die Einrichtung des „Dienstgeheimnisses“. Dies greift im Falle der (zeit-)geschichtlichen und aktuellen Analyse der Rechnungshöfe in Deutschland, d. h. in den einzelnen Staaten und Ländern, im Kaiserreich und in der Weimarer Republik, ganz zu schweigen von den Entwicklungen dieser Institutionen in Westdeutschland nach 1945 bestimmt zu kurz.

Gerade dieses Arkanwissen der ‚Expertokraten‘ muß ein spezifischer Gegenstand der sozialwissenschaftlichen Forschung auf dem Gebiet der Finanzkontrolle in der Vor- und Frühgeschichte der Bundesrepublik Deutschland sein. Zeitgeschichtlich ist die Vernachlässigung der Institutionen der Rechnungshöfe in der Sozialforschung der letzten Jahrzehnte deswegen so überraschend, weil sie sowohl aufgrund ihrer verfassungsmäßigen Stellung in den Ländern und im Bund (1946 bis 1949) wie aufgrund ihrer verfassungsrechtlichen (Weimarer Verfassung) und verwaltungsrechtlichen

16 Vgl. *Weber,* 1976, a. a. O., S. 563.

17 Vgl. ebenda, S. 855.

Kontinuität (Reichshaushaltsordnung) beim politischen und administrativen Wiederaufbau der Bundesrepublik einen außerordentlichen, wenn nicht sogar außergewöhnlichen Einfluß ausüben konnte[18].

Wer z. B. in den Protokollen der verschiedenen verfassungsgebenden Versammlungen nachliest oder sich gar als Zeitgenosse an die Debatten in diesen Versammlungen erinnert, wird nachträglich davon überrascht sein, wie selbstverständlich die institutionelle und verfassungsmäßige Kontinuität der Rechnungshöfe und des Bundesrechnungshofes gewahrt blieb. Dies ist um so bemerkenswerter, als auf anderen Gebieten der Verfassungsordnung die westlichen Besatzungsmächte ihre jeweils unterschiedlichen Vorstellungen über die zukünftige Verfassungsordnung des besetzten Deutschlands sehr wohl durchzusetzen vermochten.

Für die wissenschaftliche Aufarbeitung dieses theoretisch-analytischen wie empirischen Defizits auf dem Gebiet der Finanzkontrolle ist am Zentralinstitut für sozialwissenschaftliche Forschung der Freien Universität Berlin der Forschungsprojektschwerpunkt „Planung und Kontrolle“ unter meiner Leitung eingerichtet worden. Zielsetzung dieses Schwerpunktes ist es, Probleme der Finanzkontrolle interdisziplinär zu analysieren und eine empirisch fundierte Theorie der Finanzkontrolle zu entwickeln. In diesem Band werden erste Ergebnisse des zeitgeschichtlichen Forschungsprojektes „Geschichte und Bedeutung der Finanzkontrolle und ihrer Behörden im Nachkriegsdeutschland (Westzonen)“, das von der Stiftung Volkswagenwerk gefördert wird, der Öffentlichkeit vorgestellt.

Dieser Band wäre ohne die offene Kooperation mit den Vertretern des Bundesrechnungshofes und der Landesrechnungshöfe nicht möglich gewesen. Aus dieser fruchtbaren Zusammenarbeit, für die ich mich auch im Namen meiner Mitarbeiter an dieser Stelle herzlich bedanke, spricht nicht zuletzt ein lebhaftes Interesse der „Praktiker“, daß die Geschichte und Wirkungsweisen der Institutionen der Finanzkontrolle angesichts der immer größer und komplexer werdenden Aufgaben einer neuen Sicht bzw. neuen Bewertungen unterzogen werden muß. Das belegen auch die zahlreichen Beiträge Karl Wittrocks, ehemaliger Präsident des Bundesrechnungshofes, zur Geschichte und Stellung der Rechnungshöfe. Sein engagiertes Eintreten für dieses Projekt war mir und meinen Mitarbeitern nicht nur entscheidende Hilfe bei der Felderschließung, sondern er hat uns darüber hinaus als Mitglied des wissenschaftlichen Projektbeirates zusammen mit Ulrich Müller, Präsident des Rechnungshofes von Berlin, wichtige Informationen, Hinweise und Anregungen gegeben; dies gilt natürlich ebenso für Prof. Dr. Martin Broszat, München, und Prof. Dr. Rudolf Morsey, Speyer, denen ich an dieser Stelle Dank sage.

[18] Diesem Phänomen ist auch in den ‚zuständigen‘ Fachdisziplinen (Finanz- und Verwaltungswissenschaft etc.) kaum Aufmerksam geschenkt worden.

Weimarer Republik

Der Reichsrechnungshof zwischen obrigkeitsstaatlicher Tradition und geforderter Demokratisierung[1]

Von Franz-O. Gilles

1. Die Ausgangsbedingungen für den Reichsrechnungshof zu Beginn der Weimarer Republik

Die Lage nach Beendigung des Ersten Weltkrieges war für das Deutsche Reich bekanntermaßen nicht gerade rosig: Nach dem verlorenen Krieg kündigten sich bei den Friedensgesprächen schwere Belastungen einschließlich

---

[1] Die folgende Darstellung stützt sich, soweit dies im einzelnen nicht anders vermerkt ist, schwerpunktmäßig auf folgende Literatur bzw. Unterlagen: *Bilfinger*, Karl, Der Reichssparkommissar, Berlin 1928; *Borzikowsky*, Reinhold, Finanzkontrolle und Rechnungsprüfungswesen, in: Deutsche Verwaltungsgeschichte Band IV – Teil 1: Das Reich als Republik 1918 – 1932, Stuttgart 1985, S. 209ff.; *Bracher*, Karl Dietrich, Die Auflösung der Weimarer Republik, Villingen 1971 (5. Aufl.); *Broszat*, Martin, Der Staat Hitlers, München 1983 (10. Aufl.); *Eschenburg*, Theodor, Matthias Erzberger. Der große Mann des Parlamentarismus und der Finanzreform, München 1973; *Fuchs*, Arthur, Wesen und Wirken der Kontrolle, Tübingen 1966; *Gilles*, Franz-O., Die verkannte Macht. Determinanten der Nachkriegsgeschichte der Institution Rechnungshof, Berlin 1986; *Grupp*, Klaus, Die Stellung der Rechnungshöfe in der Bundesrepublik Deutschland unter besonderer Berücksichtigung der historischen Entwicklung der Rechnungsprüfung, Berlin 1972; *Heiber*, Helmut, Die Republik von Weimar, München 1985 (16. Aufl.); *Heinig*, Kurt, Das Budget. Erster Band: Die Budgetkontrolle, Tübingen 1949; Zweiter Band: Das Budgetwesen, Tübingen 1951; *Hettlage*, Karl M., Die Finanzverwaltung, in: Deutsche Verwaltungsgeschichte, a. a. O., S. 177ff.; *Klein*, Friedrich, Die Finanzkontrolle im nationalsozialistischen Staat, in: Schiffer, Eckart / Karehnke, Helmut (Hrsg.), Verfassung, Verwaltung, Finanzkontrolle, Köln 1975, S. 209ff.; *Morsey*, Rudolf, Zur Beamtenpolitik des Reiches von Bismarck bis Brüning, in: Demokratie und Verwaltung, Berlin 1972, S. 101ff.; *Nordbeck*, Walter, Friedrich Ernst Moritz Saemisch, in: Männer der deutschen Verwaltung, Köln 1963, S. 315ff.; *Pfuhlstein*, Friedrich von, Der Weg von der Preußischen Generalrechenkammer zum Bundesrechnungshof, in: Bundesrechnungshof (Hrsg.), 250 Jahre Rechnungsprüfung, Frankfurt a. M. 1964; *Popitz* (Johannes), Der Reichssparkommissar, in: DJZ 1927, Sp. 123ff.; *Saemisch*, Friedrich Ernst Moritz, Der Reichssparkommissar und seine Aufgaben, Berlin 1930; *Ders.*, Die Kontrolle der staatlichen Finanzwirtschaft, Berlin 1931; *Schmitt*, Hermann u. a., Die Vorschläge des Reichssparkommissars zur Verwaltungsreform deutscher Länder, Stuttgart 1931; *Schulze*, R. / *Wagner*, E., Reichshaushaltsordnung vom 31. Dezember 1922, Berlin 1924; *Schwerin von Krosigk*, Lutz Graf, Staatsbankrott. Die Geschichte der Finanzpolitik des Deutschen Reiches von 1920 – 1945, Göttingen 1974; *Wehler*, Hans-Ulrich, Das Deutsche Kaiserreich 1871 – 1918, Göttingen 1973; *Witt*, Peter-Christian, Die Finanzpolitik des deutschen Reiches von 1903 bis 1913, Lübeck 1970; Denkschriften des Rechnungshofs des Deutschen Reichs zu den Reichshaushaltsrechnungen 1918 bis 1936 (vorgelegt in den Jahren 1925 bis 1939); sowie diverse Gutachten des Reichssparkommissars.

erheblicher territorialer Einbußen an; die Monarchie hatte sich zwar nach einer halbherzigen Revolution Hals über Kopf von der politischen Bühne verabschiedet, dort verblieben waren jedoch starke antidemokratische Kräfte; und schließlich zeitigte die bei der Ablehnung des Versailler Friedensdiktates drohende Besetzung durch die Siegermächte die Gefahr des Zerfalls des von Beginn an von Preußen dominierten Reichsverbandes. Zu alledem sah sich das soeben zur Republik konvertierte Deutsche Reich einem finanziellen Desaster gegenüber, welches im Grunde daher rührte, daß nach der Reichsgründung von 1871 die Steuerhoheit weitgehend bei den Ländern verblieben war, deren Behörden auch die Reichssteuern und Zölle erhoben hatten, und daß die finanziellen Bedürfnisse des Reiches mit seiner zunächst eher dürftigen administrativen Infrastruktur zu einem erheblichen Teil auf dem Kapitalmarkt gedeckt worden waren. Demgemäß waren insbesondere die Kriegskosten im wesentlichen durch Anleihen und Schatzanweisungen aufgebracht worden, so daß das Land nun vor einem gigantischen Schuldenberg stand – allein die Kriegsanleihen hatten am Ende eine Höhe von 150 Milliarden Mark erreicht –, der infolge des Kriegsausganges auch nicht durch den erhofften Griff in die Kassen der Gegner abgebaut werden konnte, sondern im Gegenteil durch die zu erwartenden Reparationsforderungen der Sieger Gefahr lief, ins Unermeßliche zu steigen und das Menetekel eines Staatsbankrotts heraufbeschwor.

Um diese gravierenden finanziellen Probleme wenigstens ansatzweise zu bewältigen, kündigte der mit dem Finanzressort betraute Zentrumspolitiker Matthias Erzberger schon wenige Wochen nach der Übernahme des neuen Amtes vor der Nationalversammlung Anfang Juli 1919 eine großangelegte Finanzreform an, die jedoch – mehr als das – einer vollständigen Neuordnung des Steuerwesens gleichkam. Ihre hervorragendsten Merkmale bestanden in dem weitgehenden Umbau der Finanzverwaltung, der Verlagerung der Steuerdominanz auf Reichsebene, verbunden mit einer erheblichen Ausweitung der Steuern beispielsweise durch Einführung der allgemeinen Einkommenssteuer, und in einer Neuordnung des Finanzausgleichs. Mit viel Sachverstand und enormem politischen Geschick brachte Erzberger die notwendigen Gesetze in einem wahren Parforceritt bis zum März 1920 über alle parlamentarischen Hürden und schuf damit eines der bedeutendsten Reformwerke auf dem Verwaltungssektor in der neueren deutschen Geschichte.

Diese Entwicklung sowie der Gesetzesauftrag der Weimarer Verfassung bedingte letztlich auch eine grundlegende Reform des Haushaltsrechts und der Kontrolle der öffentlichen Finanzwirtschaft des Reiches, die seit 1871 im großen und ganzen jeweils ad hoc vorwiegend in Analogie zum preußischen Recht geregelt worden war. So hatte man nach der Reichsgründung z. B. der Preußischen Oberrechnungskammer unter der Bezeichnung „Rechnungshof des Deutschen Reichs“ die Kontrolle des Reichshaushalts übertragen; eine Regelung, die zunächst jährlich in Verbindung mit den Haushaltsgesetzen und ab 1910 jeweils für die Dauer von fünf Jahren durch entsprechende Kontrollgesetze verlängert worden war. Bei dieser Verflechtung zwischen dem Reichsrechnungshof und der preußischen Kontrollbehörde blieb es zwar auch im Weimarer Staat, allerdings mit einer Verlagerung des Schwergewichtes auf die Reichsebene – der Rechnungshof wurde von einem Anhängsel der Oberrechnungskammer (ORK) zu der dominanten Institution; die Kontrolle der Reichsfinanzen rückte „Am Kanal" in Potsdam, wo beide Institutionen residierten, eindeutig in den Vordergrund.

Die gesetzliche Grundlage für die Arbeit des Reichsrechnungshofes (RRH) wurde mit der Mitte Dezember 1922 vom Reichstag verabschiedeten Reichshaushaltsordnung (RHO) gelegt, die allerdings dem Wandel des Staates zur Republik kaum Rechnung trug. Karl Dietrich Bracher spricht in seiner Studie zur Auflösung der Weimarer Republik sogar von einem zu Lasten des Reichstages gehenden haushaltsrechtlichen Defizit; in diesem Zusammenhang führt er im einzelnen aus:

> „Ein wichtiger Ansatzpunkt für die Machtsteigerung der Bürokratie auf Kosten des Reichstages wurden die offensichtlichen Lücken im Budgetrecht, das doch, im Kampf des parlamentarischen Prinzips gegen die autoritär-absolutistische Regierungsform um die Herrschaft im Staat entwickelt, in jeder Demokratie das wichtigste Instrument des Parlaments zur Kontrolle der Regierung darstellt . . . Unabhängig vom Parlament und weitgehend auch vom Kabinett vermochten bürokratische Instanzen, besonders im Rechnungshof, sich wesentliche Teile der Haushaltsaufstellung anzueignen oder doch zu beeinflussen[2]."

Die Volksvertretung wurde in dem neuen Budgetrecht denn auch recht stiefmütterlich behandelt und ihre nur in wenigen Paragraphen vorgesehene Mitwirkung an der Haushaltsaufstellung und -kontrolle war teilweise nur auf Sollvorschriften gegründet – ganz abgesehen davon, daß der Reichshaushalt gegebenenfalls sogar ohne parlamentarische Mitwirkung per präsidialer Notverordnung Gesetzeskraft erlangen konnte. Dem Finanzminister hingegen wurde mit der RHO bei der Etataufstellung und -beratung eine im wesentlichen bis heute fortgeltende Vormachtstellung eingeräumt. Damit setzte man Vorstellungen in die Tat um, die schon zuvor von mehreren Finanzministern respektive Schatzsekretären des Kaiserreiches entwickelt worden waren, denen der Erfolg jedoch versagt blieb. Vor allem Schatzsekretär Wermuth hatte in den Jahren 1910/11 anknüpfend an Überlegungen aus dem Jahre 1902 und nach dem Muster des preußischen Kompatibilitätsgesetzes von 1898 – sogar mit impliziter Rückendeckung durch den Reichstag – den Versuch unternommen, ein geordnetes Reichshaushaltsrecht zu etablieren, wobei ihm wohl im wesentlichen eine geordnete Wirtschaftsführung des Reiches und die Schaffung einer effektiven Finanzverwaltung mit

---

[2] *Bracher,* 1971, a. a. O., S. 33.

der damit zwangsläufig verbundenen Stärkung der Position des Schatzsekretärs am Herzen lag und weniger ein Machtzuwachs des Parlaments. Zwar kam Wermuth in der Realisierung seiner Vorstellungen im Gegensatz zu seinen Vorgängern relativ weit, letztlich scheiterte er jedoch ebenso wie diese an den Animositäten und Rivalitäten seiner Kabinettskollegen.

Der im Juni 1922 von Reichsfinanzminister Hermes im Reichstag eingebrachte Entwurf der neuen Haushaltsordnung orientierte sich offensichtlich an dem von Wermuth mehr als zehn Jahre zuvor ausgearbeiteten Gesetzeswerk; nicht nur der Aufbau und die Zielrichtung des neuen Gesetzes folgte großenteils dem Entwurf des kaiserlichen Schatzsekretärs, viele Paragraphen stimmten wörtlich damit überein. Zwar trug das Gesetz den mit dem Wandel zur Republik verbundenen geänderten staatsrechtlichen Gegebenheiten Rechnung, und in einigen wenigen Fragen wurden vom Reichstag an dem Entwurf sogar Änderungen vorgenommen, durch die z. B. der RRH etwas näher an das Parlament herangerückt wurde; insgesamt gesehen wird man aber der Einschätzung Peter-Christian Witts zustimmen müssen, wonach sich mit der Verabschiedung der RHO „das Paradox ergab, daß sich ein parlamentarisch regierter Staat ein dem konstitutionellen (halbabsolutistischen, d. Verf.) Regierungssystem angepaßtes Haushaltsrecht gab“[3]. Dessen ungeachtet stellte die Reichshaushaltsordnung dennoch einen bedeutenden Fortschritt insofern dar, als mit ihr zum erstenmal eine umfassende und grundlegende rechtliche Basis für die Abwicklung des Reichshaushalts geschaffen wurde und insbesondere nach über fünfzigjährigem Ringen eine rechtliche Kodifizierung der Stellung des Rechnungshofs erfolgte, womit gleichzeitig eine Erweiterung seiner Funktionen und Aufgaben verbunden war.

2. Grundlagen und Schwerpunkte der Tätigkeiten des Reichsrechnungshofes

Die wichtigsten den Rechnungshof betreffenden Bestimmungen der RHO fanden sich in den Abschnitten IV und IV a, in denen die Aufgaben der Prüfbehörde behandelt wurden, sowie im Abschnitt V, welcher u. a. seine staatsrechtliche Stellung regelte. Der Rechnungshof des Deutschen Reichs war laut § 118 eine der Reichsregierung gegenüber selbständige und nur dem Gesetz unterworfene oberste Reichsbehörde. Neben der Überwachung der gesamten Haushaltsführung hatte er auch die Wirtschaftsführung von Einrichtungen zu prüfen, an denen das Reich als Aktionär oder Gesellschafter beteiligt war. Im Unterschied zur früheren Regelung rückte statt der Prüfung auf formale Richtigkeit, die der verwaltungseigenen Vorprüfung zuge-

[3] *Witt,* 1970, a. a. O., S. 337.

wiesen wurde, die materielle Prüfung in den Mittelpunkt der Rechnungshoftätigkeit. Des weiteren konnte der RRH nach eigenem Ermessen Prüfungsschwerpunkte setzen und aufgrund § 102 Sanktionen gegenüber gerügten Verwaltungen aussprechen, wobei er jedoch zum Teil der Mithilfe der jeweils zuständigen Reichsbehörde bedurfte; allerdings hatten die Strafen keinen disziplinarischen, sondern lediglich Erzwingungscharakter. Sowohl das von der preußischen ORK fünfzig Jahre zuvor übernommene Kollegialprinzip als auch die richterliche Unabhängigkeit der RH-Mitglieder wurden in der RHO verankert. Die ebenfalls 1871 eingeführte Personalunion zwischen der Leitung des Rechnungshofs und Oberrechnungskammer blieb weiterhin bestehen – allerdings geschah dies nicht auf gesetzlicher, sondern auf eher traditioneller Grundlage und mit einer schon im Laufe der Gesetzesberatungen erfolgten Umkehrung der Gewichte: Seit dem 1. Oktober 1922 führte der RRH-Präsident die zuvor nebenamtlich wahrgenommenen Geschäfte des Rechnungshofs hauptamtlich, während die früher hauptamtlich ausgeübte Funktion eines Chefpräsidenten der Preußischen Oberrechnungskammer ihm nun nebenamtlich übertragen wurde.

Während sich die Kontroll- und Prüfungsbestimmungen der RHO größtenteils an der seit langem geübten Praxis sowohl des RRH als auch der ORK oder – wie erwähnt – an früheren Gesetzesvorlagen bzw. -entwürfen aus dem Kaiserreich orientierten, wurde in zumindest einem für die Entlastung der Regierung wesentlichen Punkt nach dem Vorbild einiger süddeutscher Länder verfahren. Die laut § 107 Abs. 6 der RHO vorgesehene Ergänzung der dem Parlament vorzulegenden Bemerkungen um eine Denkschrift, die die wesentlichen Prüfungsergebnisse enthalten sollte, war aus dem badischen und hessischen Haushaltsrecht übernommen worden. Des weiteren wurde die Gutachterfunktion des Reichsrechnungshofs dahingehend erweitert, daß er hierbei nicht nur auf Ersuchen der Exekutive, sondern auch der Legislative tätig werden konnte.

Die Beschlüsse des Rechnungshofs wurden gemäß § 125 RHO von dem gesamten Kollegium, das sich aus dem Präsidenten, dessen Vertreter, den Direktoren und den Räten zusammensetzte, gefaßt, jedoch konnten in weniger wichtigen Angelegenheiten Entscheidungen in sogenannten Kleinen Senaten, die aus mindestens drei RH-Mitgliedern bestehen mußten, gefällt werden. Darüber hinaus kam – weil zahlreiche Versuche zur Verabschiedung einer Geschäftsordnung im Kollegium scheiterten – in Fragen der inneren Organisation der Prüfbehörde eine im März 1875 vom Reichskanzler erlassene Instruktion zur Regelung des Geschäftsganges weiterhin zur Anwendung.

Die Tätigkeit des Reichsrechnungshofs im Weimarer Staat litt realiter insbesondere in den Anfangsjahren unter den Nachwirkungen des Krieges, den mit den „Staatsumwälzungen sowie der sich daran anschließenden

Inflationszeit"[4] einhergehenden Beeinträchtigungen der behördlichen Rechnungslegung und schließlich fehlender bzw. unklarer Gesetzesregelungen. Dies alles zusammen führte dazu, daß die Mitteilungen des Rechnungshofs zu den Haushalten der Jahre 1918 und 1919, die noch auf dem Reichskontrollgesetz von 1915 bzw. dem Kriegskontrollgesetz von 1916 basierten, erst im Mai 1925 vorgelegt wurden und sich im wesentlichen auf Bemerkungen zu den Reichsbeteiligungen an Unternehmen mit eigener Rechtspersönlichkeit beschränkten. Auch die erste Denkschrift respektive Bemerkungen, die sich auf die RHO als Rechtsgrundlage stützte, konnte nur mit einer erheblichen zeitlichen Verzögerung vorgelegt werden: sie betraf die Haushaltsjahre 1920 bis 1923 und erschien im Mai 1927. Diese Zeitspannen von bis zu sechs Jahren und mehr zwischen dem Ende des Haushaltsjahres und der Vorlage des Rechnungsprüfungsberichtes standen in krassem Gegensatz zu der der Prüfungsbehörde vorgegebenen Frist von 15 Monaten und zwang sie in einen Wettlauf um die Einhaltung dieser zeitlichen Zielvorgabe, den sie jedoch erst gegen Ende der Weimarer Republik mit knapper Not gewann und dies nur aufgrund vorherigen massiven Drucks von seiten des Reichstages[5]; in den Jahren zuvor erreichte Annäherungen an dieses Zeitlimit waren nur mittels unvollständiger und daher Nachträge erfordernder Berichte zustande gekommen. Die Ursachen für diese Verzögerungen lagen – insbesondere in den späteren Jahren der Weimarer Republik – nicht nur an den allgemeinen, vorab angesprochenen Restriktionen oder Unzulänglichkeiten der Prüfbehörde, sie waren zum großen Teil durch Hinhaltetaktiken der geprüften Reichsbehörden vor allem bei denen ihnen abverlangten Stellungnahmen zu den Monita des Rechnungshofs bedingt[6].

Trotz solcher Verzögerungsversuche seitens der Exekutive weisen die RH-Denkschriften der Weimarer Zeit eine Fülle ungenierter Haushaltsverstöße auf, die genügend Munition für den politischen Streit geliefert hätten, wäre die Prüfbehörde nicht weitgehend in ihrer traditionellen obrigkeitsstaatlichen Position verhaftet und ein großer Teil ihrer Mitglieder gemäß ihrer Herkunft der Exekutive innerlich verbunden und somit von der Legislative weitgehend isoliert gewesen. Kurt Heinig, SPD-Haushaltsexperte im Reichstag, kennzeichnet diese Haltung am Beispiel des damaligen Rechnungshof-Präsidenten Saemisch – auf den im weiteren Verlauf der Darstellung noch näher eingegangen wird – wie folgt:

[4] Denkschrift und Bemerkungen des Rechnungshofs des Deutschen Reichs zu den Reichshaushaltsrechnungen 1920, 1921, 1922 und 1923 sowie ergänzende Mitteilungen zu den Reichshaushaltsrechnungen 1918 und 1919 (§ 107 Reichshaushaltsordnung) vom 28.4.1927 (RT III. 1924/27. Drucks. Nr. 3374), S. 11.

[5] Vgl. hierzu *Heinig*, 1949, a. a. O., S. 505f.

[6] Vgl. u. a. Denkschrift und Bemerkungen des Rechnungshofs des Deutschen Reichs zur Reichshaushaltsrechnung 1924 sowie Bericht über die Prüfung von Unternehmen mit eigener Rechtspersönlichkeit (§ 107 Reichshaushaltsordnung) vom 21.2.1928 (RT III. 1924/28. Drucks. Nr. 4054), S. 18f.

„Der Präsident des Rechnungshofes ... war durchaus Beamter alter Schule, d. h. tüchtig, mit der Ministerialbureaukratie solidarisch, gegenüber dem Parlament innerlich ablehnend und eifersüchtig gegen dessen aktivisierte politische Kontrolle[7]."

In Anbetracht der zum Teil bis heute und erst recht in der Weimarer Republik spürbaren Auswirkungen bismarckscher Beamtenpolitik auf die staatliche Administration und dem damit einhergehenden politischen Bedeutungszuwachs der Staatsbürokratie ist dies jedoch nicht weiter verwunderlich[8], denn wenn der Rechnungshof auch eine die Verwaltung kontrollierende Behörde war, bei der man doch zunächst eine größere Distanz zu ihrem Kontrollobjekt vermuten sollte, so stand er – dessen ungeachtet – bedingt durch die Praxis seiner Personalrekrutierung vorwiegend aus dem Bereich der staatlichen Verwaltung und seinem dadurch geprägten Selbstverständnis der Regierung wesentlich näher als dem Parlament.

Dementsprechend war die Prüfbehörde vor allem bestrebt, sich aus dem politischen Streit herauszuhalten und blendete deshalb brisante Themen, die die Ministerialbürokratie verstärkter öffentlicher Kritik ausgesetzt hätten, weitgehend aus oder widmete ihnen erst dann erhöhte Aufmerksamkeit, wenn sie förmlich darauf gestoßen wurde. So beschäftigte sich der Rechnungshof beispielsweise von Beginn an kontinuierlich mit den Ende der zwanziger Jahre aufgenommenen Unterstützungszahlungen an notleidende Landwirte in den östlichen Reichsgebieten, die zunächst unter dem Rubrum Ostpreußenhilfe firmierten, später unter der Bezeichnung Osthilfe in eine großangelegte Subvention ostelbischer Großgrundbesitzer umfunktioniert wurden und schließlich in ein undurchsichtiges Korruptionsgestrüpp mündeten, in dem sich auch der alte Adel bis hin zum ehemaligen Kaiserhaus und sogar Reichspräsident Hindenburg verfing[9]. Die zunächst weitgehend in allgemeinen und unverbindlichen Formulierungen bleibenden Monita beschönigten die Kontrolleure des RRH mit dem großen Aufwand, den solche Recherchen erforderten, und dem „Bemühen" um weitere Kontrollen, bis sie schließlich von den ungeduldig werdenden Parlamentariern in Form eines am 25. Januar 1933 vom Haushaltsausschuß förmlich

---

[7] *Heinig,* 1949, a. a. O., S. 122.

[8] In diesem Zusammenhang ist vor allem auf die Beamtenpolitik des preußischen Innenministers von Puttkamer und seine sogenannten „Beamtenreformen" Ende der siebziger Jahre des 19. Jahrhunderts hinzuweisen, wodurch im Laufe der Jahre zwar einerseits ein fachlich hoch qualifiziertes, andererseits aber auch ‚obrigkeitsstaatsfixiertes' „Beamtenkorps" herangezüchtet wurde, das die labilen „polykratischen" Strukturen im Kaiserreich der Nach-Bismarck-Ära, aber auch der Weimarer Republik im politischen (Verwaltungs-)Alltag zu einem großen Teil neutralisierte (vgl. *Wehler,* 1973, a. a. O., S. 72 ff.; sowie ergänzend *Morsey,* 1972, a. a. O.).

[9] Vgl. *Heinig,* 1949, a. a. O., S. 405; sowie ergänzend *Heiber,* 1985, a. a. O., S. 270, 272.

erteilten Auftrags zu einer beschleunigten Durchführung der diesbezüglichen Prüfungen gedrängt wurden[10].

Ein anderes Beispiel einer unfreiwilligen Verstrickung der Prüfbehörde in politische Kontroversen resultierte aus den Auswirkungen des verlorenen Weltkrieges. So hielten die „Reparationsgläubigermächte" der Reichsregierung mehrfach die in den als Reichstagsdrucksachen veröffentlichten und somit jedermann zugänglichen RH-Berichten aufgeführten Haushaltsverstöße vor. Angesichts der damaligen politischen Situation verwundert es nicht, daß die Potsdamer Kontrolleure daraufhin – Anfang der dreißiger Jahre – unter innenpolitischen Druck gerieten und eine Berücksichtigung der Reparationsproblematik bei ihren Rügen in der Form zusagten, daß sie entsprechende Beanstandungen in Anlehnung an § 109 RHO auf eher informellem Weg an die Adressaten weitergeben wollten[11]. Überhaupt scheint die Einflußnahme auf informeller Ebene und mittels persönlicher Kontakte seitens der Kontrollbehörde vor allem durch die Person ihres Präsidenten des öfteren praktiziert worden zu sein, wie es z. B. der ehemalige Reichsfinanzminister Lutz Graf Schwerin von Krosigk in seinen Erinnerungen im Zusammenhang mit den Finanzierungsskandalen bei der Reichswehr Anfang der dreißiger Jahre andeutet[12].

Hierin verdeutlicht sich auch die schon angesprochene Distanz des Rechnungshofs zum Parlament. Ein Wandel in Form einer – zunächst jedoch nur zögernden – Annäherung setzte im wesentlichen erst nach Abschluß der

---

[10] Bezüglich dieses Prüfungsauftrages ist vom RRH im November 1933 eine besondere Denkschrift vorgelegt worden (vgl. ZIK 2.1./27061933 (Denkschrift des Rechnungshofs des Deutschen Reichs zur Reichshaushaltsrechnung 1930/31), S. 355 ff.), auf deren Inhalt hier nicht eingegangen werden kann, da sie bisher nicht zugänglich ist; hinsichtlich ihrer eventuellen Resonanz oder Wirkung ist jedoch zu berücksichtigen, daß der Reichstag vom Ende des Jahres 1933 mit dem vom Jahresanfang nichts mehr gemein hatte und zur reinen Akklamationsbühne der NS-Regierung verkommen war. In der Folgezeit griff der RRH das Thema Osthilfe lediglich in der Denkschrift zur Reichshaushaltsrechnung 1934 auf, wobei er die politisch brisanten Aspekte, die zu dem vorgenannten Prüfungsauftrag geführt hatten, nicht berührte, sondern sich neben diversen Rügen zur Praxis der sogenannten „Entschuldungsverfahren" in der Hauptsache auf die Darstellung der von der nationalsozialistischen Regierung eingeleiteten Maßnahmen zur Bewältigung des Problemfeldes Osthilfe beschränkte (vgl. Denkschrift des Rechnungshofs des Deutschen Reichs zur Reichshaushaltsrechnung 1934, S. 49 ff.). Dagegen widmete er seine Aufmerksamkeit verstärkt der Vergabe von Strukturmitteln im Rahmen der sogenannten Westhilfe, die er kontinuierlich in den Denkschriften für die Rechnungsjahre 1932 bis 1936 mit kritischen Anmerkungen begleitete (vgl. ZIK 2.1./14071934, S. 121 ff.; ZIK 2.1./01071935, S. 14 ff.; ZIK 2.1./03081936, S. 86 ff.; ZIK 2.1./24031938, S. 48 ff.; ZIK 2.1./16051939, S. 17).

[11] Vgl. hierzu *Pfuhlstein,* 1964, a. a. O., S. 77; sowie *Heinig,* 1951, a. a. O., S. 126 ff.; ergänzend siehe *Ronde,* Hans, Von Versailles bis Lausanne. Der Verlauf der Reparationsverhandlungen nach dem Ersten Weltkrieg, Stuttgart 1950.

[12] Vgl. *Schwerin von Krosigk,* 1974, a. a. O., S. 41 f., 58. Eine solche informelle Einflußnahme war jedoch kein Spezifikum Saemischs, sondern ist laut mündlicher Auskunft des ehemaligen BRH-Präsidenten Volkmar Hopf vom 15. Mai 1986 auch nach dem Zweiten Weltkrieg von ihm und einigen seiner Kollegen bevorzugt worden.

Inflationsperiode im Jahre 1923 ein, indem die Prüfbehörde verstärkt in das Blickfeld des Reichstages geriet und für diesen allmählich eine immer größere Bedeutung erlangte, die sogar in einzelnen Bereichen zu einer gedeihlichen Zusammenarbeit führte. Allerdings war dies laut Heinig weniger auf die Initiative des Rechnungshofes oder seiner Beamten zurückzuführen, die „in ihrer Abgeschiedenheit durchaus zufrieden" waren; die entsprechenden „Impulse kamen vom Reichstag"[13].

3. Die Bedeutung des Rechnungshofpräsidenten Saemisch als Reichssparkommissar

Geprägt wurde die Entwicklung des RRH in jenen Jahren vor allem von seinem Präsidenten Friedrich Ernst Moritz Saemisch. Saemisch, Sproß einer Bonner Akademikerfamilie, hatte nach Studium und Staatsdienst, wobei er auch mehrere Jahre im Reichsschatzamt bzw. Reichsfinanzministerium – u. a. als Generalhaushaltsreferent unter Finanzminister Erzberger[14] – tätig war, von April 1921 an als Finanzminister dem preußischen Kabinett Stegerwald bis zu dessen Demissionierung im November des gleichen Jahres angehört und war am 1. Oktober 1922 zum neuen Präsidenten des RRH sowie zum Chefpräsidenten der ORK berufen worden. Neben diesen Ämtern, die er bis zu seiner Pensionierung im Jahre 1938 innehatte, nahm er weitere im Umfeld der Finanzkontrolle angesiedelte Funktionen wahr[15], von denen vor allem dem Amt des Reichssparkommissars besondere Bedeutung zukommt. Die Einrichtung dieser Institution hängt eng mit den eingangs angesprochenen ökonomischen und politischen Hintergründen Anfang der zwanziger Jahre zusammen, die die Reichsregierung zwangen, organisatorische und personelle Maßnahmen zur Kostendämpfung einzuleiten. In diesem Zusammenhang ernannte sie im Herbst 1920 den Landesfinanzamt-Präsidenten Friedrich Carl zum „Reichskommissar für Vereinfachung und Vereinheitlichung der Reichsverwaltung". Das von diesem unterbreitete Sparkonzept fand jedoch bei den Adressaten keine Zustimmung, so daß er im April 1921 zurücktrat. Eine kurz zuvor im Februar des gleichen Jahres eingesetzte Sparkommission unter dem Vorsitz des Reichsinnenministers übernahm

---

13 *Heinig,* 1949, a. a. O., S. 122.

14 Vgl. *Dungern,* Friedrich von, Welche Mittel und Methoden sind bekannt, um Sparsamkeit im öffentlichen Haushalt zu erreichen, Ms. Hamburg 1947, S. 27 (BA Z 10/11).

15 Neben den in diesem Beitrag genannten Funktionen gehören dazu vor allem die Tätigkeit Saemischs als Vorsitzender des Reichsschuldenausschusses und als Aufsichtsratsvorsitzender der Revisions- und Treuhand KG, Ämter, die analog auch heute noch vom BRH-Präsidenten wahrgenommen werden (vgl. hierzu *Gilles,* 1986, a. a. O., Anmerkung 414; sowie die beiden Übersichten am Ende dieses Beitrages und des Beitrages von *Gerhard Otto* und *Rainer Weinert.*

Carls Aufgaben, konnte mit ihren Vorschlägen aber ebenfalls nicht durchdringen. In dieser Situation ersuchte die Reichsregierung am 28. November 1922 den erst seit wenigen Wochen im Amt befindlichen RRH-Präsidenten Saemisch, die Aufgaben eines Reichssparkommissars (RSK) in der Form wahrzunehmen, daß er die Sparaktionen der Regierung durch gutachterliche Äußerungen und Anregungen unterstützen sollte. Die Saemisch übertragene Aufgabe war allerdings nicht mit der Errichtung einer entsprechenden Institution verknüpft oder etwa als eine dem RH-Präsidenten zugewiesene besondere Funktion anzusehen – sie war ausschließlich an seine Person gebunden. Dies mag eine Erklärung dafür sein, daß Saemisch dem Wunsch der Reichsregierung, das Amt zu übernehmen, überhaupt entsprach, hatte er sich doch erst ein halbes Jahr zuvor vehement gegen die Errichtung einer solchen externen, nicht der Regierung angehörenden Institution ausgesprochen.

Als ‚Sparminister' kam für ihn in geradezu klassischer Sichtweise nur der Finanzminister in Frage.

> „Ihm allein steht das Beamtenpersonal zur Verfügung, das die Einzelheiten der Etats der verschiedenen Ressorts genau kennt. Ohne eine Befassung hiermit würde in den Besprechungen mit den Vertretern der Fachministerien der Sachkunde der letzteren nicht das nötige sachliche Gegengewicht entgegengebracht werden können, ohne das die Einsparbestrebungen von vornherein zur Ergebnislosigkeit verurteilt sind[16]."

Als ein Weg zur Durchführung der dringend erforderlichen Einsparungen schlug er vielmehr nach preußischem Vorbild die Einsetzung einer Kommission vor, die unter dem Vorsitz eines dem Finanzministerium angehörenden „Sparsamkeitskommissars durch den Zusammentritt von besonderen Sparsamkeitsreferenten, die in jedem Ministerium zu bestellen sind, gebildet wird"[16].

Saemisch wurden als Sparkommissar weitgehende Befugnisse übertragen: Er sollte im Benehmen mit dem Finanzminister die Haushalte der übrigen Ministerien überprüfen und erhielt dazu das Recht, alle für seine Einsparungsvorschläge erforderlichen Ermittlungen anzustellen und die hierzu nötigen Beamten anzufordern. Dies alles geschah ohne eine gesetzliche Grundlage nur auf der Basis eines Kabinettsbeschlusses der Regierung Cuno, der jedoch von jedem der nachfolgenden Reichskabinette bis zur zweiten Regierung Brüning ausdrücklich erneuert wurde. Im Jahre 1923 erließ die Regierung darüber hinaus Richtlinien für die Tätigkeit des Sparkommissars, wodurch dieser eine erste – wenn auch immer noch schwache –

---

[16] *Saemisch,* Friedrich Ernst Moritz, Nachprüfung der Einnahmen und Ausgaben des Reiches, Ms. o. O. 1922 (Beitrag für „Der Wiederaufbau") (BA Nachlaß Saemisch Nr. 55, fol. 75ff.).

rechtlich fixierte Basis erhielt. Danach sollten die Minister den Sparkommissar bei Vereinfachungsmaßnahmen konsultieren und der Finanzminister ihn an der Aufstellung des Haushaltsplanes beteiligen. Als weitere Maßnahme zur Stützung der Regierungsbemühungen um Währungsstabilität erfolgte im Jahr darauf, nachdem kurz zuvor als quasi letztes Mittel zur Bekämpfung der Inflation die Rentenmark ausgegeben worden war, die Einrichtung einer „Verwaltungsabbau-Kommission", deren Vorsitz ebenfalls Saemisch übernahm; in Weiterführung des im Zusammenhang mit der Vergabe weitreichender Kompetenzen an den RSK eingeschlagenen Weges wurden der Kommission sogar Exekutivbefugnisse zugestanden.

Nicht zuletzt aufgrund der Notwendigkeit einer Bewilligung von Haushaltsmitteln für den allmählich zu einer festen Institution gewordenen Reichssparkommissar kam es in den Jahren 1926 und 1927 zu einer Neufassung der Richtlinien über dessen Tätigkeit. Die wesentlichsten Neuerungen bestanden in der Ausweitung der RSK-Kompetenzen auf Landes- und Kommunalebene und in der konsultativen Teilnahme an den Kabinettssitzungen, wobei er zu Dingen von besonderer finanzieller Bedeutung Stellung nehmen konnte. Auch in die gemeinsame Geschäftsordnung (GGO) der Reichsministerien fand der RSK Eingang: bei denjenigen gesetzgeberischen Maßnahmen, die auf Reichs-, Länder- oder Kommunalebene Kosten verursachten, war er zu konsultieren.

Die Tätigkeit des Sparkommissars erstreckte sich zunächst nur auf die Reichsverwaltung; u. a. hat er mitgewirkt an der Aufhebung bzw. Zusammenlegung mehrerer oberster Reichsbehörden und an der Auflösung einer großen Anzahl der nach dem Krieg eingerichteten Abwicklungsstellen (z. B. für die Administration der ehemals deutschen Gebiete). Darüber hinaus hat er die in der sogenannten Büroreform kumulierenden Vereinheitlichungsbestrebungen des Verwaltungsablaufs (vom Formularwesen bis zur Personaleinsparung) maßgeblich beeinflußt und schließlich an der Reduzierung des für die Reichsadministration benötigten Büroraums – allein in Berlin schrumpfte derselbe von über 1,1 Million auf unter 0,5 Millionen qm – mitgewirkt[17]. Kennzeichnend für die Tätigkeit der RSK war jedoch vor allem die im Gegensatz zu der üblichen behördlichen Verfahrensweise stehende Praxis, zu den jeweils gestellten Aufgaben im großen Umfang externe Experten heranzuziehen. Diese Vorgehensweise führte nicht nur zu einer Minimierung des eigenen Kostenaufwandes – für einen Sparkommissar wohl eine Selbstverständlichkeit –, sondern soll nach allgemeinem Urteil den – gemessen an den politischen wie strukturellen Rahmenbedingungen –

---

[17] Vgl. hierzu *Dungern,* 1947, a. a. O., S. 29f.; *Saemisch,* Friedrich Ernst Moritz, Vortrag im Reichsrat am 1. April 1924, Ms. Berlin, S. 6ff. (BA Nachlaß Saemisch Nr. 164); sowie *ders.,* 1930, a. a. O., S. 45ff.

insgesamt doch erstaunlichen Erfolg der Arbeit des RSK und seines „Sparbüros“ erst ermöglicht haben[18].

Im Laufe der Zeit – insbesondere nach dem Erlaß der neuen Richtlinien 1927 – wurde die Tätigkeit des RSK auf Landes- und Kommunalebene ausgedehnt und führte schließlich insgesamt zu einer wahren Gutachtenflut: zwischen 1929 und 1933 wurden 440 Gutachten und gutachterliche Äußerungen vorgelegt – allein im Jahre 1929 waren es z. B. 185 nur für die Reichsverwaltung[19]. Bei den länder- und kommunalbezogenen Expertisen handelte es sich vielfach um differenzierte Mammutdarstellungen mit Analysen des gesamten Verwaltungsapparates einschließlich des dazugehörigen Umfeldes, deren fundierte Empfehlungen in einigen Fällen noch Jahrzehnte später die Grundlagen für entsprechende Reformmaßnahmen waren[20]. Die länderbezogenen Gutachten waren außerdem als Materialien für den Länderfinanzausgleich und die geplante Reichsreform gedacht. 1928 wurde Saemisch im Zusammenhang mit der beabsichtigten Reichsreform zum Generalsachverständigen des Verfassungsausschusses der Länderkonferenz bestellt.

Von seiten der Legislative erhielt der Sparkommissar vor allem von dem sogenannten „Sparausschuß“, einem Unterausschuß des Haushaltsausschusses des Reichstages, Unterstützung, wobei die Abgeordneten den RSK auch gerne als „Service-Einrichtung“ für das Parlament in Anspruch genommen hätten. Allerdings stand Saemisch diesen Wünschen, die im Reichstag allmählich einen immer größeren Widerhall fanden, stets ablehnend gegenüber; dies war neben grundsätzlichen Bedenken vor allem in einem vielbeschworenen besonderen Vertrauensverhältnis zwischen RSK und Reichsregierung begründet[21].

Die einzigartige Stellung und Konstruktion der Institution Sparkommissar – von Saemisch selber als ein Unikum bezeichnet – beschäftigte nicht

---

[18] Vgl. u. a. *Dungern,* Friedrich von, Friedrich E. M. Saemisch als Reichssparkommissar, in: DÖV 1952, S. 46ff. In diesem Kontext mag der Hinweis angebracht sein, daß dieser Erfolg im Gegensatz zu dem Weberschen Bürokratiebild im Zweifel eher gegen die staatliche Bürokratie erreicht wurde.

[19] Vgl. ergänzend hierzu – insbesondere zur Weiterführung der Gutachtentätigkeit durch den RRH im Dritten Reich – *Brunst,* Erich u. a., Der Reichssparkommissar und sein Nachfolger. Rückschau und Ausblick, Ms. Potsdam 1942 (ZIK 2.4.0000 1942).

[20] Vgl. hierzu *Hettlage,* 1985, a. a. O., S. 193, und den dortigen Hinweis auf die württembergische Gebietsreform der siebziger Jahre.

[21] Vgl. *Saemisch,* 1930, a. a. O., S. 18ff. In dieser Haltung Saemischs liegt möglicherweise eine Ursache für die hin und wieder doch recht harsche Kritik Kurt Heinigs sowohl an der Tätigkeit als auch an der Person des RSK, wobei diese allerdings zuvorderst auf die Zeit der NS-Herrschaft abhebt (vgl. *Heinig,* 1949, a. a. O., S. 122ff.). Andererseits ist Heinig sein zugegebenermaßen mit Polemik durchsetztes Kratzen am Denkmal des RRH-Präsidenten gehörig verübelt worden: So nennt Friedrich Klein Heinigs Auslassungen „affekt- und ressentimentgeladen“ (*Klein,* 1975, a. a. O., S. 211, Anm. 4), und Arthur Fuchs findet sie „wenig erfreulich“ und „sehr scharf“ (*Fuchs,* 1966, a. a. O., S. 261).

nur relativ früh die wissenschaftliche Diskussion vor allem auf dem Gebiet des Staatsrechts, sondern auch die politische, insbesondere parlamentarische Debatte. So dominierte diese Diskussion z. B. weite Teile der Parlamentsberatungen zur Novellierung der Reichshaushaltsordnung, die trotz der zwischenzeitlich erlassenen Ergänzungsbestimmungen (Reichsschuldenordnung vom 13. Februar 1924, Reichskassenordnung vom 6. August 1927, Wirtschaftsbestimmungen für die Reichsbehörden vom 11. Februar 1929 und schließlich die Rechnungslegungsordnung für das Reich vom 3. Juli 1929) notwendig geworden war. Diese am 14. April 1930 verkündete Novelle, die bezüglich der Stellung und Aufgaben des Rechnungshofs keine wesentlichen Änderungen brachte, beließ es auch hinsichtlich des Sparkommissars bei der bestehenden Regelung – die während der monatelangen Erörterung der Novelle mehrfach geforderte und schon in Paragraphen gegossene förmliche Institutionalisierung des Amtes des RSK fand darin keinen Niederschlag.

4. Die „Buntscheckigkeit" der Finanzkontrollbehörden in Reich und Ländern

Die im Zusammenhang mit dem breitgestreuten Tätigkeitsfeld des Reichssparkommissars angesprochenen Aktivitäten hinsichtlich der mit der Länderkonferenz letztlich angestrebten Reichsreform – zu der es dann schließlich in der Weimarer Republik und trotz anfänglicher Bemühungen im Dritten Reich nicht mehr kam[22] – hatte neben dem Bestreben einer territorialen ‚Länder-Flurbereinigung' eine wesentliche Triebfeder in der enormen Uneinheitlichkeit oder in der Diktion von Saemisch „Buntscheckigkeit" der Verwaltung auf Länderebene, durch die auch in der Finanzkontrolle – trotz der nach 1871 verstärkten Bestrebungen zu einer Angleichung – ein teilweise heilloses Durcheinander hinsichtlich der Stellung, Funktion und Organisation der Prüfbehörden verursacht worden war: So war noch in der Weimarer Zeit das Prinzip der Unabhängigkeit der Rechnungshöfe, Rechnungskammern oder Rechnungsämter nicht überall verwirklicht – wie z. B. in Anhalt, Schaumburg-Lippe, Mecklenburg-Schwerin, Mecklenburg-Strelitz und Württemberg, wo die oberste Kontrollstelle dem Staatsministerium oder dem Finanzministerium unterstellt war; in Thüringen und Braunschweig gehörten zum Vorstand der Kammer Landtagsabgeordnete, in Hamburg und Lübeck unterstand das Rechnungsamt unmittelbar dem Senat, in Bremen war es ein Organ der Finanzdeputation; in Oldenburg wurde die Rechnungskontrolle von Beamten des Staatsministeriums selbst erledigt, in Lippe von einem Ausschuß des Landtages. Ähnlich breit gestreut

[22] Vgl. zu den vereinzelten Ansätzen einer Reichsreform und der im NS-Staat gepflegten Vorstellung einer Aufteilung des Reichs in Gaue Broszat 1983, a. a. O., S. 151ff.

waren die Aufgabenstellungen: So fand z. B. in Sachsen, Württemberg, Baden, Thüringen, Hessen, Mecklenburg-Schwerin, Mecklenburg-Strelitz, Oldenburg und Braunschweig keine oder nur eine sehr eingeschränkte Vorprüfung durch die Verwaltungen statt; auch der Reichsregelung vergleichbare Weisungsbefugnisse gegenüber der Verwaltung bestanden nicht überall; dies war insbesondere – was Wunder – dort nicht der Fall, wo die Prüf- bzw. Kontrollbehörden oder Kontrollgremien keine unabhängige und selbständige Stellung innehatten (vgl. zu der Uneinheitlichkeit auf Länderebene auch die folgende Übersicht). In einigen Ländern stammte die Rechtsgrundlage, wie etwa in Württemberg und in Bayern, größtenteils sogar noch aus den vorparlamentarischen Zeiten Anfang des 19. Jahrhunderts und waren selbst von den Umwälzungen nach dem Ende des Ersten Weltkrieges kaum tangiert worden.

Dieser Feststellung entspricht das selbst in der Weimarer Republik vorherrschende, schon mehrfach angesprochene distanzierte Verhältnis der Finanzkontrollbehörden – allen voran der Reichsrechnungshof – zum parlamentarisch demokratischen Staat. Eine Demokratisierung der Rechnungshöfe im Sinne einer Annäherung und vor allem Stützung des parlamentarischen Systems – so kann resümierend festgehalten werden – gab es nach 1919 nicht. Dazu beigetragen haben dürfte auch die Haltung des RRH-Präsidenten Saemisch – unbeschadet seiner großen Verdienste als Chef der Reichs- wie der preußischen Finanzkontrollbehörde und mehr noch als Reichssparkommissar. Demgemäß überrascht es nicht, daß die schon sehr frühzeitig zum Beginn des Dritten Reiches erfolgte drastische Beschneidung des Rechts des Reichstages zur Budgetkontrolle von den Rechnungsprüfungsbehörden zunächst anscheinend eher mit Gleichmut hingenommen wurde.

Die für die folgende synoptische Darstellung gewählten Kategorien und die jeweils aufgeführten Merkmale sind weder vollständig noch in jedem Fall (etwa gemessen an rechtlichen Vorgaben) exakt, auch sind nicht alle Nuancierungen im Zeitverlauf bzw. dem jeweiligen Zeitabschnitt berücksichtigt; sie beschränken sich vielmehr auf einige wesentliche, für die jeweilige Periode und die funktionalen und organisationalen Gegebenheiten dominierende Parameter. In den Klammern ( ) sind neben einigen ergänzenden oder erläuternden Stichworten zu den jeweiligen Parametern auch die mittelbar wahrgenommenen Aufgaben bzw. funktionale und/oder organisationale Kenngrößen sowie spätere Änderungen vermerkt. In einigen Fällen konnten die Matrixfelder anhand der vorliegenden Unterlagen nicht besetzt werden oder sind mit einem Fragezeichen versehen als Hinweis, daß der jeweilige Sachverhalt nicht hinreichend geklärt werden konnte. Hinsichtlich der (leider unvermeidbaren) Abkürzungen sei auf das Abkürzungsverzeichnis verwiesen. (Diese Anmerkungen beziehen sich auch auf die Synopse in dem Beitrag von *Otto / Weinert* zur Entwicklung nach 1945, vgl. S. 128f.)

Vergleichende Übersicht über Funktions- und Organisationsmerkmale der obersten Finanzkontrollbehörden auf Reichs- und Länderebene in der Weimarer Republik

Gebiet	Institution	Status der Institution	Status der Mitglieder	organisat. Verfassung	organisat. Gliederung	Prüfbereich/-ebene	Ausmaß Prüftätigkeit	Tätigkeitsschwerpunkte	formale Sanktionsmöglichkeiten	Adressat der Berichte	Zusatzfunktionen/Sonderaufgaben	Kooperationsverhältnisse	andere FK-Institutionen
Deutsches Reich	Reichsrechnungshof	selbständige oberste Reichsbehörde	richterlich unabhängig	kollegialisch	Prüfabt./Außenst./(Aufsicht VPSt)/(RSK)	Reich	gemäß §§ 87 ff. RHO (eingeschränkt)	Prüfung/Gutachten (§ 101 RHO)/(RSK)	gemäß § 102 RHO	Parlament via Regierung	Pers.-Union Preuß. ORK/RSK/RSA/VAK/Rev. Treuh. KG	Preuß. ORK/informell mit anderen RHe	regional/kommunal
Anhalt	Staatsmin.					Land		Prüfung					
Baden	Oberrechnungskammer	selbständige oberste Landesbehörde	richterlich unabhängig	kollegialisch	Prüfabt./VPSt	Land	eingeschränkt	Prüfung incl. Vorprüfung		Landtag via Regierung		informell	kommunal
Bayern	Oberster Rechnungshof	oberste Staatsbehörde	richterlich unabhängig	kollegialisch	Prüfabt.	Land	eingeschränkt	Prüfung	keine	Landtag via Regierung	Aufstellung der HH-Rechnung/Schuldentilgung	informell	RK (beim Finanzmin.)/kommunal
Braunschweig	Rechnungskammer	selbständige Landesbeh. (beschränkt unabhängig)			Revisionsabt./VPSt	Land/Gemeinden	eingeschränkt	Prüfung incl. Vorprüfung		Landtag via Regierung	Prüfung von Stiftungen		regional (Landesämter)
Bremen	Rechnungsamt	Organ der Finanzdeputation				Land		Prüfung	durch Finanzdeputation				
Hamburg	Rechnungsamt	dem Senat unterstellt				Land		Prüfung	durch Senat		Etataufstellung		
Hessen	Oberrechnungskammer	selbständige Landesbehörde		kollegialisch	Revisionsabt./VPSt	Land/Gemeinden		Prüfung incl. Vorprüfung		Landtag via Regierung	Prüfung von Kirchen, Stiftungen/Schuldenverw.	informell	keine

Fortsetzung der Übersicht

Gebiet	Institution	Status der Institution	Status der Mitglieder	organisat. Verfassung	organisat. Gliederung	Prüfbereich/ -ebene	Ausmaß Prüftätigkeit	Tätigkeitsschwerpunkte	formale Sanktionsmöglichkeiten	Adressat der Berichte	Zusatzfunktionen/ Sonderaufgaben	Kooperationsverhältnisse	andere FK-Institutionen
Lippe	Landtag					Land		Prüfung					
Lübeck	Rechnungskammer	dem Senat unterstellt			Revisionsabt./ VPSt	Land		Prüfung incl. Vorprüfung	durch Senat		Etataufstellung		
Mecklenburg-Schwerin	Staatsrechnungsamt	dem Finanzministerium unterstellt	unabhängig		Revisionsabt./ VPSt	Land	eingeschränkt	Prüfung incl. Vorprüfung	durch Staatsmin.	Landtag via Regierung			kommunal
Mecklenburg-Strelitz		dem Finanzministerium unterstellt	abhängig		Revisionsabt./ VPSt	Land	eingeschränkt	Prüfung incl. Vorprüfung	durch Staatsmin.				
Oldenburg	Staatsministerium					Land		Prüfung incl. Vorprüfung	durch Staatsmin.				
Preußen	Oberrechnungskammer	selbständige oberste Landesbehörde	richterlich unabhängig	kollegialisch	Prüfabt./ (Aufsicht VPSt)	Land	eingeschränkt	Prüfung/ gutachtliche Vorschläge	in Verbindung mit Preuß. Beamtengesetz	Landtag via Regierung	Pers.-Union Präs. RRH	RRH/ informell	kommunal
Sachsen	Staatsrechnungshof	selbständige oberste Staatsbeh.	richterlich unabhängig	kollegialisch	Prüfabt./ VPSt	Land	eingeschränkt	Prüfung incl. Vorprüfung		Landtag via Regierung	Beteiligung bei Etataufstellung	informell	kommunal
Schaumburg-Lippe	Staatsministerium					Land		Prüfung					
Thüringen	Rechnungskammer	selbständige Landesbeh. (beschränkt unabhängig)			Revisionsabt./ VPSt	Land	eingeschränkt	Prüfung incl. Vorprüfung		Landtag via Regierung	Etataufstelung	informell	kommunal
Württemberg	Oberrechnungskammer	dem Finanzministerium unterstellt	abhängig		VPSt	Land	eingeschränkt	Prüfung bzw. Vorprüfung			Etataufstellung/ Schuldenverw.		Landtag/ Ministerien/ kommunal

NS-Staat I

Der Funktionsverlust des Reichsrechnungshofs (RRH) in den Vorkriegsjahren

Von Hermann A. Dommach

1. Die Ausgangslage des RRH nach der Machtergreifung Hitlers

Als am 30. Januar 1933 Hitler die Macht im Reich übernahm, war der RRH in Potsdam eine selbständige, nur dem Gesetz unterworfene oberste Reichsbehörde, welche die gesamte Haushaltsführung des Reichs zu überwachen hatte[1]. Die Aufgaben und Befugnisse sowie die Organisation des RRH waren in der Reichshaushaltsordnung (RHO) vom 31. Dezember 1922 geregelt[2]. Danach bildeten die Mitglieder des RRH, die richterliche Unabhängigkeit besaßen, ein Kollegium, das jährlich dem Reichsfinanzminister sog. Bemerkungen übermittelte, in denen die Prüfungsergebnisse zusammengefaßt waren, die für die Entlastung der Reichsregierung von Bedeutung sein konnten[3]. Die Bemerkungen berieten der Reichstag und der Reichsrat, bevor sie über die Entlastung der Reichsregierung entschieden[4].

In der Zeit zwischen der Machtergreifung Hitlers und dem Ausbruch des Zweiten Weltkriegs wurde der RRH mit zahlreichen Veränderungen des neuen Regimes konfrontiert, die sein inneres Gefüge grundlegend beeinflußten, ohne daß sein äußeres Erscheinungsbild erkennbare Einbußen erlitt.

2. Das Erste Ermächtigungsgesetz und die ungeklärte Entlastungsfrage

Die ersten Probleme ergaben sich für den RRH und seine Mitglieder aus dem Ersten Ermächtigungsgesetz vom 24. März 1933, das die Gesetzgebungsgewalt der Reichsregierung übertrug[5]. Vielfach wurde die Ausschal-

---

1 §§ 87, 118 RHO.

2 RGBl. 1923 II, S. 17.

3 §§ 108, 119 RHO i.d.F. vom 23.12.1922.

4 *Schulze,* R. / *Wagner,* E., Reichshaushaltsordnung mit Erläuterungen, 3. Aufl., Berlin 1934, § 108 Anmerkung 2, S. 804.

5 Gesetz zur Behebung der Not von Volk und Reich, RGBl. 1933 I, S. 141.

tung des Reichstags als Gesetzgebungsorgan nur als vorübergehender Zustand angesehen. Es stellte sich aber die wichtige Frage, wer künftig die Entlastungsentscheidung treffen und welche Funktion die Bemerkungen des RRH haben sollten, nachdem der Reichstag als natürlicher Verbündeter des RRH weggefallen war, dessen Bemerkungen Entscheidungsgrundlage für den Entlastungsbeschluß waren. Die Regelung der Frage war schon deshalb vordringlich, weil der Haushaltsausschuß des Reichstags noch die Entlastung der Reichsregierung für die Rechnungsjahre 1927 bis 1929 vorgeschlagen hatte, eine förmliche Beschlußfassung im Reichstag aber wegen dessen Auflösung nicht mehr zustande gekommen war[6]. Die Entlastungsfrage wurde erst in der zweiten Novelle der RHO vom 13. Dezember 1933 geregelt[7].

3. Der erste Kontakt zwischen Hitler und dem Präsidenten des RRH

In seiner Regierungserklärung zum Ersten Ermächtigungsgesetz hatte Hitler am 23. März 1933 auch das „Problem einer sparsamen Verwaltung" angesprochen[8]. Mit diesem Problem war seit 1922 der Reichssparkommissar befaßt, dessen Aufgaben von Saemisch wahrgenommen wurden, der gleichzeitig an der Spitze des RRH stand. Er verfügte nicht nur über große Erfahrungen auf dem Gebiet der Verwaltungskontrolle, sondern genoß auch hohes Ansehen als Reichssparkommissar, dessen Ratschläge sowohl von den Reichsbehörden als auch von den Ländern und Kommunen geschätzt wurden[9]. Hitler dürfte sich für Saemisch schon deshalb interessiert haben, weil er in der Anfangsphase seiner Herrschaft Partner suchte, die seine Stellung innerhalb der Bürokratie, die er verachtete, festigen und dem Volk die wiederholt versprochene Sauberkeit und Ordnung der Verwaltung sowie eine sparsame Verwendung öffentlicher Gelder vorführen konnten[10].

Im Frühjahr 1933 kam es zwischen Hitler und Saemisch zu einer Unterredung, von der nicht bekannt ist, von wem die Initiative dazu ausging und über welche Einzelthemen gesprochen wurde. Aus einem Schreiben, das Saemisch unter Bezugnahme auf dieses Gespräch am 4. April 1933 Hitler übermittelte, geht allerdings hervor, daß Hitler die Notwendigkeit einer wirksamen Kontrolle betonte und als ihre Ziele die „Sicherung peinlicher

---

6 *Schulze,* R. / *Wagner,* E., 1934, a.a.O., § 108 Anmerkung 4, S. 806.

7 Art. II § 2 der 2. Novelle der RHO vom 13.12.1933, RGBl. II, S. 1007.

8 Schulthess' Europäischer Geschichtskalender NF, Jahrgang 49, 1933, S. 17ff.

9 *Dungern,* Friedrich von, Friedrich E. M. Saemisch als Reichssparkommissar in: DÖV Heft 2/1952, S. 46ff.

10 Zur Bedeutung des Reichssparkommissars vgl. *Fuchs,* Arthur, Wesen und Wirken der Kontrolle, Tübingen 1966, S. 177ff.; vgl. auch Anmerkung 11 sowie den Beitrag von *Franz-O. Gilles* in diesem Band.

Ordnung und Sauberkeit in der Verwaltung" sowie die sparsame Verwendung der öffentlichen Gelder bezeichnete[11]. Saemisch dürfte dagegen die Gelegenheit genutzt haben, um Hitler auf die in der RHO verankerte unabhängige Stellung des Rechnungshofs gegenüber den Reichsbehörden hinzuweisen[12]. Nachdem Saemisch das Kollegium des RRH „in großen Zügen" vom Inhalt seiner Unterredung mit Hitler unterrichtet hatte, faßten die Mitglieder einen Beschluß, in dem sie nicht nur zu den Äußerungen Hitlers Stellung nahmen, sondern auch die Unabhängigkeit des Rechnungshofs betonten. Diesen Beschluß übermittelte Saemisch mit dem bereits erwähnten Schreiben vom 4. April 1933.

Bei der weiteren Frage, welche Einzelprobleme zwischen Hitler und Saemisch besprochen wurden, können nur Vermutungen angestellt werden, für die sich allerdings aus der weiteren Entwicklung Indizien ableiten lassen. Als mögliche Gesprächsthemen kommen aufgrund der anschließenden Ereignisse in Betracht:

- die Funktion des RRH bei der Prüfung der Wehrmachtsausgaben,
- die Bedeutung der Bemerkungen im Entlastungsverfahren und
- die Einführung des Führerprinzips im RRH.

4. Die Verdrängung des RRH aus der Prüfung der Wehrmachtsausgaben

Unklar ist, ob Hitler den Präsidenten des RRH im Frühjahr 1933 auf die Rechnungsprüfung bei der Reichswehr und die geheimen Rüstungsausgaben angesprochen hat, die seit 1928 durch den sog. Mitprüfungsausschuß überwacht wurden[13].

Saemisch gehörte in seiner Eigenschaft als Präsident des RRH dem Ausschuß an, der die Aufgabe hatte, die geheimen Rüstungsausgaben begleitend zu kontrollieren und Verstöße der Wehrmacht gegen haushaltsrechtliche Bestimmungen bereits im Vorfeld der Rechnungsprüfung aufzudecken und dadurch zu verhindern, daß sie Gegenstand von Bemerkungen des RRH wurden, die den gesetzgebenden Körperschaften zur Kenntnis gebracht werden mußten. Der Mitprüfungsausschuß sollte also die Verwendung dieser Mittel vor der politischen Kontrolle des Parlaments „abschirmen"[14].

---

[11] BA R 43 II/1155 a.

[12] So auch *Oshima,* Michiyoshi, Die Bedeutung des Kabinettsbeschlusses vom 4. April 1933 für die autonome Haushaltsgebarung der Wehrmacht, in: FinArch NF 38, Heft 2/1981, S. 203.

[13] BA R 34/I/1426.

[14] Vgl. *Oshima,* M., 1981, a. a. O., S. 197.

Nachdem Hitler wiederholt den Vorrang der Wiederaufrüstung vor den Belangen des Haushalts betont hatte, ging Saemisch davon aus, daß die geheimen Rüstungsausgaben künftig ein erheblich größeres Volumen als bisher haben würden und daß der Mitprüfungsausschuß seine Arbeit intensivieren müßte[15]. Am 3. April 1933 beschloß der RRH, künftig die zuständigen Abteilungsleiter allgemein an der Überwachung der geheimen Rüstungsausgaben zu beteiligen[16]. Dabei konnte er allerdings nicht ahnen, daß am selben Tag das Reichswehramt im Zusammenhang mit der geplanten Umorganisation der Wehrmacht einen Kabinettsbeschluß vorbereitete, der die Auflösung des Mitprüfungsausschusses, die faktische Ausschaltung des Rechnungshofs aus der Kontrolle der Wehrmachtsausgaben und die völlige Autonomie des Haushaltsgebarens der Wehrmacht vorsah. Die Reichsregierung billigte die Vorlage bereits in ihrer Sitzung am 4. April 1933. Danach hatte der Reichsfinanzminister die zur Umorganisation der Wehrmacht erforderlichen Haushaltsmittel global und vor der Öffentlichkeit getarnt zur Verfügung zu stellen. Rechnungslegung und Rechnungsprüfung sollten nach den gleichen „Grundsätzen der Tarnung“ erfolgen. Der Reichswehrminister wurde ermächtigt, für die drei Waffengattungen besondere Haushalte festzusetzen, die der Rechnungshof „wie bisher“ prüfen sollte[17].

Als der Präsident des RRH von dem Kabinettsbeschluß erfuhr, sah er sich vor vollendete Tatsachen gestellt. Er beschrieb die neue Situation mit folgenden Worten: „Der Kabinettsbeschluß gebe dem Reichswehrminister Vollmacht, zu handeln wie im Kriege, d. h. das zu tun, was er für notwendig und je nach Lage der außenpolitischen Situation für zweckmäßig halte“[18]. Saemisch verlangte eine Unterredung mit dem Reichswehrministerium, die am 12. April 1933 zustandekam. Der Chef des Wehramtes, Oberst Fromm, rechtfertigte die Abschaffung des Mitprüfungsausschusses mit der abfälligen Bemerkung, daß „wochenlang törichte Quatschereien mit den Vertretern des Reichsfinanzministeriums und des Rechnungshofs hätten gepflogen werden müssen wegen eines einzigen Verwaltungsoberinspektors“[19]. Saemisch wies darauf hin, daß dem Rechnungshof nach dem Fortfall des Mitprüfungsausschusses nichts anderes übrigbleibe, als haushaltsrechtliche Verstöße der Reichswehr künftig nach § 107 RHO in die Bemerkungen aufzunehmen; hier könne er sie aber aus außenpolitischen Gründen nicht nach außen hin mitteilen. Einen Ausweg aus dieser Lage könne er sich nur insofern vorstellen, als dem Rechnungshof durch Änderung der RHO die Mög-

---

[15] So *Oshima,* M., a.a.O., S. 201 unter Hinweis auf einen Vermerk vom 21.04.1933, der von Präsident Saemisch gefertigt wurde.

[16] Ebenda.

[17] Vgl. ebenda, S. 217; BA R 43 II/393.

[18] Vermerk des RRH vom 22.04.1933 in BA Nachl. Saemisch Nr. 135.

[19] Vgl. *Oshima,* M., 1981, a.a.O., S. 219; Niederschrift über die Besprechung am 12.04.1933 in BA Nachl. Saemisch Nr. 135.

lichkeit verschafft werde, nach seinem Ermessen Bemerkungen auch der Reichsregierung zu unterbreiten[20].

Diesem Vorschlag wurde in der zweiten Novelle der RHO vom 13. Dezember 1933 Rechnung getragen[21]. Präsident Saemisch erreichte auch, daß die Reichswehrführung wieder von ihrer Forderung abrückte, die Rechnungsprüfung der Wehrmachtsausgaben dürfe nur noch durch höhere Beamte erfolgen. Praktisch wurde die Rechnungsprüfung jedoch zu einer Farce, weil der Reichswehrminister nach dem Kabinettsbeschluß vom 4. April 1933 ermächtigt war, „bis zur Schaffung endgültiger gesetzlicher Grundlagen von den bisherigen Gesetzesbestimmungen" abzuweichen[22]. Damit fehlte den vom Reichswehrminister für die drei Waffengattungen aufgestellten Haushalten jede rechtliche Verbindlichkeit, an der etwaige Verstöße gemessen werden konnten. Am 13. April 1933 erklärte Saemisch in einer Chefbesprechung des RRH resignierend, „er sei der Ansicht, daß der Rechnungshof sich ebenso wie es schließlich auch der Reichsfinanzminister getan habe, mit dem Kabinettsbeschluß werde abfinden müssen"[23].

Durch den Kabinettsbeschluß vom 4. April 1933 war es der Wehrmacht gelungen, unter Ausnutzung der veränderten Verhältnisse und mit Unterstützung der neuen Machthaber sowohl den Finanzminister als auch den Rechnungshof aus dem militärischen Haushaltsgeschehen zu verdrängen. Das Vorgehen der Wehrmacht leitete einen Prozeß ein, der den Finanzminister immer mehr entmachtete und ihn schließlich zum bloßen Kassenverwalter degradierte[24]. In gleichem Maße, in dem der Finanzminister an Einfluß verlor, verminderte sich auch die Bedeutung des RRH, dessen Bemerkungen nur noch bis zum Finanzministerium gelangten[25]. Gleichzeitig fühlten sich jedoch etliche „gutgesinnte" Beamte im Reichsfinanzministerium und im RRH dazu aufgerufen, unter den veränderten Umständen wenigstens die Grundsätze einer ordnungsmäßigen Finanzwirtschaft und Kontrolle in ihrem Kernbestand aufrechtzuerhalten und weitere Einbrüche zu verhindern. Es ist verbürgt, daß sich im RRH dauernd ein „respektabler Widerstand" gegen das Regime erhalten hat[26].

Nach dem Kabinettsbeschluß vom 4. April 1933 wurden die Mittel für die Wehrmacht ein- bis zweimal jährlich zwischen dem Reichsfinanzminister und Reichswehrminister Blomberg unter Beteiligung von Reichsbankpräsi-

---

20 BA Nachl. Saemisch Nr. 135.
21 RGBl. 1933 II, S. 1007ff.
22 Vgl. FN 17.
23 Vermerk des RRH vom 22.04.1933 in BA Nachl. Saemisch Nr. 135.
24 *Heinig*, Kurt, Das Budget Band I, Tübingen 1949, S. 129.
25 Ebenda, S. 130.
26 Ebenda, S. 127.

dent Schacht ausgehandelt. Danach verteilte Blomberg die Globalsumme auf die einzelnen Wehrmachtsteile[27].

Der RRH setzte seine Prüfungstätigkeit bei den drei Waffengattungen fort, als ob sich nichts verändert hätte. Seine Prüfungsergebnisse fanden sich auch weiterhin in den Bemerkungen wieder, die allerdings ohne jede Wirkung blieben, weil sie der Reichsfinanzminister nicht mehr einem unabhängigen Entlastungsorgan vorlegen konnte[28]. Der RRH verlagerte daher den Schwerpunkt seiner Beanstandungen im Bereich der Wehmachtsausgaben auf die Ebene der Prüfungserinnerungen, mit denen er versuchte, die Wehrmachtsstellen gezielt zur Rechtfertigung ihres Haushaltsgebarens zu veranlassen.

Der Erstschlag gegen die Rechnungsprüfung, der von der Wehrmacht ausging, blieb nicht die einzige Attacke, die während der Naziherrschaft gegen den RRH geführt wurde. Die Bemerkungen des RRH verloren an Bedeutung, weil sie im Entlastungsverfahren nicht mehr einem demokratisch legitimierten Entlastungsorgan vorgelegt werden konnten. Das Kollegialprinzip wurde weitgehend durch das Führerprinzip eingeschränkt. Der Reichsschatzmeister der NSDAP, Schwarz, bestritt dem RRH in zunehmendem Maß das Recht, die Verwendung von Mitteln aus dem Reichshaushalt bei sog. Einrichtungen des Parteirechts zu prüfen. Der Reichspostminister Ohnesorge versuchte, den RRH durch ressorteigene Prüfungsinstanzen zu ersetzen, und der Staatssekretär im Reichsfinanzministerium, Reinhardt, konnte schließlich den RRH dazu bringen, auf die Ausübung seiner Prüfungskompetenzen im Bereich der Steuereinnahmen zu verzichten.

5. Der Funktionsverlust der Bemerkungen im Entlastungsverfahren

Im Frühsommer 1933 begannen die Vorbereitungen zur zweiten Novellierung der RHO, in der die seit dem Ersten Ermächtigungsgesetz offengebliebene Entlastungsfrage geregelt wurde.

Für die Vergangenheit fingierte die zweite Novelle der RHO vom 13. Dezember 1933 die Entlastung der Reichsregierung mit der lapidaren Feststellung, die Entlastung für die Rechnungsjahre 1927 bis 1929 gelte nach § 108 RHO als erteilt[29]. Die Regelung wurde in der vierten Novelle der RHO auf die Rechnungsjahre 1930 bis 1932 ausgedehnt[30]. Für die Zukunft über-

---

[27] *Schwerin von Krosigk,* Lutz Graf, Staatsbankrott. Finanzpolitik des deutschen Reiches 1920 - 1945, Göttingen 1974, S. 261.

[28] *Heinig,* K., 1949, a. a. O., S. 130.

[29] Art. II § 2 RGBl. 1933 II, S. 1007 ff.

[30] Art. III § 7 RGBl. 1936 II, S. 210.

trug die Gesetzesnovelle die Entlastungsentscheidung der Regierung selbst, wobei die Bemerkungen des RRH nur noch dem Reichsrat zur Kenntnis zu bringen waren[31], wo sie vor der Beschlußfassung über die Entlastung von der Reichsregierung erörtert werden sollten. Der RRH konnte dabei nur noch durch den Präsidenten in Erscheinung treten, der zu den Beratungen als Gutachter zugezogen werden sollte. Ab Frühjahr 1934 fiel aber auch die Beteiligung des Reichsrats weg, der im Zusammenhang mit dem Gesetz über den Neuaufbau des Reichs aufgehoben wurde[32].

Die Reichsregierung hat von der Möglichkeit, sich selbst die Entlastung zur Reichshaushaltsrechnung zu erteilen, keinen Gebrauch gemacht. Ab März 1938 konnten entsprechende Kabinettsbeschlüsse schon deshalb nicht mehr gefaßt werden, weil das Reichskabinett nicht mehr zusammentrat[33].

Durch die schwindende Bedeutung der Bemerkungen verlor der RRH jedoch keineswegs seine volle Wirksamkeit. Ihm blieb das Instrument der Prüfungserinnerungen, mit denen die geprüften Behörden aufgefordert wurden, sich zu den Beanstandungen des RRH zu äußern. In diesem kontradiktorischen Verfahren konnte der RRH oft schon kraft seiner Autorität seine Vorstellungen durchsetzen, so daß entsprechende Bemerkungen im Jahresbericht entbehrlich wurden. Gleichzeitig begann der RRH, in zunehmendem Umfang auf das Feld der Beratung auszuweichen, die in der zweiten Novelle der RHO durch die Einrichtung einer eigenen Gutachtenabteilung institutionalisiert wurde[34]. Die Gutachtenabteilung übernahm die Aufgaben des Reichssparkommissars. Ihre große Effizienz spiegelt sich nicht nur in der Zahl ihrer gutachtlichen Äußerungen wieder (vgl. Kap. 10). Insofern kann der Auffassung von Borzikowsky[35] nicht gefolgt werden, der von der völligen Bedeutungslosigkeit des RRH ausgeht, seitdem er seine Bemerkungen nicht mehr dem Reichstag und dem Reichsrat zuleiten konnte.

---

[31] Art. II § 2 RGBl. 1933 II, S. 1007.

[32] Gesetz über die Aufhebung des Reichsrats vom 14.02.1934, RGBl. I, S. 89.

[33] Nach Broszat ist „das Jahr 1938 als eine Zäsur der Verfassungsentwicklung des Hitler-Staates anzusehen", die „bisher noch halbwegs gewahrte Autorität maßgeblicher Reichsressorts und der Zusammenhalt der Reichsregierung (wurde) in beschleunigtem Maße untergraben", vgl. *Broszat,* Martin, Der Staat Hitlers, München 1969, S. 363.

[34] § 125 RHO, Art. III der 2. Novelle der RHO, RGBl. 1933 II, S. 1007 ff.; zur Bedeutung der Gutachtenabteilung vgl. FN 69.

[35] *Borzikowsky,* Reinhold, Finanzkontrolle und Rechnungsprüfungswesen (Die Zeit des Nationalsozialismus 1933 - 1945), in: Deutsche Verwaltungsgeschichte Bd. 4 – Das Reich als Republik und in der Zeit des Nationalsozialismus –, Stuttgart 1985, S. 888.

6. Der Abbau des Kollegialprinzips durch die Einführung des Führerprinzips

Nicht feststellbar ist, ob während der Unterredung zwischen Hitler und Saemisch auch die Stärkung des Präsidentenamtes im RRH zur Sprache kam und ob Saemisch für sich stärkere Kompetenzen gefordert oder Hitler ihn zu entsprechenden Initiativen ermuntert hat. Die Nationalsozialisten wollten das von ihnen propagierte Führerprinzip in allen Bereichen des öffentlichen Lebens zur Geltung bringen. Dabei störte sie das in der RHO verankerte Kollegialprinzip, wonach der RRH seine Entscheidungen jeweils kollegial zu treffen hatte.

Nicht aufklärbar ist die Rolle, die Saemisch bei der Durchsetzung des Führerprinzips im RRH spielte und in welchem Maß er selbst an der Konzeption des Entwurfs einer zweiten Novelle der RHO beteiligt war, welche die Befugnisse des Präsidentenamts erheblich zu Lasten des Kollegialprinzips ausweitete. Saemisch mag es als nachteilig empfunden haben, daß das Kollegialsystem schnelle Entscheidungen des RRH erschwerte. Die Initiative zu dem Gesetzentwurf ging vom preußischen Finanzminister Johannes Popitz aus, mit dem Saemisch in engem Kontakt stand. Popitz strebte auf dem Gebiet des Haushaltsrechts und der Rechnungsprüfung eine Rechtseinheit mit dem Reich an[36]. Die Novellierung der RHO sollte Preußen die Möglichkeit verschaffen, die RHO als Staatshaushaltsordnung zu übernehmen, wie dies auch tatsächlich nach Durchführung des Gesetzgebungsverfahrens geschah[37]. Dabei wurde vor allem Abschnitt V der RHO überarbeitet, dessen Änderungen erheblich in die innere Organisation des RRH eingriffen, wobei hauptsächlich die Rechte des Präsidenten erweitert und das Kollegialprinzip geschmälert wurden.

Zwischen August und Oktober 1933 arbeiteten Popitz und Saemisch gemeinsam den Entwurf zur Begründung der zweiten Novelle der RHO aus[38]. Danach dienten die Änderungen in Abschnitt V RHO der Vereinfachung, Beschleunigung und Straffung des Prüfungsverfahrens. Saemisch bekannte sich in einem von ihm im Jahre 1934 veröffentlichten Aufsatz zu der Gesetzesnovelle mit dem Hinweis, die Änderungen hätten seinen Vorstellungen als Präsident entsprochen[39].

Das Kollegialprinzip sollte nicht vollständig aufgegeben werden. Das Problem kam in den Kabinettsberatungen über den Gesetzentwurf zur

---

[36] *Saemisch,* Friedrich E. M., Das Haushaltsrecht im Reich und in Preußen, in: Reich und Länder 1934, S. 29, *Fuchs,* A., 1966, a. a. O., S. 99.

[37] Gesetz vom 15. 12. 1933, Preußische Gesetzessammlung, S. 475.

[38] Vgl. *Oshima,* M., 1981, a. a. O., S. 221.

[39] *Saemisch,* Friedrich E. M., Der Rechnungshof des Deutschen Reichs nach der Novelle zur Reichshaushaltsordnung, in: DJZ Heft 3/1934, Sp. 172 ff.

Sprache[40]. In der Niederschrift über die Sitzung vom 8. Dezember 1933 heißt es dazu:

„Der Reichsminister des Innern ... wies ferner daraufhin, daß nach §§ 126, 126d des Entwurfs die Entscheidung in den Senaten durch Mehrheitsbeschluß stattfinde. Es trete hier erstmalig die Frage auf, ob auch in solchen Kollegien der Führergrundsatz eingeführt werden solle. Der Reichsminister der Justiz bemerkte dazu, daß es zwei Möglichkeiten gebe, in Richterkollegien den Führergedanken zum Ausdruck zu bringen: Entweder der Vorsitzende entscheide nach Anhörung der Beisitzer selbständig. Dagegen habe er – der Reichsminister der Justiz — erbebliche Bedenken, weil damit der beisitzende Richter aus der Verantwortung entlassen werde; das werde sich nicht zugunsten der Rechtsprechung auswirken. Die andere Möglichkeit zur Wahrung des Führergedankens sei die, durch ein Einspruchsrecht, das dem Vorsitzenden gegeben werde, zu verhindern, daß er überstimmt werde. Der Reichsminister der Justiz bat, vorläufig in dieser Frage keine grundsätzliche Entscheidung zu treffen. Der Reichsminister der Finanzen schloß sich dem an und bat um Annahme des Entwurfs in der vorliegenden Fassung. Das Reichskabinett nahm die Vorlage an."

Nach dieser Darstellung muß vermutet werden, daß die vollständige Abschaffung des Kollegialprinzips zeitlich nur aufgeschoben wurde[41].

Im wesentlichen brachte die zweite Novelle der RHO für die Rechnungsprüfung folgende Veränderungen:

Die Bestimmung des § 119 RHO, wonach der Rechnungshof ein Kollegium bildete, wurde gestrichen. Die Befugnis des Rechnungshofs, die Geschäftsordnung zu erlassen, ging auf den Präsidenten über; dieser hatte die Geschäfte des Rechnungshofs zu leiten und die gesamte Prüfungstätigkeit zu überwachen (§§ 124, 126f RHO). Erstmals wurde das Amt eines Vizepräsidenten geschaffen, dem für Teilbereiche des Rechnungshofs die Befugnisse des Präsidenten übertragen werden konnten (§ 124 Abs. 2 RHO). Das Präsidialbüro wurde in eine eigene Abteilung umgewandelt, die unmittelbar dem Präsidenten unterstand und deren Bedienstete weisungsgebunden waren (§ 125 RHO). Gleichzeitig gingen die Aufgaben und Befugnisse des Reichssparkommissars auf die Präsidialabteilung über[42]. An die Stelle der Vollversammlung der Mitglieder traten kleinere Beschlußgremien (Senate), in denen der Präsident den Vorsitz führte und gegen deren Beschlüsse ihm ein Beanstandungsrecht zustand (§ 126e RHO).

Ungewöhnlich waren sowohl das Gesetzgebungsverfahren selbst als auch die Art, in der die Novelle den Mitgliedern des RRH bekanntgegeben wurde. Obwohl die Novellierung hauptsächlich den RRH betraf, wurden seine Mitglieder zum Gesetzentwurf nicht gehört. Nach einem Aktenvermerk der

---

[40] *Pfuhlstein,* F. v., Der Weg von der Preußischen Generalrechenkammer zum Bundesrechnungshof, in: 250 Jahre Rechnungsprüfung, hrsg. vom Bundesrechnungshof, Frankfurt/Main 1964, S. 83f.

[41] Ebenda, S. 86.

[42] Vgl. FN 34.

Reichskanzlei vom 14. Dezember 1933 unterblieb die Anhörung „aus bestimmten Gründen“[43]. Diese Gründe dürften darin zu suchen sein, daß sich die Mitglieder des RRH bei Bekanntwerden gegen die beabsichtigte Einschränkung des Kollegialprinzips gewehrt hätten und daß Präsident Saemisch an der Gesetzesvorlage insoweit nicht unbeteiligt war, als er selbst eine Stärkung des Präsidentenamtes befürwortete.

Nach der Beschlußfassung des Reichskabinetts übersandte die Reichskanzlei die Novelle dem RRH mit einem Begleitschreiben[44] vom 8. Dezember 1933, in dem Hitler dem Rechnungshof mitteilen ließ, wie er die Neuregelung verstanden wissen wollte und welche Bedeutung er der Novelle beimaß. In diesem Schreiben kamen erneut Gedanken und Forderungen zur Sprache, die Hitler bereits in seinem Gespräch mit Saemisch im Frühjahr 1933 geäußert hatte. Gleichzeitig griff er erneut das Thema der Unabhängigkeit des Rechnungshofs auf, indem er verbal versicherte: „Der Rechnungshof ist eine der Reichsregierung gegenüber selbständige, nur dem Gesetz unterworfene oberste Reichsbehörde. Daran soll nichts geändert werden.“ Als Saemisch allerdings die Reichskanzlei darum bat, das Begleitschreiben veröffentlichen zu dürfen, wurde dieses Ansinnen mit der Begründung abgelehnt, eine Veröffentlichung käme einem „Ordensersatz“ gleich[45]. Formell wurde die richterliche Unabhängigkeit den Mitgliedern des RRH sogar noch im Deutschen Beamtengesetz vom 26. Januar 1937 bescheinigt[46].

Den ersten Versuch, auf die Arbeit des RRH unmittelbar Einfluß zu nehmen und das Führerprinzip zur Geltung zu bringen, unternahm Hitler bereits im Frühjahr 1933. Am 6. April 1933 ging dem RRH eine Mitteilung der Reichskanzlei zu, in der darauf hingewiesen wurde, daß dem Reichskanzler Bedenken gekommen seien, ob die Durchführung der Beschaffungen bei der Reichswehr einwandfrei vor sich ginge, und daß er den Rechnungshof angewiesen habe, das Beschaffungswesen bei der Reichswehr eingehend durchzuprüfen[47]. Die späteren Denkschriften und Bemerkungen des RRH lassen nicht erkennen, inwieweit der RRH dem Befehl Hitlers gefolgt ist. Sie enthalten nur gelegentlich Ausführungen zum Beschaffungswesen des Heeres[48]. Später schaltete das NS-Regime den RRH gerne ein, um Unredlichkeiten beim Umgang mit öffentlichen Mitteln aufzudecken, selbst

---

[43] *Pfuhlstein,* F. v., 1964, a. a. O., S. 85.

[44] Ebenda, S. 84.

[45] Vgl. FN 43.

[46] RGBl. 1937 I S. 39 (§ 171 Abs. 2).

[47] Vermerk des RRH vom 12.04.1933 in BA Nachl. Saemisch Nr. 135.

[48] Reichsrechnungshof, Denkschrift zur Reichshaushaltsrechnung für das Rechnungsjahr 1934, Potsdam, 3. August 1936, S. 92; ders., Denkschrift zur Reichshaushaltsrechnung für das Rechnungsjahr 1935, Potsdam, 24. März 1938, S. 101; ders., Denkschrift zur Reichshaushaltsrechnung für das Rechnungsjahr 1936, Potsdam, 16. Mai 1939, S. 34.

wenn damit gerechnet werden mußte, daß eigene Parteigenossen dafür verantwortlich waren. Die Feststellungen des RRH waren den neuen Machthabern vor allem dann willkommen, wenn dadurch Rivalen in den eigenen Reihen ausgeschaltet werden konnten.

7. Der Reichsschatzmeister der NSDAP als Konkurrent des RRH

Im Sommer 1934 kam es zu ersten Spannungen zwischen dem RRH und dem Reichsschatzmeister der NSDAP, dem das Reichsrevisionsamt der NSDAP in München unterstand. Das Revisionsamt verfügte in jedem Gau über sog. Gaurevisionsämter, in denen weisungsgebundene Beauftragte und Außendienstrevisoren die Einnahmen und Ausgaben der Partei kontrollierten[49].

Nach dem Selbstverständnis der neuen Machthaber standen die Partei und ihre Gliederungen außerhalb jeder staatlichen Kontrolle. Sie hatten ihre eigene Verwaltung, ihr eigenes Recht und ihre eigene Gerichtsbarkeit geschaffen[50]. Dem Reichsschatzmeister hatte Hitler einmal versichert: „Für die Partei sind Sie der oberste Rechnungshof“[51]. Der Reichsschatzmeister war ständig bestrebt, seine Prüfungskompetenzen zu erweitern und dem RRH jeglichen Einblick in die finanziellen Verhältnisse des neuen Regimes zu verwehren.

Als der RRH die Verwendung der Mittel prüfen wollte, die der SA im Jahre 1933 in Höhe von 45 Mio. RM aus dem Reichshaushalt zugeflossen waren, ließ sich der Reichsschatzmeister von Hitler bestätigen, daß nur er die SA kontrollieren dürfe. Am 23. Juli 1934 teilte er dem Präsidenten des RRH lapidar mit, „daß auf Anordnung des Führers künftig sämtliche für die SA zu zahlenden Reichsmittel meiner Kontrolle unterstellt werden“[52]. Daraufhin beschränkte sich der RRH darauf, in seiner Denkschrift für das Rechnungsjahr 1933 jedenfalls das Gesamtvolumen der Mittel mitzuteilen, das an die SA geflossen war und darauf hinzuweisen, daß der Reichsschatzmeister für sich das Recht in Anspruch nehme, die Verwendung der Mittel zu prüfen[53].

Das Tauziehen zwischen dem RRH und dem Reichsschatzmeister über die beiderseitigen Kontrollbefugnisse zog sich bis zum Jahr 1941 hin. In diesem Jahr verständigten sich die beiden Kontrollinstanzen in einem sog. Abgren-

---

[49] Vgl. *Heinig*, K., 1949, a.a.O., S. 133f.

[50] *Lingg*, A., Die Verwaltung der NSDAP, 3. Aufl., 1940, S. 27.

[51] *Pfuhlstein*, F. v., 1964, a.a.O., S. 90; *Heinig*, K., 1949, a.a.O., S. 133.

[52] BA R 2/11913a.

[53] Reichsrechnungshof, Denkschrift zur Reichshaushaltsrechnung für das Rechnungsjahr 1933, Potsdam, 1. Juli 1935, S. 11f.

zungsabkommen, daß der Reichsschatzmeister ausschließlich die Einrichtungen des Parteirechts und der RRH diejenigen staatlichen Rechts prüft[54].

8. Der Dauerkonflikt zwischen dem RRH und dem Reichspostminister

Im Jahre 1936 war der RRH heftiger Kritik des Reichspostministers ausgesetzt. Anlaß dafür waren kritische Prüfungsfeststellungen des Rechnungshofs im Bereich der Reichspost. Der Konflikt gipfelte in dem Vorschlag des Reichspostministers Ohnesorge, den Rechnungshof als selbständige Einrichtung abzuschaffen und innerhalb der einzelnen Ressorts eigene Prüfungsinstanzen einzurichten, die der Aufsicht des jeweiligen Ministers unterstehen sollten[55]. Die Auseinandersetzungen weiteten sich zu einer Dauerfehde aus. Immerhin bewirkte die Reichspost mit ihren massiven Angriffen, die auch in die Öffentlichkeit drangen, daß der RRH seit 1936 davon Abstand nahm, Prüfungsbemerkungen zur Gesamtrechnung der Reichspost aufzustellen.

Nach dem Präsidentenwechsel im RRH suchte sogar der Leiter der Reichskanzlei in dem Konflikt zwischen RRH und Reichspost zu vermitteln. Er regte eine persönliche Aussprache zwischen Präsident Müller und dem Postminister an, die zwar zustande kam, aber nicht zu einer Bereinigung führte.

Der Vorschlag des Reichspostministers zur Abschaffung des RRH lebte nach dem Kriegsende sowohl in den westlichen Besatzungszonen als auch in der Sowjetischen Besatzungszone (SBZ) wieder auf. In Westdeutschland strebten mehrere Finanzminister der Länder an, die Finanzkontrolle in die Finanzverwaltung zu integrieren. Gleichzeitig wurde überlegt, ob für den Postbereich ein eigenes Prüfungsamt eingerichtet werden sollte. In der SBZ wurde sogar von 1946 bis 1952 eine eigene Kontrollkammer für die Deutsche Post in der SBZ eingerichtet, die dem Leiter der Postverwaltung und dessen Vertreter direkt unterstand[56].

---

[54] Reichsrechnungshof, Denkschrift zur Reichshaushaltsrechnung für das Rechnungsjahr 1938, Potsdam, 9. Januar 1942, S. 4; Reichsrechnungshof, Denkschrift zur Reichshaushaltsrechnung für das Rechnungsjahr 1939, Potsdam 19. April 1943, S. 3; *Heinig,* K., 1949, a. a. O., S. 134; *Lükemann,* Ulf, Der Reichsschatzmeister der NSDAP, Diss., Berlin 1963, S. 171 ff.; *Pfuhlstein,* F. v., 1964, a. a. O., S. 89; vgl. hierzu auch den Beitrag von *Rainer Weinert,* in diesem Band.

[55] Vgl. *Heinig,* K., 1949, a. a. O., S. 127.

[56] *Kopis,* R., Das staatliche Haushaltswesen in der DDR, in: DÖH 1956, S. 98.

9. Der Rückzug des RRH aus der Kontrolle der Steuereinnahmen

Als Präsident Saemisch im Jahre 1938 in den Ruhestand trat, wurde Heinrich Müller zu seinem Nachfolger ernannt, der zur alten Garde der Nationalsozialisten gehörte[57]. Der Amtswechsel bewirkte allerdings nicht, daß die bisherigen Spannungen und Konflikte zwischen dem RRH und Instanzen der Partei oder des Staates schlagartig aufhörten und neue Auseinandersetzungen unterblieben. Das Gegenteil zeigt sich am Beispiel der Prüfungsrechte des RRH im Bereich der Steuerverwaltung. Nach der RHO konnte der RRH bei den Finanzämtern die Veranlagung der Reichssteuern und die Festsetzung der Steuermeßbeträge bei den Realsteuern einschließlich ihrer Bemessungsgrundlagen prüfen. Die Prüfungsaktivitäten des RRH mißfielen dem Staatssekretär Reinhardt im Reichsfinanzministerium, der die Steuerverwaltung als seine Domäne ansah und deshalb die Prüfer des RRH als lästige Aufpasser auszuschalten versuchte. Als sich der RRH beim Reichsfinanzminister um eine Stellenvermehrung bemühte, nutzte Reinhardt diese Gelegenheit, das Prüfungsrecht des RRH in Frage zu stellen und die Einnahmeprüfung zu unterbinden. Auf einer Fachtagung der Finanzamtsvorsteher erklärte er überraschend, daß der RRH keine Steuerveranlagungen überprüfen dürfe[58]. Daraufhin stellte ihn Präsident Müller zur Rede, aber die weiteren Haushaltsverhandlungen zwischen dem RRH und dem Reichsfinanzminister über die Personalaufstockung im RRH führten schließlich zu der stillschweigenden Übereinkunft, daß der RRH künftig als Gegenleistung für die Bewilligung neuer Stellen von Einnahmeprüfungen absehe. Tatsächlich erreichte der RRH beim Reichsfinanzminister sogar noch nach Kriegsbeginn die Bewilligung zusätzlicher Stellen, die es ihm erlaubte, die Vielzahl neuer Institutionen zu kontrollieren, die seit der Machtübernahme entstanden waren. Damit suchte der RRH den Kompetenzverlust auszugleichen, den er im klassischen Bereich der Einnahmeprüfungen hinnehmen mußte.

Zunehmende Schwierigkeiten bereiteten dem RRH die geprüften Behörden, die sich immer wieder zur Rechtfertigung ihres Verhaltens auf sog. Führerbefehle beriefen. Derartige Befehle galten als verbindliche Entscheidungen und waren selbst dann zu beachten, wenn sie nur mündlich ergangen waren. Dem RRH war es kaum möglich, den näheren Inhalt oder die Umstände zu ermitteln, unter denen angebliche Führerbefehle ergangen waren[59].

---

57 BA R 43 II/1155a.

58 *Heinig,* K., 1949, a.a.O., S. 128.

59 Ebenda, S. 126f.

10. Das äußere Erscheinungsbild des RRH in den Vorkriegsjahren

Neben den Phasen des Funktionsabbaus erlebte der RRH auch Zeiten äußerer Blüte. Dazu zählt nicht nur die bereits erwähnte Personalaufstokkung, die sich der Staatssekretär Reinhardt allerdings mit dem Verzicht auf Einnahmekontrollen abkaufen ließ, sondern auch Kompetenzerweiterungen, die in der zweiten und vierten Novelle der RHO festgelegt wurden.

Die zweite Novelle der RHO sah erstmals vor, daß der RRH auch an der Prüfung der zweckentsprechenden Verwendung von Mitteln beteiligt sein sollte, die aus dem Reichshaushalt als Zuwendungen an Stellen außerhalb der Reichsverwaltung flossen[60]. Außerdem konnte die Reichsregierung dem RRH die Prüfung öffentlicher Sammlungen übertragen, die zu erheblichen Spendenaufkommen führten. In seiner Denkschrift für das Rechnungsjahr 1933 beklagte der RRH allerdings, daß die Reichsregierung von dieser Ermächtigung noch keinen Gebrauch gemacht habe[61].

Im Jahre 1935 dehnte sich die Prüfungskompetenz des RRH auf das Land Lippe aus, das die im Jahre 1933 novellierte RHO unverändert übernahm[62]. Im selben Jahr fiel dem RRH auch die Prüfungskompetenz für das Saarland zu, das in das Reichsgebiet zurückgegliedert wurde, und wo die RHO unmittelbar galt[63].

Eine scheinbare Blütezeit erlebte der RRH, als die vierte Novelle der RHO[64] vom 17. Juni 1936 die Gleichschaltung der Finanzkontrolle der Länder mit dem Reich vollzog und ihm die Rechnungsprüfung in den Ländern übertrug. Daraufhin wurden die Landesrechnungshöfe – mit Ausnahme der Preußischen Oberrechnungskammer – aufgelöst. An ihre Stelle traten Außenabteilungen des RRH, die ab 1. April 1937 in München, Karlsruhe, Hamburg und Leipzig eingerichtet wurden.[65].

Im Jahre 1938 ging der RRH erstmals dazu über, Rechnungen nicht mehr an seinem Sitz in Potsdam, sondern am Sitz der geprüften Behörde zu prüfen[66]. In Einzelfällen prüfte der RRH Rechnungsbelege bereits vor der Zah-

---

60 § 64a RHO; vgl. Reichsrechnungshof, Denkschrift für 1933, a.a.O., S. 4.

61 Reichsrechnungshof, Denkschrift für 1933, a.a.O., S. 5.

62 Gesetz über die Staatshaushaltsordnung vom 06.03.1935, Lippische Gesetzessammlung, S. 407; Reichsrechnungshof, Denkschrift für 1933, a.a.O., S. 6f.; ders., Denkschrift für 1935, a.a.O., S. 5.

63 *Vialon,* Friedrich Karl, Haushaltsrecht, 2. Aufl., Berlin 1959, S. 1125; Reichsrechnungshof, Denkschrift für 1933, a.a.O., S. 7; ders., Denkschrift für 1936, a.a.O., S. 174.

64 RGBl. 1936 II, S. 209.

65 VO vom 17.06.1936, RGBl. 1936 II, S. 211.

66 Reichsrechnungshof, Denkschrift für 1938, a.a.O., S. 16ff.; ders., Denkschrift für 1939, a.a.O., S. 7f.

lung[67]. Im selben Jahr erprobte der RRH ein neues Prüfungsverfahren, um Abrechnungsschwierigkeiten beim Bau des Westwalls auszuräumen. Der RRH entsandte den zuständigen Prüfungsgebietsleiter und sechs Prüfungsbeamte zur zentralen Bauleitung der Organisation Todt in Wiesbaden, wo die Prüfer zeitnah und begleitend die örtlichen Oberbauleitungen und die beteiligten Hauptunternehmer bei der Abrechnung der Baurechnungen berieten. Bei den örtlichen Prüfungsaktivitäten ging es hauptsächlich um die einheitliche Anwendung und Auslegung preisrechtlicher Vorschriften[68].

Auch die gutachtliche Tätigkeit des RRH war in den Vorkriegsjahren von bemerkenswerter Effizienz. Die Gutachtenabteilung erstattete in den Jahren von 1934 bis 1940 insgesamt 343 Gutachten über Verwaltungseinrichtungen des Reichs und der Länder sowie 21 Gutachten über die Verwaltung von Gemeinden und Gemeindeverbänden[69].

Nach der Eingliederung Österreichs, der Besetzung des Sudentenlandes sowie der Bildung der Reichsgaue Danzig-Westpreußen und Wartheland wurde der Geltungsbereich der RHO über die bisherigen Reichsgrenzen hinaus ausgedehnt, soweit in diesen Gebieten Einnahmen und Ausgaben für den Reichshaushalt geleistet wurden[70].

Für den RRH bedeutete die erweiterte Anwendung der RHO die Ausdehnung seiner Prüfungszuständigkeit auf die eingegliederten Gebiete, soweit dort Zahlungen für den Reichshaushalt angenommen oder geleistet wurden. Aus den späteren Denkschriften und Bemerkungen des RRH geht hervor, daß er von den neuen Zuständigkeiten regen Gebrauch machte und insbesondere beim Aufbau neuer Verwaltungen beratend tätig wurde[71].

11. Zusammenfassung

Seit der Machtergreifung Hitlers mußte der RRH eine Reihe von Funktionsverlusten hinnehmen, die seine bisherige Stellung, die er sich in der Weimarer Zeit erworben hatte, erschütterten, aber keinesfalls dazu führten, daß sein Schwert völlig stumpf wurde. Insoweit kann der Auffassung von Borzikowsky nicht gefolgt werden, der die Meinung vertritt, durch den

---

[67] Reichsrechnungshof, Denkschrift für 1939, a.a.O., S. 29; ders., Denkschrift zur Reichshaushaltsrechnung für das Rechnungsjahr 1940, Potsdam, 4. Mai 1944, S. 51.

[68] Vgl. FN 66.

[69] *Brunst,* Erich u. a., Der Reichssparkommissar und sein Nachfolger, Ms. o. D. (vermutlich aus dem Jahre 1942), in der Bibliothek des BRH. Anlage 1 dieses Manuskriptes enthält eine vollständige Übersicht über alle erstellten Gutachten ab 1933.

[70] Reichsrechnungshof, Denkschrift zur Reichshaushaltsrechnung für das Rechnungsjahr 1937, Potsdam, 27. November 1940, S. 2.

[71] Insbesondere Reichsrechnungshof, Denkschrift für 1939, a.a.O., S. 43ff.; ders., Denkschrift für 1940, a.a.O., S. 31ff.

Wegfall des Reichstags und Reichsrats als Entlastungsorgane der Reichsregierung seien die Bemerkungen und der RRH selbst völlig bedeutungslos geworden[72]. Der RRH blieb jedenfalls auf der Ebene der Prüfungserinnerungen voll manövrierfähig, so daß er durchaus in der Lage war, die Reichsverwaltung zu einem sparsamen und wirtschaftlichen Verhalten zu veranlassen, soweit sich die geprüften Behörden nicht auf Führerbefehle berufen konnten.

Soweit sich der RRH aus den klassischen Prüfungsbereichen der Wehrmachtsausgaben und der Steuereinnahmen zurückziehen mußte, konnte er diesen Funktionsverlust teilweise durch vermehrte Gutachtertätigkeit und durch verstärkte Prüfungsaktivitäten in neuen Bereichen ausgleichen, die ihm durch die zweite und vierte Novelle der RHO sowie durch die Ausdehnung seiner Prüfungskompetenzen auf Lippe, das Saarland sowie Österreich, das Sudetenland, das Wartheland und Danzig-Westpreußen erwuchsen. Soweit der Reichsschatzmeister der NSDAP dem RRH Prüfungsrechte bestritt oder die neuen Machthaber für sensible Bereiche „elektrische Zäune" errichteten, konnte auch der RRH keine Prüfungsaktivitäten entfalten.

Am Vorabend des Zweiten Weltkriegs veranstaltete der RRH unter seinem neuen Präsidenten Müller eine Arbeitstagung über Organisation, Aufgaben und Grundfragen des staatlichen Rechnungs- und Kontrollwesens[73]. Dabei wurden die weitergehenden Ziele der Nationalsozialisten erkennbar. Sie wollten den RRH zu einem Instrument Hitlers umgestalten. Nach den Vorstellungen von Präsident Müller sollte ein Reichskontrollhof errichtet werden, der nicht nur für die Reichs- und Länderverwaltungen, sondern auch für den Kommunalbereich Zuständigkeiten erhalten sollte. Der Zweite Weltkrieg ließ diese Träume zerrinnen.

---

72 Vgl. FN 35.

73 *Boesler,* Felix / *Engel,* Hans, Organisation, Aufgaben und Grundfragen des staatlichen Rechnungs- und Kontrollwesens. Ein Arbeitsbericht, in: FinArch NF Bd. 7 (1940), S. 294ff.

NS-Staat II

Wie ein „Veilchen im Verborgenen" – Der Rechnungshof des Deutschen Reiches im Zweiten Weltkrieg

Von Rainer Weinert

1. Einleitung

Vom letzten Reichsfinanzminister stammt das Wort, daß der Reichsrechnungshof im Dritten Reich wie ein „Veilchen im Verborgenen" blühte[1]. Detaillierte Analysen darüber, was der Rechnungshof des Deutschen Reiches im „Verborgenen" trieb, gibt es bislang nicht[2]. Das mag einerseits daran liegen, daß sich die zeitgeschichtliche Forschung in erster Linie der Ebene der „großen Politik" widmet, zu der der Reichsrechnungshof – obwohl oberste Reichsbehörde –, nicht gerechnet wurde und wird[3]; andererseits an der dürftigen Quellenlage in der Bundesrepublik Deutschland. Der Großteil der Akten des Rechnungshofs lagert im Zentralarchiv in Potsdam. Diese Bestände blieben auch für diesen Beitrag verschlossen, der deshalb fragmentarischen Charakter hat. Es gibt jedoch eine Reihe von Akten, die erstmals für den vorliegenden Beitrag ausgewertet wurden. Im Bundesrechnungshof in Frankfurt a. M. lagern sämtliche Denkschriften des Rechnungshofs des Deutschen Reiches seit 1918 sowie einige Dokumente aus der Zeit der nationalsozialistischen Diktatur. Aus dieser Zeit befinden sich im Bayerischen Obersten Rechnungshof ebenfalls einige Bestände, die herangezogen werden konnten.

---

[1] *Schwerin von Krosigk,* Lutz Graf, Staatsbankrott. Finanzpolitik des deutschen Reiches 1920 - 1945, Göttingen 1974, S. 259.

[2] Es ist schon erstaunlich, daß eine der aufschlußreichsten Arbeiten nach wie vor *Kurt Heinigs* „Klassiker" „Das Budget", 1. Band, Tübingen 1949, ist. Der ehemalige sozialdemokratische Reichstagsabgeordnete und Haushaltsexperte seiner Partei schrieb über den Reichsrechnungshof aus der skandinavischen Emigration, obwohl er offenbar noch gute Kontakte zu einigen Rechnungshof-Beamten hatte, die ihn auch mit Material versorgten; des weiteren ist nur erwähnenswert die detailreiche Arbeit von *Pfuhlstein,* Friedrich v., Der Weg von der Preußischen Generalrechenkammer zum Bundesrechnungshof, in: Bundesrechnungshof (Hrsg.) 250 Jahre Rechnungsprüfung, Frankfurt a. M. 1964, S. 7ff.

[3] Dies trifft auch für die Behandlung der Rechnungshöfe in der Nachkriegszeit zu, vgl. hierzu *Gilles,* Franz-O. / *Otto,* Gundolf / *Pirker,* Theo / *Weinert,* Rainer, Ungebrochene Tradition nach dem Zusammenbruch? Zur Geschichte der Rechnungshöfe in den westlichen Besatzungszonen nach 1945. Informationen der FU Berlin aus Lehre und Forschung, Heft 9, 1985.

Im Bundesarchiv gibt es nur einen geringen Bestand des Reichsrechnungshofs. Aufschluß über die Arbeit des Reichsrechnungshofs gibt insbesondere die Korrespondenz der Reichsministerien mit dem Reichsrechnungshof während des Zweiten Weltkrieges sowie der umfangreiche Nachlaß des Rechnungshof-Präsidenten Saemisch. Die Auswertung dieser Akten bringt ein bißchen Licht in das verborgene Dasein, das der Reichsrechnungshof im NS-Staat offensichtlich fristete, und belegt, daß die These der generellen Funktionslosigkeit des Rechnungshofs des Deutschen Reiches während des Zweiten Weltkrieges nicht zutrifft[4].

2. Der Reichsrechnungshof unter der Leitung von Heinrich Müller

Am 1. Juli 1938 trat Heinrich Müller als neuer Präsident des Reichsrechnungshofs die Nachfolge von Ernst Moritz Saemisch an. Müller – Jahrgang 1896 – stammte aus einer Beamtenfamilie und war seit 1920 im öffentlichen Dienst (1923 als Assessor in der Reichsfinanzverwaltung, Regierungsrat und Finanzamtsvorsteher). Bereits Anfang der 20er Jahre schloß er sich der „nationalsozialistischen Bewegung“ an. Er arbeitete sich in der NSDAP hoch und wurde in Hessen ein enger Berater des Gauleiters Jakob Sprenger in dessen Eigenschaft als Parteiexperte für Beamtenfragen. Als Mitarbeiter Sprengers hatte Müller eine nicht unwichtige Funktion bei der sogenannten Machtergreifung in Hessen, er übernahm die Geschäfte im Hessischen Innenministerium. Im Mai 1933 wurde er Oberbürgermeister in Darmstadt, im Februar 1934 Landesfinanzamtsdirektor in Darmstadt, 1935 Oberfinanzpräsident in Köln, bis er schließlich 1938 Präsident des Reichsrechnungshofs wurde[5]. Müllers Ernennung war ohne Zweifel ein Akt der Versorgung eines „alten Kämpfers“.

Der neue Präsident hatte sich für seine neue Aufgabe einiges vorgenommen. Seine Vorstellungen unterbreitete er 1939 auf einer Arbeitstagung des Rechnungshofs. Sein Beitrag ist insofern bedeutsam, als es der einzige Ver-

---

[4] So etwa *Klein,* Friedrich, Die Finanzkontrolle im nationalsozialistischen Staat, in: Schiffer, Eckart / Karehnke, Helmut (Hrsg.), Verfassung, Verwaltung, Finanzkontrolle. Festschrift für Hans Schäfer zum 65. Geburtstag, Köln 1975, S. 105 ff.; neuerdings *Borzikowsky,* Reinhold, Finanzkontrolle und Rechnungsprüfungswesen (Die Zeit des Nationalsozialismus 1933 - 1945), in: Deutsche Verwaltungsgeschichte Bd. 4 – Das Reich als Republik und in der Zeit des Nationalsozialismus –, Stuttgart 1985, S. 883 ff.

[5] Angaben nach *Pfuhlstein,* Friedrich von, 1964, a. a. O., S. 113 f.; *Broszat,* Martin, Der Staat Hitlers, München 1969, S. 136; *Müller,* Heinrich, Beamtentum und Nationalsozialismus, München 1933, Vorwort. Diese Schrift ist Müllers bekannteste Veröffentlichung und schildert – so Hans Mommsen – die Situation der Beamten vor 1933 vielfach zutreffend, vgl. *Mommsen,* Hans, Beamtentum im Dritten Reich, Stuttgart 1966, S. 26.

such des neuen Leiters des Rechnungshofs blieb, eine ideologische, staatsrechtliche und institutionspolitische Verortung des Rechnungshofs des Deutschen Reiches im nationalsozialistischen Deutschland vorzunehmen.

Müller führte zutreffend aus, daß die Machtergreifung der Nationalsozialisten und die danach erlassenen Gesetze für die Finanzkontrollbehörden[6] eine grundsätzliche Zäsur für die staatsrechtliche Stellung des Rechnungshofs bedeutet. Das Wesen des Rechnungshofs als Prüfbehörde sei zwar nicht angetastet worden, aber es erfolgte eine nicht unwesentliche Anpassung des Rechnungshofs „an die Verhältnisse im Volks- und Staatsleben des Reiches Adolf Hitlers“[7]. Mit dieser Feststellung verbindet Müller seine Kritik an den in der Fachliteratur gängigen, jedoch „verwaschenen“ Begriffen wie „Rechnungskontrolle“ und „Verwaltungskontrolle“. Der Terminus der „politischen Kontrolle“ scheide ohnehin aus, da die „Stellung des Führers im Dritten Reich (...) nicht den Begriff einer politischen Kontrolle (vertrage)“[8]. Demgegenüber schlägt er – „unter Würdigung der vom Staatsrecht des Dritten Reichs entwickelten Grundgedanken“[9] – die Unterscheidung „administrative Überwachung“ und „Kontrollrecht des Rechnungshofs“ vor. Dabei sind unter „administrativer Überwachung“ die Kontrollfunktionen zu verstehen, die von der Verwaltung selbst ausgeübt werden, also der Geschäftsgang, die formelle Kassenführung und Rechnungslegung der einzelnen Verwaltungszweige sowie die Maßnahmen, die der Überwachung und Durchführung des Haushaltsplanes dienen (Haushaltskontrolle, Haushaltsüberwachungslisten etc.). Müller führt in diesem Zusammenhang wörtlich aus:

> „Die administrative Überwachung geht aus von der Verwaltung, wird ausgeübt durch die Verwaltung und hat zum Objekt wieder die Verwaltung. ... Die Verwaltung gibt also ein Ziel an. ... Sie weist in einem Marschbefehl den Weg zum Ziel. Sie hat bestimmte Absichten, bei leidenschaftlicher Überzeugung von der Wichtigkeit ihrer Aufgabe auch eine gewisse Voreingenommenheit und fachmännische Einseitigkeit. In diesem Geist und mit diesem Willen übt sie auch die administrative Überwachung aus“[10].

Hiervon unterscheidet er das „Kontrollrecht des Rechnungshofs“, das als „ius sui generis“ ein Hoheitsrecht wie die Gesetzgebung, Rechtsprechung, Bestrafungsrecht, Begnadigungsrecht etc. sei und „als solches ein Teil der in der Hand des Führers vereinigten Regierungsgewalt. Vom Führer leitet der Rechnungshof seine Aufgabe her. Er ist Werkzeug des Führers und übt

[6] Gesetz über die zweite Änderung der RHO vom 13. Dezember 1933, RGBl. II, S. 1007, Gesetz über die Haushaltsführung, Rechnungslegung und Rechnungsprüfung der Länder und über die vierte Änderung der RHO vom 17. Juni 1936, RGBl. II, S. 209.

[7] *Müller*, Heinrich, Die staatsrechtliche und staatspolitische Stellung des Rechnungshofs im Dritten Reich, in: Finanzarchiv Bd. 7 (1940), S. 201.

[8] Ebenda, S. 197.

[9] Ebenda, S. 198.

[10] Ebenda, S. 199.

dieses Hoheitsrecht im Auftrag des Führers aus"[11]. Der Rechnungshof leitet seinen Auftrag „unmittelbar vom Führer ab, und der Führer allein als Inhaber des Kontrollhoheitsrechts ist befugt, die Stellung und die Aufgabe des Rechnungshofs zu ergänzen, zu ändern oder zu beschränken"[12].

Dieser Hinweis läßt sich nur vor dem Hintergrund der Entwicklung nach 1934 verstehen, daß nach der Sonderregelung für die Wehrmacht[13] auch andere Reichsministerien versuchten, die Kompetenz des Rechnungshofs selbständig „zu ergänzen, zu ändern oder zu beschränken"[14] und belegt, daß die Verwaltungen des Altreichs bestrebt waren, sich der Kontrolle des Rechnungshofs zu entziehen. Neben der ideologischen Emphase dürfte es nicht zuletzt dieser Druck gewesen sein, den die Verwaltungen des Altreichs sehr früh nach der Machtergreifung der Nationalsozialisten auf den Reichsrechnungshof ausübten, daß Müller bestrebt war, den Rechnungshof als eine Institution der Führergewalt auszuweisen, dem damit auch außerstaatliche Prüfkompetenz zukam[15]. Die Aufgabe des Rechnungshofs, den „rechtschaffenen und wahrhaft haushälterischen Sinn", wie ihn die Preußische Oberrechnungskammer hervorgebracht habe, zu bewahren, als „volkssittliche" Verpflichtung zu verklären, die deshalb die Institution Rechnungshof mehr als Führerbehörde denn als Reichsbehörde[16] ausweise, ist mehr als nur ein weiterer Beitrag zur „Weltanschauungsrhetorik" (Broszat), sondern der Versuch, eine institutionelle Bestands- und Entwicklungsorientierung des Rechnungshofs des Deutschen Reiches im nationalsozialistischen Staat zu formulieren – soweit dies unter den damaligen Bedingungen möglich war. So befremdlich der Versuch auch anmutet, ausgerechnet eine Kontrollinstitution wie den Rechnungshof, der auf die Einhaltung von Normen zu achten hat, an eine außernormativ begründete „Führergewalt" anzubinden – und

---

[11] Ebenda.

[12] Ebenda, S. 201. Hitler selbst hatte vom Reichsrechnungshof zwar eine denkbar schlechte Meinung, aber auch Respekt. So beklagte er sich während eines „Tischgesprächs" am 4. Juli 1942 (wieder einmal) über seine im Vergleich zur historischen Bedeutung seiner Leistungen viel zu geringen Einkünfte. „Nicht einmal die Kosten des FHQu (Führerhauptquartiers), die er – um bürokratischen Auseinandersetzungen mit dem Reichsrechnungshof zu begegnen – auf seine Privatschatulle übernommen habe, könnte er dann ja bestreiten", *Picker,* Henry, Hitlers Tischgespräche im Führerhauptquartier, Stuttgart 1976, S. 410.

[13] Das Kabinett beschloß am 4. April 1933, daß der Reichsfinanzminister die für die Aufrüstung der Wehrmacht erforderlichen Mittel „in einer Summe und in einer Form bereit(stellt), die unter Vermeidung aller Einzelangaben der Öffentlichkeit im In- und Ausland den Einblick in die beabsichtigten Maßnahmen verwehrt. Rechnungslegung und Rechnungsprüfung hat nach gleichen Grundsätzen der Tarnung zu erfolgen", vgl. *Oshima,* Michiyoshi, Die Bedeutung des Kabinettsbeschlusses vom 4. April 1933 für die autonome Haushaltsgebarung der Wehrmacht, in: Finanzarchiv N. F., Heft 2, 1981, S. 217.

[14] Vgl. hierzu auch den Beitrag von *Hermann Dommach* in diesem Band.

[15] Zum Begriff der „Führergewalt", vgl. *Buchheim,* Hans, Die SS – Das Herrschaftsinstrument, in: Anatomie des SS-Staates, Bd. 1, München 1967, S. 15ff.

[16] Vgl. *Müller,* Heinrich, 1940, a.a.O., S. 202.

damit von vornherein Wunschdenken bei Heinrich Müllers Gedanken Pate gestanden hat –, so lassen doch die allgemeinen Konklusionen, die Müller aus der Ausschaltung der Parlamente für den Rechnungshof zieht, auf eine richtige Einschätzung der staatlichen Strukturen im NS-Staat schließen. Die institutionelle Bestands- und Entwicklungsorientierung zeichnet sich dadurch aus, daß der traditionellen nachgängigen Prüfung geringe, den gutachterlichen und Beratungsfunktionen für neu aufzubauende Verwaltungen eine zentrale Bedeutung beigemessen wurde. „Der Rechnungshof läßt es sich daher ganz besonders angelegen sein, nicht nur abgeschlossene Vorgänge zu prüfen und ihre Durchführung zu kritisieren, sondern auch zu raten, vorzusorgen, zu planen und vor allem auch Verwaltungen, die neu aufgebaut sind oder die im Aufbauwerk des Führers neue oder besonders große Aufgaben zu bewältigen haben, zu beraten“[17]. Wie sich bald zeigte, verstand Müller hierunter eine breite Unterstützung der neuen Verwaltungen in den besetzten Gebieten, während die nachgängige Prüfung immer mehr ausgehöhlt wurde und im Zuge der Verwaltungsvereinfachungen im Kriege praktisch ganz zum Erliegen kam.

Nach dem Überfall Deutschlands auf Polen ist diese neue Schwerpunktsetzung auch eine Konsequenz aus den Schwierigkeiten, die dem Rechnungshof im Altreich bereitet wurden[18]. Mit der Beratung der Besatzungsadministration schien sich jedoch eine neue Aufgabe für den Rechnungshof zu eröffnen. Diese Schwerpunktsetzung in der Arbeit des Rechnungshofs ist jedoch so neu nicht, knüpfte sie doch an Entwicklungen aus der Weimarer Republik an, vor allem an der Einrichtung des Reichssparkommissars. Sie erhielt allerdings im nationalsozialistischen Deutschland eine völlig andere Qualität. Hatten die Gutachten des Reichssparkommissars in der Weimarer Republik die Funktion, einer demokratisch legitimierten Legislative und Exekutive wirtschaftliche Alternativen für aktuelle und künftige Aufgaben aufzuzeigen, so konnten im Dritten Reich Gutachten und Beratungen des Reichsrechnungshofs ausschließlich die Funktion haben, auf eine effektive Umsetzung des politischen Auftrages der verschiedenen Verwaltungen zu achten. Der Rechnungshof kontrollierte nicht, er unterstützte die Verwaltungen bei der Erfüllung ihres politischen Auftrages. Insofern war er eine Hilfsinstanz der allgemeinen Verwaltungen, seine Tätigkeit a priori „politisch“.

Nach der sogenannten Machtergreifung 1933 arbeitete der Reichsrechnungshof zunächst im alten Stil weiter. Erst 1938 zog Müller mit dieser neuen Schwerpunktsetzung aus der Machtergreifung praktisch-politische Konsequenzen und besiegelte den faktischen Funktionswandel der Finanz-

---

[17] Ebenda, S. 202f.

[18] Vgl. hierzu den Beitrag von *Hermann A. Dommach* in diesem Band.

kontrolle im Dritten Reich von der Kontrollfunktion zur Unterstützungsfunktion der Verwaltungen.

Über den Stand dieses „Funktionswandels" informierte Müller den Reichsminister und Chef der Reichskanzlei, Hans Heinrich Lammers, im März 1943 im Zusammenhang mit der „Durchführung des Erlasses des Führers vom 13. Januar 1943 über den umfassenden Einsatz von Männern und Frauen für die Aufgaben der Reichsverteidigung" im Rechnungshof. Das Schreiben hat folgenden Wortlaut:

„Im Gegensatz zu anderen Obersten Reichsbehörden, die verschiedenartige, wichtige und unwichtigere Aufgaben zu erfüllen haben und in der Lage sind, die minder wichtigeren vollkommen stillzulegen, obliegt dem Rechnungshof eine einzige Aufgabe: die Überwachung der Finanzgebarung im Reich, den Ländern und den neu hinzugekommenen sowie besetzten Gebieten. Für ihn kommt eine Stillegung von Einzelaufgaben nicht in Frage, sondern nur eine sachgemäße Einschränkung seiner Aufgabe. Seine Wirkungsmöglichkeit im Sinne des Führererlasses vom 13. Januar 1943 bestand und besteht nach zwei Richtungen:

1) Einschränkung der die Grundlage für die Rechnungsprüfung bildenden Rechnungsführungs- und Rechnungslegungsarbeiten sowie der von der Verwaltung durchzuführenden Vorprüfung. Durch Maßnahmen in dieser Richtung wird die Verwaltung entlastet.

2) Einschränkung der Rechnungsprüfung durch den Rechnungshof selbst.

Zu 1) Der Rechnungshof hat grundsätzlich auf die Vorprüfung verzichtet; soweit noch ausnahmsweise Vorprüfungsarbeiten geleistet werden, sind sie auf wesentliche Punkte beschränkt. Dadurch sind die Vorprüfungsbeamten für den Dienst in der Wehrmacht und für kriegswichtige Arbeiten in der Verwaltung freigeworden. Es wurden Vereinfachungen in der Buchführung und der Rechnungslegung durchgeführt; so wurde grundsätzlich die Erstellung einer Jahresrechnung anstelle der mehrfachen Rechnungslegung im Jahre zugestanden. In weitem Umfang hat der Rechnungshof auf die Rechnungslegung verzichtet. Dadurch kamen in Wegfall alle Arbeiten, die der Verwaltung durch die Rechnungslegung erwuchsen, die Vorprüfung und, da auch die Prüfung durch den Rechnungshof unterbleibt, jede schriftliche und mündliche Auseinandersetzung mit den geprüften Stellen.

Zu 2) Seine eigene Überwachungs- und Prüfungstätigkeit hat der Rechnungshof auf die Notwendigkeiten und Bedürfnisse ausgerichtet, die gerade in der Kriegszeit hervorgetreten sind.

Bei den alten Verwaltungen im Altreichsgebiet, die nach klaren Verwaltungsbestimmungen mit erfahrenen Beamten arbeiten, wird, wenn überhaupt noch geprüft wird, nur eine großzügige Überwachungstätigkeit ausgeübt. Dagegen hat der Rechnungshof da, wo neue Einrichtungen geschaffen und unerfahrene Beamte in größerer Anzahl angesetzt waren, wo auch neue Verhältnisse gemeistert werden mußten, so z. B. in den neu hinzugekommenen und in den besetzten Gebieten eine intensivere Prüfung durchgeführt. Hierbei wurde nicht so sehr das Ziel verfolgt, die Fehler für die Vergangenheit zu korrigieren, sondern an Hand der festgestellten Fehler die Verwaltung auf ein ordnungsmäßiges und wirtschaftliches Handeln in der Zukunft hinzulenken. Die Prüfungen wurden ausnahmslos an Ort und Stelle ohne nennenswerte Inanspruchnahme der Verwaltung durchgeführt und durch eine Schlußbesprechung ohne Schriftwechsel zum Abschluß gebracht. Diese Zielsetzung der Prüfung und die Art und Weise ihrer Durchführung wurde von der Verwaltung ausnahmslos begrüßt. Auf diese Weise war es bisher möglich, die wesentlichen Teile der Aufgabe des Rechnungshofs, die gegenüber dem Frieden um ein Vielfaches gewachsen ist, mit einem Personalkörper zu erfüllen, der durch die Abgaben an die Wehrmacht bereits um ⅓ vermindert ist.

Nach dieser grundsätzlichen Einstellung wird der Rechnungshof auch künftig handeln, da sie den Forderungen des Führererlasses vom 13. Januar 1943 im Bereiche der Kontrollbehörde am wirkungsvollsten gerecht wird.

Von den Beamten des Jahrgangs 01 und jünger habe ich alle mit einer einzigen Ausnahme, die von General von Unruh als Fachkraft anerkannt worden ist, zur Verfügung gestellt[19]."

Es ist wohl einmalig in der Geschichte des Rechnungshofs des Deutschen Reiches und der Preußischen Oberrechnungskammer, aber auch der anderen Rechnungshöfe in den deutschen Ländern, daß ein Präsident die klassische nachgängige Prüfungstätigkeit als überflüssig einstuft, wenn „nach klaren Verwaltungsbestimmungen mit erfahrenen Beamten" gearbeitet wird. Selbst dies war eine (Selbst-)Täuschung: Im Altreich verstießen selbst erfahrene Beamte zum Teil massiv gegen klare Verwaltungsbestimmungen[20]. Müller konnte sich mit seiner Auffassung insofern durchsetzen, als der Rechnungshof nicht stillgelegt wurde. Bevor allerdings auf Beispiele von Prüfungen in den besetzten Gebieten eingegangen wird, soll zunächst das Verhältnis von Reichsrechnungshof und NSDAP beleuchtet werden.

3. Das Verhältnis von NSDAP und Reichsrechnungshof

Am 18. März 1941 wurde zwischen dem Reichsschatzmeister der NSDAP, Franz Xaver Schwarz, und dem Präsidenten des Reichsrechnungshofs eine Vereinbarung über die Abgrenzung der Prüfungsrechte abgeschlossen. Diese Vereinbarung entzog dem Reichsrechnungshof das Prüfungsrecht für Einrichtungen der NSDAP, unabhängig davon, ob und in welchem Umfange staatliche Gelder an die Parteieinrichtungen flossen. Der Reichsrechnungshof prüfte nur dann Einrichtungen der NSDAP, wenn diese ausschließlich staatliche Mittel erhielten; hierzu gehörten insbesondere

- die Waffen-SS und die Konzentrationslager,
- die Versorgung der Waffen-SS,
- die Motorsportschulen der NSKK,
- das NSFK,
- der Reichsführer-SS als Reichskommissar für die Festigung deutschen Volkstums nebst angeschlossenen Einrichtungen,
- der Zweckverband „Reichsparteitag Nürnberg",

---

[19] BA R 43 II/1155b, Bl. 89.

[20] Vgl. hierzu den Beitrag von *Hermann A. Dommach.*

– die Deutsche Studentenschaft,
– das Reichsstudentenwerk[21].

Faktisch bedeutete diese Vereinbarung den ‚freiwilligen' Verzicht des Rechnungshofs auf Prüfung der Summen, die der NSDAP und ihren Gliederungen vom Reich zuflossen. Allerdings sollte diese Vereinbarung nicht überinterpretiert werden; sie regelte im wesentlichen das, was offenbar bereits Praxis war. So schrieb der Reichsschatzmeister bereits 1940:

„War also die Partei früher eine nach außen abgeschlossene ganz auf sich selbst gestellte Kampfbewegung, so ist sie heute in der Entfaltung und Wirkung ihrer Tätigkeit für die gesamte Volksgemeinschaft aufgeschlossen. Aus dieser Tatsache ergibt sich die innere Berechtigung dafür, daß die Partei einen Teil der Mittel, die zur Erfüllung ihrer neuen Aufgaben notwendig sind, vom Reich erstattet bekommt. Auf der Einnahmenseite der Parteifinanzen spielen daher die vom Reich der Partei zu gewährenden Zuschüsse eine immer bedeutsamere Rolle. Festzuhalten ist allerdings, daß die Kontrollbefugnis über die vom Reich gewährten Zuschüsse allein dem Reichsschatzmeister zusteht, da er auch für die Verwendung und den richtigen Einsatz der Reichszuschüsse allein verantwortlich ist[22]."

Schwarz dachte nicht daran, seine Befugnisse durch den Reichsrechnungshof begrenzen zu lassen. Auf der anderen Seite war Heinrich Müller bestrebt, einem Konflikt mit der Partei aus dem Wege zu gehen, den er ohnehin nicht durchgestanden hätte, obwohl diese ‚Vereinbarung' dem aus einer Beamtenfamilie stammenden „alten Kämpfer" gegen den Strich gegangen sein dürfte.

Der Rechnungshof prüfte jedoch weiterhin Einrichtungen staatlichen Rechts, auch Parteiformationen, sofern deren Finanzierung durch das Reich erfolgte; hierunter fielen u. a. die Waffen-SS und die Konzentrationslager[23]. Schwarz kam es offensichtlich nur darauf an, den Rechnungshof bei der Einsicht in das Finanzgebaren der NSDAP und ihrer Gliederungen und Verbände, soweit sie unter der Aufsicht des Reichsschatzmeisters standen, auszuschalten. Dieses Ziel setzte Schwarz durch[24]: Diese Vereinbarung besiegelte gleichsam den Dualismus von Partei und Staat auch auf dem Gebiet der Finanzkontrolle.

In diesem Zusammenhang ist von Interesse, daß der Reichsrechnungshof für die Verhandlungen mit dem Reichsschatzmeister der NSDAP eine Übersicht über staatliche Zahlungen von Reich und Ländern an die Partei für die

---

[21] BA R 43 II/1155c, Bl. 38ff.; *Heinig,* Kurt, 1949, a.a.O., S. 134ff.

[22] *Schwarz,* Franz-Xaver, Die Finanzverwaltung der Nationalsozialistischen Deutschen Arbeiterpartei, in: RVBl., Heft 33, 1940, S. 421f.

[23] Nach dem 2. Kriegsgeschäftsplan für den Rechnungshof des Deutschen Reiches vom 1. Juli 1941 oblag die Prüfung der Waffen-SS (später auch des Reichskommissars zur Festigung deutschen Volkstums) dem Referat IV 6, MinRat Richard Knebel, ZIK 2.4./01071941.

[24] Vgl. *Lükemann,* Ulf, Der Reichsschatzmeister der NSDAP, Diss. FU Berlin, 1963, S. 171f.

Jahre 1938 bis 1940 zusammenstellte[25]. Aus der von Lükemann zitierten Niederschrift über die Verhandlungen geht hervor, daß „sehr erhebliche Zahlungen direkt an einzelne Parteidienststellen geleistet worden waren", also unter Umgehung des Reichsschatzmeisters Schwarz, was nach Lükemann „ein offenkundiges Beispiel dafür ist, wie wenig die NSDAP in Wahrheit durchorganisiert war, wie weit in jeder Dienststelle der Ehrgeiz und das Einzelinteresse die vielgepriesene Parteidisziplin überwogen. Was nach den Anordnungen und Richtlinien des Reichsschatzmeisters so durchsichtig und eindeutig abgegrenzt aussah, artete nach unten hin in ein undurchschaubares Durcheinander von Dienststellenegoismus aus"[26]. Hier dürfte auch der zentrale Grund zu suchen sein, weshalb Schwarz unter allen Umständen bestrebt war, den Rechnungshof auszuschalten. Andernfalls wären aufgrund der mangelnden Kontrolle des Reichsschatzmeisters über die Politischen Leiter und deren Finanzgebaren endlose Auseinandersetzungen mit dem Reichsrechnungshof die Folge gewesen, die die Stellung des Reichsschatzmeisters nur beeinträchtigt hätten.

Müller schrieb über diese Vereinbarung, daß sie „eine wesentliche Vereinfachung für die Verwaltung mit sich (bringt). Darüber hinaus stellt sie einen weiteren Schritt zu dem vom RH angestrebten Ziele dar, jegliche Doppelprüfung auszuschalten und führt zu dem Ergebnis, daß keine Zahlungen aus Reichs- oder Parteimitteln ungeprüft bleiben"[27]. Dieser letzte Satz ist nur in formaler Hinsicht richtig. Tatsächlich hätten die Unterschiede zwischen der historisch gewachsenen Kodifizierung der Normen Rechtmäßigkeit, Ordnungsmäßigkeit, Sparsamkeit und Wirtschaftlichkeit, deren Umsetzung und Prüfung durch die Rechnungshöfe als zentrale Kontrollinstanzen des Staates und dem Buchführungssystem der NSDAP nicht krasser sein können:

> „So war nach dem nationalsozialistischen Budgetierungsrecht die gegenseitige Übertragung aller Mittel ebenso zugelassen worden wie die selbständige Reservebildung und deren Übernahme auf andere Jahre. Man kann feststellen, daß nicht nur das Virement wie die Fondsbildung und die Restwirtschaft, sondern auch sonst Wesentliches von dem zugelassen und ausdrücklich eingeführt wurde, um dessen Abschaffung während des 19. Jahrhunderts in allen öffentlichen Budgetrechten erfolgreich gekämpft worden war[28]."

Daß die budgetrechtlichen Relikte aus dem 19. Jahrhundert, wie z. B. die Fondsbildung, gerade in den Verwaltungen der besetzten Gebiete zu neuer Blüte erwachten, mit denen sich der Rechnungshof in den Kriegsjahren

---

[25] Lükemanns Angaben zufolge ist diese Übersicht leider verloren gegangen, ebenda.

[26] Ebenda.

[27] ZIK 2.1./09011942 (Denkschrift des Präsidenten des Rechnungshofs des Deutschen Reichs zur Reichshaushaltsrechnung für das Rechnungsjahr 1938), S. 4.

[28] *Heinig,* Kurt, 1949, a. a. O., S. 134.

herumschlagen mußte, verwundert angesichts der Haushaltspraxis der NSDAP nicht.

4. Die Prüfungspraxis des Reichsrechnungshofs in den besetzten Gebieten

4.1. Die Vereinfachung der Prüfungen im Kriege

Heinrich Müller hatte bereits mit zwei Erlassen vom 26. Oktober 1939 und vom 10. April 1940 eine Einschränkung der Prüfungsarbeit, insbesondere der Vorprüfung, veranlaßt. Die Verordnung des Ministerrates für die Reichsverteidigung über die Rechnungslegung und Rechnungsprüfung während des Krieges vom 5. Juli 1940[29] enthält eine Reihe von Bestimmungen, die den Rechnungshof ermächtigte, für die Rechnungslegung über Einnahmen und Ausgaben des Reichs und der Länder Erleichterungen vorzunehmen oder auf die Rechnungslegung ganz zu verzichten; ferner sollten die Prüfungen des Reichsrechnungshofes gegenwartsnah sein[30].

Anfang Februar 1942 forderte der Reichsinnenminister und Generalbevollmächtigte für die Reichsverwaltung, Wilhelm Frick, weitere Einschränkungen der Prüfungstätigkeit im Altreich[31]. Fricks „Anregungen", wie Müller sie nannte, kam der Rechnungshof nur zum Teil nach, da Frick auch ein Mitbestimmungsrecht der obersten Reichs- und Landesbehörden hinsichtlich Durchführung und Umfang der Prüfungen verlangte, was der Rechnungshof ablehnte. Der Konflikt zwischen Frick und dem Reichsrechnungshof schwelte weiter. Im Mai 1944 unternahm Frick einen weiteren Vorstoß und verlangte eine Einschränkung der Prüfungen in den besetzten Gebieten, womit er in der Reichskanzlei auf wenig Gegenliebe stieß; dort hieß es, die „immer wieder vom GBV (Generalbevollmächtigten für die Reichsverwaltung) unternommenen Vorstöße gegen die Prüfungsarbeit des Rechnungshofs . . . (dürfte) wesentlich durch den alten Wunsch des Reichsinnenministers bestimmt sein, den Rechnungshof zugunsten seines eigenen Kommunalen Prüfungsapparates (sic!) auszuschalten"[32]. Mit dieser Unterstützung durch den Chef der Reichskanzlei überstand der Reichsrechnungshof bis zum Zusammenbruch auch die Querelen mit Frick. Dieser Vorgang belegt, daß die Verwaltungsvereinfachung im Kriege, zu der der Reichsrechnungshof als oberste staatliche Rationalisierungsinstanz nicht nur formaliter hätte etwas beitragen können, ohne nennenswerte Einschaltung des Rechnungshofs erfolgte. Im Gegenteil, der Rechnungshof sah sich selbst mit dra-

---

[29] RGBl. II (1940), S. 139f.

[30] Müller trug der Verordnung durch zwei Erlasse vom 27. Oktober 1940 und vom 27. November 1940 Rechnung, BA R 43 II/705b, Bl. 189ff.

[31] BA R 43 II/705b, Bl. 181ff.

[32] BA R 43 II/705b, Bl. 213f.

stischen Einschränkungen seiner Arbeit konfrontiert. Als politisch viel interessanter mußten Müller die neuen Prüfungsaufgaben des Reichsrechnungshofs in den besetzten Gebieten erscheinen. Der Wunsch des Reichsrechnungshofs, Prüfungen in den besetzten Gebieten durchzuführen, stieß freilich nicht immer auf Gegenliebe.

In den besetzten und angegliederten Gebieten wurden sechs führerunmittelbare Zivilverwaltungen des Reichs, Chefs der Zivilverwaltungen (Untersteiermark, Südkärnten, Elsaß, Lothringen, Luxemburg, Eupen-Malmedy) und zwei Reichskommissare (Norwegen und Niederlande) eingesetzt; für Böhmen und Mähren wurde ein Reichsprotektorat errichtet und das besetzte Belgien und Frankreich sowie das ehemalige Jugoslawien wurden Militärbefehlshabern unterstellt. Die Verwaltung der okkupierten Ostgebiete oblag dem neu errichteten Reichsministerium für die besetzten Ostgebiete unter Alfred Rosenberg. Für alle diese Gebiete beanspruchte der Rechnungshof Prüfungsrecht:

> „Der RH ist für alle diese Verwaltungen (in den besetzten Gebieten, d. Verf.) davon ausgegangen, daß sie, als Verwaltungen des Reichs als eines zentralen Führerstaates, der obersten Kontrolle des Reichs unterstehen, die von ihm, dem RH, ausgeübt wird, daß ferner alle diese Verwaltungen nach deutschem Haushaltsrecht zu wirtschaften haben, ohne daß es einer besonderen – territorialen – Einführung dieses Rechts (etwa kraft der diesen Verwaltungen meist verliehenen Rechtsetzungsbefugnis) bedarf, daß die Einnahmen und Ausgaben der Verwaltungen daher Einnahmen und Ausgaben des Reichs sind; die Art der Veranschlagung der Einnahmen und Ausgaben der Verwaltungen ist für die Geltung des deutschen Haushaltsrechts bei ihrer Wirtschaftsführung, ebenso für das Kontrollrecht des RH, ohne jeden Belang[33]."

Dort, wo die deutsche Wehrmacht neue Gebiete okkupierte und neue Verwaltungen errichtet wurden, hatte das deutsche Haushaltsrecht und mithin auch die oberste Kontrollinstanz des Reichs zu gelten. Mit diesem umfassenden Anspruch stand der Reichsrechnungshof in scharfem Widerspruch zu Hitler, der den Chefs der Zivilverwaltungen einen größtmöglichen Handlungsspielraum in finanzieller Hinsicht zugesagt hatte[34]. Daher gelang es dem Rechnungshof nicht durchgängig, seinen Prüfungsanspruch durchzusetzen. Es scherte allerdings nur der deutsche Generalgouverneur in Polen, Hans Frank, aus, der das Begehren des Reichsrechnungshofs kurzerhand dadurch abwehrte, indem er durch Verordnung vom 13. Juni 1941 ein eigenes Oberstes Rechnungsprüfungsamt errichtete, das durch Verordnung vom

---

[33] ZIK 2.1./19041943 (Denkschrift des Präsidenten des Rechnungshofs des Deutschen Reichs zur Reichshaushaltsrechnung für das Rechnungsjahr 1939), S. 6.

[34] Vgl. hierzu *Broszat*, Martin, 1969, a. a. O., S. 384f. Hitler hatte im Oktober 1942 selbst die Rechtsetzungsbefugnis des Ministerrats für die Reichsverteidigung auf das Gebiet des Deutschen Reiches, einschließlich Generalgouvernements, ausschließlich der Zivilverwaltungschefs, beschränkt, ebenda.

7. November 1942 den Namen „Der Rechnungshof des Generalgouvernements“ erhielt. Als Leiter setzte Frank den Senatsrat Wilhelm Blauert ein[35].

Der Reichskommissar für die besetzten niederländischen Gebiete, Arthur Seys-Inquart, weigerte sich zunächst ebenfalls, dem Rechnungshof das Prüfungsrecht zuzugestehen. Müller konnte allerdings in der letzten Denkschrift aus dem Jahre 1944 vermelden, daß auch in den besetzten Niederlanden mit der Prüfung der Haushalts- und Vermögensrechnung begonnen wurde[36].

Der Rechnungshof des Deutschen Reiches setzte somit in allen von der deutschen Wehrmacht besetzten Gebieten, soweit dort deutsche Verwaltungen entstanden, mit Ausnahme des Generalgouvernements, sein Prüfungsrecht durch.

In den besetzten Gebieten erwarteten den Rechnungshof ganz neue Aufgaben. „Neu“, das bedeutete in der Praxis vielfach, daß die Prüfer nicht wußten, welche Aufgaben bestimmte Verwaltungen in den besetzten Gebieten überhaupt wahrnahmen und wie das Haushalts- und Kassenwesen organisiert war. Müller mußte aus der Not eine Tugend machen, indem er die Prüfungsverfahren allgemein erleichterte und vor allem eine Ausweitung örtlicher Prüfungen vornahm. Ein Beamter, der damalige Ministerialrat Werner Friedrich von der Preußischen Oberrechnungskammer, der als Beauftragter des Rechnungshofs in verschiedene Gebiete des Westens fuhr, hat im Jahre 1962 einen „Erfahrungsbericht“ geschrieben[37]. Friedrich meint, daß er Anhaltspunkte für seine Prüfungsaufträge nicht aus den herkömmlichen Prüfungsverfahren gewinnen konnte. Die nachgängige Prüfung ging von den vorgelegten Rechnungen aus, aber fertige Rechnungen, die vorort geprüft werden konnten, lagen selten vor. „Meine Aufgabe bestand daher zunächst darin, durch Ermittlungen an Ort und Stelle über die Organisation und die Aufgaben der in den besetzten Gebieten errichteten Verwaltungen und die bei ihnen anfallenden Einnahmen und Ausgaben Klarheit zu verschaffen. Sodann war festzustellen, ob und in welcher Weise diese Einnahmen und Ausgaben haushaltsmäßig erfaßt und rechnungsmäßig nachgewiesen wurden“[38]. Erst danach schloß sich die Prüfung einzelner

---

[35] Vgl. *Präg,* Werner / *Jacobmeyer,* Wolfgang (Hrsg.), Das Diensttagebuch des Generalgouverneurs in Polen 1939 - 1945, Stuttgart 1975, S. 946. Heinrich Müller sprach am 19. Juni 1940 in Krakau mit Frank, die Verhandlung verlief für ihn jedoch erfolglos. Erst am 26. September 1944 erörterte Frank mit Blauert im Zusammenhang mit „Räumungsfragen“ eine „Angliederung“ des Rechnungshofs des Generalgouvernement an den Reichsrechnungshof und eine Übersiedlung nach Potsdam, vgl. *Präg / Jacobmeyer* (Hrsg.), 1975, a. a. O., S. 243 und S. 915.

[36] Vgl. ZIK 2.1./04051944 (Denkschrift des Präsidenten des Rechnungshofs des Deutschen Reichs zur Reichshaushaltsrechnung für das Rechnungsjahr 1940), S. 3.

[37] BA Kl. Erw. 390 und 400.

[38] BA Kl. Erw. 390, Bl. 3.

Rechnungen an, deren Ergebnisse in umfangreichen Berichten niedergelegt wurden.

Die Prüfungen in den besetzten Gebieten erfolgten fast ausschließlich an Ort und Stelle durch „Beauftragte des Rechnungshofs“[39]. Müller ging jedoch einen Schritt weiter, wenn er von den Rechnungshof-Beamten als „Soldaten in Zivil“ sprach[40], was er durchaus ernst meinte: Er steckte die vor Ort prüfenden Beamten in eigens angefertigte Beamtenuniformen, um insbesondere eine „optische Wirkung“ bei den durchweg uniformierten Vertretern der Militärverwaltungen zu erreichen[41]. Diese scheinbar unwichtige Äußerlichkeit belegt seine Absicht, das Odium des Bürokratischen bei den Rechnungshof-Beamten abzustreifen und seine Sehnsucht nach quasi-militärischer bzw. maßnahmenstaatlicher Kompetenz.

Hinsichtlich der örtlichen Prüfungen trug der Rechnungshof den „besonderen Verhältnissen“ in den Ostgauen dadurch Rechnung, daß die Prüfung nicht nach fachlichen Kriterien, sondern nach regionalen gegliedert wurde. „Der einheitlich ausgerichteten Verwaltung wurde damit eine einheitlich gegliederte Prüfungsorganisation zur Seite gestellt“[42]. Die jeweiligen Behördenleiter hatten in der Regel nur mit einem Prüfungsgebietsleiter zu verhandeln; durch die örtliche Gliederung der Prüfgebiete kannten die Rechnungshofs-Beamten „die örtlichen Verhältnisse und die Schwierigkeiten (...), die in rechtlicher, personeller und wirtschaftlicher Hinsicht mit dem Aufbau der Verwaltung im Kriege verbunden waren. Die mit den Prüfungen beauftragten Beamten konnten den Verwaltungen unter Verwendung dieser Kenntnisse besser beratend zur Seite stehen, als dies bei fachlich gegliederten Prüfungsgebieten, deren Geschäftsbereich das gesamte Reichsgebiet umfaßt, möglich gewesen wäre“[43].

Dieses Verfahren ist insofern konsequent, als die zum Teil sehr heterogene Verwaltungsgliederung in den besetzten Gebieten kaum mit den hergebrachten Prüfungsverfahren in den Griff zu bekommen gewesen wäre; gleichzeitig bedeutete dieses neue Verfahren die grundsätzliche Unterwerfung des Rechnungshofs unter die Fakten, die der Maßnahmenstaat in den besetzten Gebieten geschaffen hatte. Die Prüfungen wurden vor Ort bei den rechnungslegenden Stellen vorgenommen. In den Schlußbesprechungen wurde den Behördenleitern ein Überblick über die Wirtschafts- und Kassenführung ihrer Behörden gegeben und auf „grundsätzliche oder erhebli-

---

39 Diese Entwicklung war jedoch nicht neu, sie setzte in stärkerem Maße nach dem Ersten Weltkrieg ein, vgl. hierzu *Schulze,* R. / *Wagner,* E., Reichshaushaltsordnung mit Erläuterungen, Berlin 1924, § 90, S. 224f.

40 Vgl. *Müller,* Heinrich, 1940, a.a.O., S. 205.

41 BA Kl. Erw. 390, Bl. 16.

42 ZIK 2.1./19041943, S. 19.

43 Ebenda.

che Mängel“ aufmerksam gemacht[44]. „Die Erledigung von Beanstandungen wurde, um den Schriftverkehr zu vermindern, in großem Umfange den Verwaltungsbehörden übertragen“[45].

4.2. Die Prüfungen im Protektorat Böhmen und Mähren

Wie in den anderen besetzten Gebieten mußten auch die Verwaltungen im Protektorat Böhmen und Mähren kriegsbedingt auf nicht in deutsches Verwaltungsrecht eingeübtes einheimisches Personal zurückgreifen. Zur Entlastung der Verwaltungen wurde zwischen dem Reichsprotektor und dem Präsidenten des Rechnungshofs vereinbart, die Vorprüfung zu streichen und dafür eine „gemeinschaftliche Prüfung am Sitze der Verwaltung“ durchzuführen. Des weiteren wurden besondere Prüfungsrichtlinien erlassen, die es den Beauftragten des Rechnungshofs gestatteten, von den üblichen Vorschriften und Grundsätzen der Rechnungsprüfung abzuweichen[46].

So prüfte der Rechnungshof nach der Deportation der Juden im Protektorat vornehmlich die Verwaltung und Verwertung der zugunsten des Reiches eingezogenen Vermögen. Am 1. November 1941 wurde hierfür eine besondere Stelle, das Vermögensamt, eingerichtet[47]. Das Vermögensamt verwaltete Ende 1942 etwa 5600 Vermögen und diese „Zahl erhöht sich laufend“[48]. Die Einnahmen aus der Verwaltung dieser Vermögen betrugen für das Rechnungsjahr 1941 rd. 46 Millionen RM und für das Rechnungsjahr 1942 rd. 115 Millionen RM[49].

Der Rechnungshof prüfte, 1. ob die Vermögen vollständig erfaßt und 2. ob sie ordnungsgemäß verwaltet wurden. Er kommt zu einem für das Vermögensamt beruhigenden Ergebnis, denn es sei bemüht gewesen, „den ihm obliegenden umfangreichen und zum Teil sehr schwierigen Aufgaben gerecht zu werden“[50].

Ähnlich vage drückt sich der Rechnungshof in den Prüfungsergebnissen über das Bodenamt für Böhmen und Mähren aus, das durch Regierungsverordnung vom 25. April 1942 auf Veranlassung des Reichsprotektors als selbständige Zentralbehörde im Protektorat errichtet worden war[51]. Die

---

[44] Vgl. ebenda, S. 20 f.

[45] Ebenda.

[46] Vgl. ZIK 2.1./04051944, S. 34.

[47] Zur Vermögensmasse gehörten u. a. gewerbliche Betriebe aller Art, land- und forstwirtschaftliche Betriebe, Wohnungsgrundstücke, Wohnungseinrichtungen, Kunstgegenstände, Schmucksachen, Bank- und Sparkassenguthaben sowie Wertpapiere, vgl. Zik 2.1./04051944, S. 37.

[48] Ebenda.

[49] Ebenda.

[50] Ebenda, S. 38.

[51] Vgl. ebenda, S. 39.

Behörde faßte die bisherigen Sektionen VIII (Staatliche Forste und Güter) und IX (Bodenamt) zusammen. Zuvor waren beide Sektionen der Leitung eines Reichskommissars unterstellt (ab 1. Juli 1939). Die als Unternehmen geführte Verwaltung der Staatlichen Forste und Güter umfaßte einen forstwirtschaftlichen Besitz von 145 900 ha, einen landwirtschaftlichen von 21 400 ha[52]. Dem Bodenamt oblagen neben der Durchführung einer „Bodenreform, d. h. die Enteignung der Großgrundbesitzer und die Zuteilung ihres Bodens an mehr als 600 000 Bewerber“[53], folgende Sonderaufgaben:

1. Die Betreuung der unter Zwangsverwaltung gestellten landwirtschaftlichen Betriebe;
2. die Verwaltung der zugunsten des Reichs eingezogenen staatsfeindlichen landwirtschaftlichen Betriebe (Reichseinzugsbetriebe);
3. die Landbeschaffung zur Anlage und Erweiterung von Truppenübungsplätzen;
4. die „Durchführung der Siedlungsaufgaben neuzeitlicher Art“[54].

Der Rechnungshof wurde auf Ansuchen des Reichsprotektors bei diesem Amt tätig, zu dessen Aufgaben er folgendes ausführt:

> „Am 16. August 1939 wurden 120 jüdische landwirtschaftliche Betriebe in Zwangsverwaltung genommen. Ihre Zahl wuchs bis zum 31. Dezember 1941 auf 1268 Betriebe. Davon wurden rd. 250 von der Buchstelle des Bodenamtes in Prag buchmäßig bearbeitet, während rd. 750 Betriebe lediglich betriebsmäßig überwacht wurden. Der Rest war verpachtet. Im Laufe des Jahres 1942 ist die Gesamtzahl der zwangsverwalteten Betriebe auf 2363 gestiegen. Die betriebs- und buchmäßige Kontrolle dieser Betriebe ist eine umfangreiche Aufgabe ... Auch die Zahl der Reichseinzugsbetriebe ist erheblich, sie betrug am 1. Juli 1943 171 mit einem Gesamtausmaß von 11 366,42 ha landwirtschaftlicher und 37 787 ha forstwirtschaftlicher Fläche[55].“

Diese Zahlen verdeutlichen die schnell voranschreitende politische und wirtschaftliche Ausbeutung des Protektorats – und die Schwierigkeiten, die sich für den Rechnungshof zwangsläufig aus dieser Entwicklung ergaben. Man kann sagen, daß die rechtmäßige und ordnungsmäßige Prüfung nach deutschem Recht im Protektorat – aber auch in den anderen besetzten Gebieten – immer der sozialen und wirtschaftlichen Ausbeutung hinterherhinkte.

Bei der Beurteilung der Verwaltungen im Protektorat läßt der Reichsrechnungshof Milde walten. Es darf vermutet werden, daß diese Rücksichtnahme politisch motiviert war. Auffällig ist die Beliebigkeit der abschließenden Bemerkung: Es wird konzidiert, daß der buch- und rechnungsmä-

---

[52] Vgl. ebenda, S. 38.
[53] Ebenda.
[54] Ebenda, S. 39.
[55] Ebenda, S. 41.

ßige Nachweis mit der raschen wirtschaftlichen Entwicklung nicht Schritt halten konnte. „Auf Anregung und unter Beteiligung des RH sind deshalb neuerdings Wege gesucht worden, um die Buch- und Rechnungsführung und die Ergebnisse der landwirtschaftlichen Betriebe so zu fördern, daß sie der Gegenwart möglichst nahekommen“[56].

Andere Tatbestände, so z. B. die Unterhaltung diverser Fonds für ein und denselben Zweck beim Bodenamt, die in anderen besetzten Gebieten heftig kritisiert wurde, entgehen einer Kritik. Ähnliches trifft für die äußerst vage umschriebenen Ermessensspielräume der Verwaltungen bei „Ausgleichsabgaben im Entjudungsverfahren“ zu[57].

Allein schon der sprunghafte Anstieg von zwangsverwalteten Betrieben und Vermögen im Protektorat Böhmen und Mähren ist ein Hinweis dafür, daß die Situation dort nicht wesentlich anders aussah als in den anderen besetzten Gebieten. Dafür spricht auch ein Schreiben der Zentralverwaltung (Ministerialrat Piesberg) vom 28. Februar 1940, in dem sich dieser beim Staatskommissar Gross (Gruppe EuL) beschwerte, daß man nicht genügend Verständnis für die Zentralverwaltung, die an haushaltsrechtliche Bestimmungen gebunden sei, aufbringe.

> „Es ist mir aber in Berlin vorgehalten worden, daß die Behörde des Reichsprotektors personell und sachlich so großzügig aufgezogen worden ist, wie dies noch nie bei einer anderen Behörde der Fall war. Ich glaube daher, für mich in Anspruch nehmen zu können, soweit meine Zuständigkeit in Frage kommt, wirklich nicht kleinlich gewesen zu sein. Das liegt mir auch nicht. Allerdings habe ich die Verantwortung dafür, daß den überspitzten Wünschen, bei denen weniger die sachliche Notwendigkeit als persönliche Interessen bestimmend sind, entgegengetreten wird“[58].

Feststellungen des Reichsrechnungshofs, die in eine ähnliche Richtung weisen, finden sich in dem Prüfungsbericht über das Protektorat nicht.

4.3. Prüfungen in den besetzten Gebieten des Westens

Nach den letzten beiden Denkschriften, die der Reichsrechnungshof im Dritten Reich für die Rechnungsjahre 1939 und 1940 erstellte, spielt die Prüfungstätigkeit in den besetzten Gebieten des Westens (Norwegen, Belgien, Luxemburg und das besetzte französische Staatsgebiet) eine wichtige Rolle und zwar sowohl im Bereich der Zivilverwaltungen[59] als auch in dem der Militärverwaltungen.

---

[56] Ebenda, S. 42.
[57] Vgl. ebenda, S. 35.
[58] BA R 30/9, Bl. 27.
[59] Diese werden im folgenden ausgeklammert.

Rechtlich folgte der Prüfungsbericht der Position Werner Bests, der 1941 in einem Aufsatz[60] die Auffassung vertrat, wonach die von den Verwaltungsstäben der Militärbefehlshaber geleitete Militäradministration organisatorisch und auf dem Gebiete des Haushalts-, Kassen- und Rechnungswesens als Teil der Dienststellen der Militärbefehlshaber zu betrachten sind[61]. Die Einnahmen und Ausgaben seien deshalb auch nicht besonders zu veranschlagen, sondern gehörten allgemein zu den Einnahmen und Ausgaben des Heeres und wurden – wie alle Einnahmen und Ausgaben des Heeres seit 1934 – zu Lasten des außerordentlichen Heereshaushalts verrechnet. Die Militärverwaltungen waren nach Best als Aufsichtsverwaltungen anzusehen, die lediglich die verbliebenen Landesbehörden beaufsichtigten und im deutschen Interesse zu lenken hatten, so daß sich der administrative Aufwand im allgemeinen auf die persönlichen und sächlichen Verwaltungsaufgaben hätte beschränken müssen[62]. Die Militärverwaltungen hatten jedoch eine Reihe von Funktionen übernommen, die nicht diesen allgemeinen Bestimmungen entsprachen. Zu diesen Aufgaben der Militärverwaltungen gehörten u. a. die „Behandlung von Kriegsschäden Deutscher, die Bewirtschaftung brachliegender Landstriche, die Rückführung Volksdeutscher nach Deutschland, Maßnahmen verschiedener Art auf wirtschaftlichem Gebiet, wozu vor allem auch die umfangreichen Verwaltungen des Feind- und Judenvermögens gehören“[63]. Hiermit waren nicht nur Ausgaben, sondern zum Teil auch erhebliche Einnahmen verbunden. Die vage Umschreibung dieser Funktionen („Maßnahmen verschiedener Art auf wirtschaftlichem Gebiet“) besagt nichts anderes, als daß der Rechnungshof nicht wußte, welche Aufgaben die Militärverwaltungen wahrnehmen und deshalb von Potsdam aus nicht feststellen konnte, wie hoch die Einnahmen waren. Die von Müller angeordneten örtlichen Prüfungen im Bereich der Militärverwaltungen, aber auch in den besetzten Gebieten des Ostens, der Verwaltungen der Reichskommissare und Chefs der Zivilverwaltungen im Westen waren also nicht nur ideologisch motiviert, sondern funktionales Erfordernis, um als Prüfungsbehörde überhaupt tätig werden zu können. Um die Voraussetzung für eine Prüfungstätigkeit zu schaffen, mußte der Rechnungshof wissen, wie die Verwaltungen in den besetzten Gebieten faktisch

---

60 *Best,* Werner, Die deutsche Militärverwaltung in Frankreich, in: Reich – Volksordnung – Lebensraum, 1. Band, 1941, S. 29 ff. Werner Best, Jurist und nationalsozialistischer Landtagsabgeordneter in Hessen, wurde 1935 Abteilungsleiter im Geheimen Staatspolizeiamt und ein enger Mitarbeiter Reinhard Heydrichs beim Aufbau des Reichssicherheitshauptamtes. Weil Best zu „juristisch“ dachte, trennte sich Heydrich in einem tiefen Zerwürfnis von ihm. Best wurde 1942 als Reichsbevollmächtigter in das besetzte Dänemark abgeschoben. Zur Kontroverse Heydrich – Best, vgl. *Buchheim,* Hans, 1967, a. a. O., S. 17 f.

61 Vgl. ZIK 2.1./19041943, S. 44.

62 Vgl. ebenda, S. 45.

63 Ebenda.

organisiert waren, welche Aufgaben sie wahrnahmen und wie die Handhabung des Haushalts-, Kassen- und Rechnungswesens aussah. Bereits hier haperte es: So stellte der Rechnungshof lapidar fest, daß „Unterlagen, aus denen ein Überblick über die Verwaltungsverhältnisse in den besetzten Gebieten (des Westens) hätten gewonnen werden können, nicht zur Verfügung standen"[64]. Mit anderen Worten, die Einhaltung der grundlegenden Maßstäbe einer „normalen" Verwaltung, Rechtmäßigkeit und Ordnungsmäßigkeit, konnten in weiten Teilen der Verwaltungen der besetzten Gebiete des Westens nur unvollständig geprüft und die Bewegungen der tatsächlichen Finanzvolumen häufig nur sporadisch erfaßt werden.

Der Rechnungshof mußte angesichts dieses Chaos eine „freiere Handhabung des Prüfgeschäfts"[65] ins Auge fassen. Da Voranschläge für einzelne Anweisungen fehlten, griff er auf den dehnbaren Begriff des „pflichtmäßigen Ermessens" zurück. Für die Bereiche der Zivilverwaltungen der besetzten Gebiete des Westens heißt es hierzu:

> „Bei der Nachprüfung dieses (pflichtmäßigen, d. Verf.) Ermessens mußte der Rechnungshof sich bewußt sein, daß die deutsche Verwaltung sich plötzlich vor große und unaufschiebbare Aufgaben gestellt sah, deren Lösung lange Erwägungen nicht zuließ, sondern schnelles Handeln verlangte. Der RH hat daher nur solche Ausgaben bemängelt, die offenbar das vertretbare Maß überschritten[66]."

Hier wird ein politischer Vorbehalt des normenstaatlichen Prüfgeschäfts formuliert: Die Aufgabe der örtlich prüfenden Beauftragten des Rechnungshofs bestand vielfach darin, durch Anregungen, Empfehlungen etc. die Voraussetzungen für eine rechtmäßige und ordnungsmäßige Verwaltung in den besetzten Gebieten zu schaffen; erst auf dieser Basis konnten überhaupt Prüfungen im engeren Sinne durchgeführt werden, was ebenfalls für die Militärverwaltungen zutraf. Spätestens seit Bestehen der Preußischen Oberrechnungskammer gehört zur Allgemeinbildung von Beamten, daß die Einnahmen und Ausgaben einer Verwaltung eines sachlich gegliederten Nachweises bedürfen; in den Militärverwaltungen konnten die Beamten des Rechnungshofs diesen Überblick nur „schwer gewinnen"[67]. Weitere Verwirrung stiftete eine Regelung, nach der die Zahlmeistereien in den besetzten Gebieten mit verschiedenen Intendanturen im Reich abrechneten. Der Rechnungshof verbuchte es als seinen Erfolg, daß das OKH auf seine Anregung hin „mit Wirkung vom 1. Juli 1941 (anordnete), daß die Zahlstellen der bodenständigen Formationen im Bereich der beiden Militärbefehlshaber nur noch mit je einer Abrechnungsintendantur abrechnen"[68]. In diesem Zusammenhang steht eine weitere Kritik des Rechnungshofs:

---

[64] Ebenda, S. 43.
[65] Ebenda, S. 44.
[66] Ebenda, S. 58.
[67] Ebenda, S. 45.
[68] Ebenda, S. 45f.

„Bei den Erhebungen und Prüfungen des RH hat sich nun ergeben, daß bei den Verwaltungsstäben, und zwar besonders im Bereich der Wirtschaftsverwaltung, das Bestreben besteht, Einnahmen und Ausgaben außerhalb der Zahlstellen durch dritte Stellen bewirtschaften zu lassen. Dabei handelt es sich z. T., wie z. B. bei der Verwaltung des Feind- und Judenvermögens, um eine nicht unzweckmäßige Verlagerung von Verwaltungsgeschäften auf Gesellschaften des Privatrechts, z. T. aber auch um echte Fondsbildungen. Letzteres gilt u. a. für die Vereinnahmung von Preisstrafen oder sogenannten Gewinnablieferungen auf Sonderkonten, die keiner anderen Kontrolle als der des zuständigen Referats (Gruppe, Abteilung) unterliegen. Derartige Fonds sind bisher vor allem im Bereich des Militärbefehlshabers in Belgien und Nordfrankreich festgestellt worden. Der RH hat wiederholt, z. T. auch bereits mit Erfolg, darauf hingewiesen, daß diese Fonds aufzulösen, und daß ihre Bestände der Reichskasse (Zahlstelle des Verwaltungsstabs) zuzuführen sind[69]."

Ähnliche Unregelmäßigkeiten wurden später auch im Bereich des Befehlshabers in Serbien festgestellt, wo der Geldverkehr schon einmal „bar durch die Hand einzelner Sachbearbeiter" lief[70] sowie unzulässige Sonderfonds eingerichtet wurden[71].

Die Bewirtschaftung von Einnahmen und Ausgaben dürfte neben der fachlich zuständigen Zahlstelle und der Fondsbildung in der Regel von den zuständigen Verwaltungsstäben der Militärbefehlshaber veranlaßt worden sein, um sich in finanziellen Angelegenheiten einen größeren Spielraum zu verschaffen. Diese offensichtlich massiven (verordneten) Unregelmäßigkeiten in den besetzten Gebieten können nicht mit der Bereicherung einzelner erklärt, sondern müssen strukturell als Element der „Regellosigkeit" des Maßnahmenstaates insgesamt begriffen werden. Diese Regellosigkeit objektivierte sich in einem Sich-Berufen auf übergeordnete „politische" Sachverhalte oder gar auf Führerbefehle, die einer normenstaatlich ausgerichteten Prüfung per se entzogen waren. Geld spielte insoweit in der Tat keine Rolle. Es ist auch kein Zufall, daß die politisch gewichtigen Ministerien, allen voran das der Wehrmacht, versuchten, sich den Restriktionen des Reichsfinanzministers – und in der nachgängigen Prüfung auch des Reichsrechnungshofes – bereits in einem sehr frühen Stadium des Dritten Reiches zu entziehen.

Diese organisatorische und finanzielle Regellosigkeit tendierte mitunter dazu, dysfunktional zu werden, wenn z. B. die organisatorische Buntschekkigkeit mit sich überschneidenden Zuständigkeiten die Umsetzung der verschiedenen politischen Aufträge der jeweiligen Verwaltungen zu behindern drohte. Hier empfahl sich der Reichsrechnungshof, insbesondere durch seine Beratungspraxis in den besetzten Gebieten, als eine Instanz, die durch unbürokratische Vorschläge die Effizienz der neu aufzubauenden Verwal-

---

[69] Ebenda, S. 47.

[70] ZIK 2.1./04051944, S. 62.

[71] Vgl. ebenda, S. 67.

tungen zu steigern in der Lage war. In diesem Sinne wies sich diese Institution im NS-Staat als Hilfsinstrument des Maßnahmenstaates aus. Wie bereits ausgeführt, bildeten die Fremdvermögensverwaltungen einen Schwerpunkt der Prüfungen. Diese nahmen in den Militärverwaltungen eine Sonderstellung ein. Die „Feindvermögen" sollten zunächst nur „erfaßt" und „erhalten", nicht verwertet werden. „Anders beim Judenvermögen. Hier handelt es sich zwar auch um eine treuhänderische Verwaltung fremden Vermögens, das Ziel der Verwaltung ist aber die alsbaldige Verdrängung der Juden aus dem Wirtschaftsleben, die durch Liquidierung oder Veräußerung (Arisierung) der jüdischen Betriebe erreicht wird"[72].

Die organisatorische Behandlung der Judenvermögen war heterogen. Im besetzten Teil Frankreichs überließ man die Verwertung der jüdischen Vermögen grundsätzlich dem französischen Staat, der hierfür den „Service du Contrôle des Administrateurs provisoires" einrichtete. Der Militärbefehlshaber war durch einen Beauftragten vertreten und nahm die allgemeine Aufsicht wahr[73].

Die Verwaltung des Feind- und Judenvermögens oblag entweder der zuständigen Gruppe bzw. Referat des Verwaltungsstabs des Militärbefehlshabers oder den vom Militärbefehlshaber eigens beauftragten Gesellschaften des Privatrechts. Den Verwaltungsstäben verblieben neben der Erfassung aller Vermögen die allgemeine Oberaufsicht und alle „wichtigen Entscheidungen", hierzu zählten insbesondere hoheitliche Akte wie Ernennung der kommissarischen Verwalter, Festsetzung von Verwaltungs- und Revisionsgebühren, Erteilung von Ausnahmegenehmigungen, während die Gesellschaften die Beaufsichtigung der Kommissarischen Verwalter, Betriebsprüfungen sowie bei Treuhandverwaltungen die Einziehung von Forderungen und die Verwaltung der Treuhandkonten übernahmen[74]. Der Militärbefehlshaber in Belgien und Nordfrankreich übertrug diese Aufgabe einer hierfür gegründeten Gesellschaft belgischen Rechts, der „Brüsseler Treuhandgesellschaft m. b. H." (Société de Personnes à Responsabilité Limitée – SPRL); in Paris wurde die „Treuhand- und Revisionsstelle im Bereich des Militärbefehlshabers in Frankreich" errichtet. Ihre Aufgaben wurden der „Treuverkehr Deutsche Treuhand Aktiengesellschaft" in Berlin übertragen[75]. Da in beiden Fällen ein behördliches Auftragsverhältnis vorlag, war ein Prüfungsrecht des Reichsrechnungshofs gegeben. Auch hier versuchte der Rechnungshof zunächst „einen Überblick über den Aufbau der Vermögensverwaltungen sowie über das Geschäftsgebaren und die Buchführung der

---

72 ZIK 2.1./19041943, S. 48.
73 Ebenda.
74 Ebenda.
75 Ebenda.

Gesellschaften zu gewinnen“[76]. Als besonders gravierend wurden folgende Fälle kritisiert:

„Nach den vom RH getroffenen Feststellungen ist die sorgfältige Auswahl und nachhaltige Kontrolle der kommissarischen Verwalter größerer Betriebe und Unternehmungen besonders wichtig, um einer mißbräuchlichen Ausnutzung der Verwalterstellung zum eigenen Vorteil und zum Schaden des Vermögens vorzubeugen. Da der RH sich bei der Prüfung des Geschäftsgebarens der kommissarischen Verwalter auf Stichproben beschränken muß, kommt der gewissenhaften Erfüllung der Aufsichtspflicht der Verwaltung um so größere Bedeutung zu. Der RH hatte Gelegenheit, an Hand eines in dieser Hinsicht besonders beweiskräftigen Falles aus dem Bereich des Militärbefehlshabers in Frankreich hierauf eindringlich hinzuweisen und sich im übrigen der vollen Zustimmung der Vertreter des Militärbefehlshabers zu seinen Anregungen für die Bereinigung der Angelegenheit zu versichern. Schließlich bedürfen auch diejenigen Vorgänge einer besonderen Beobachtung, die mit der Veräußerung oder Liquidierung wertvoller Vermögen (Industriebetriebe, Warenhäuser, wichtige Beteiligungen, größerer Edelsteinbestände) zusammenhängen, wobei besonders die Frage des kriegswirtschaftlich gerechtfertigten Preises und die damit zusammenhängende Frage der sogenannten Gewinnabschöpfung und der Behandlung des Übergewinns eine Rolle spielt. Auf besonderen Wunsch eines Militärbefehlshabers hat der RH die Verwertung größerer Edelsteinbestände des Feindvermögens nachgeprüft. Dabei hat sich ergeben, daß unkontrollierte Fonds in Höhe über 2 Mio. RM gebildet und außerdem ungerechtfertigte Privatgewinne in bedeutendem Umfange erzielt worden waren[77].“

Gerade aus der Aufdeckung solcher Mißstände zog der Rechnungshof sowohl seine sachliche als auch seine „politische“ Berechtigung zur Prüfung sowie aus der Tatsache, daß er bei solchen Vorkommnissen „unbürokratisch“ vorging, d. h. nicht viel Aufhebens bei Unregelmäßigkeiten und Korruption machte. So führten z. B. die festgestellten Unregelmäßigkeiten bei den eingesetzten kommissarischen Verwaltern der Vermögensverwaltungen im Bereich des Militärbefehlshabers in Belgien und Nordfrankreich zu einer Überprüfung dieser Verwalter; diese führte „zur Entlassung zahlreicher Verwalter, und zwar in der Regel deshalb, weil sie ihren Aufgaben nicht gewachsen waren“[78]. In dieser Konstellation profitierten beide Institutionen, sowohl der Rechnungshof als auch der Militärbefehlshaber von der Prüftätigkeit: Der Rechnungshof deckte Unregelmäßigkeiten auf, schwärzte jedoch die zuständigen Verwaltungsstellen nicht an, sondern gab diesen Gelegenheit, selbst einzuschreiten und Ordnung zu schaffen, was wiederum mit Hilfe des Rechnungshofs bewerkstelligt wurde.

---

[76] Ebenda, S. 50.
[77] Ebenda, S. 50f.; vgl. auch Kap. 4.4.
[78] ZIK 2.1./04051944, S. 63.

4.4. Prüfungsgegenstand: Korruption

Wie bereits erwähnt, verlagerte sich das Prüfungsgeschäft in den besetzten Gebieten auf die örtliche Prüfung, wobei die Beamten des Reichsrechnungshofs mit Unregelmäßigkeiten und Korruptionsfällen konfrontiert wurden. Aus einer Bemerkung eines Ministerialrats der Außenstelle München, des späteren ersten Leiters des Bayerischen Obersten Rechnungshofs, Fritz Cammerer, zum Geschäftsplan vom 24. März 1945 geht hervor, daß im Rahmen der als kriegswichtig eingestuften Prüfungen vor allem „der Gefahr von Korruption, Unsauberkeit und offensichtlicher Verschwendung vorgebeugt werden (muß). Verwaltungen, bei denen die ordnungsgemäße Kassen- und Buchführung nach den Erfahrungen der letzten Jahre nicht gewährleistet erscheint, sind im Auge zu behalten“[79].

Es kann davon ausgegangen werden, daß in den anderen Außenstellen und in Potsdam nach der gleichen Maxime verfahren wurde. Das belegen auch folgende Beispiele:

– (Aus dem Organisationsbereich des Militärbefehlshabers in Belgien und Nordfrankreich)

> „Zum beschlagnahmten Feindvermögen gehörten einige größere Partien wertvoller Rohdiamanten, die der zuständige Referent einer Feldkommandantur im Zuge kriegswirtschaftlicher Maßnahmen veräußert hat. Die von ihm hierbei angewandten Methoden erschienen so bedenklich, daß der MiBef (Militärbefehlshaber, d. Verf.) unter Einleitung eines kriegsgerichtlichen Verfahrens eine Prüfung der mit dem Verkauf verbundenen Geldvorgänge durch den RH erbat.
>
> Die Feststellungen des RH ergaben, daß der Referent die Verwertung der Diamanten, die an und für sich im Interesse des Reichs lag, unter Überschreitung seiner Befugnisse und ohne Wissen seiner vorgesetzten Dienststelle dazu benutzt hatte, um aus den Veräußerungserlösen Sonderfonds im Betrage von mehreren Millionen RM abzuzweigen und außerdem zwei an der Durchführung der Aktion beteiligten Sachverständigen ungerechtfertigte Provisionen und Gewinne zuzuwenden. Von den der Reichskasse vorenthaltenen Beträgen sind 2 162 765,18 RM abgeliefert worden. Wegen eines Betrages von 790 000 RM schweben noch Verhandlungen[80].“

– (Ebenfalls aus dem Organisationsbereich des Militärbefehlshabers in Belgien und Nordfrankreich)

> „Nach den vom RH getroffenen Feststellungen ist die sorgfältige Auswahl und nachhaltige Kontrolle der kommissarischen Verwalter größerer Betriebe und Unternehmungen besonders wichtig, um einer mißbräuchlichen Ausnutzung der Verwalterstellung zum eigenen Vorteil und zum Schaden des Vermögens vorzubeugen. Da der RH sich bei der Prüfung des Geschäftsgebarens der kommissarischen Verwalter auf Stichproben beschränken muß, kommt der gewissenhaften Erfüllung der Aufsichtspflicht der Verwaltung um so größere Bedeutung zu. Der RH hatte Gelegenheit, an Hand eines in dieser Hinsicht besonders beweiskräftigen Falles aus

---

[79] Vgl. ZIK 2.4./24031945.

[80] ZIK 2.1./04051944, S. 66.

dem Bereich des Militärbefehlshabers in Frankreich hierauf eindringlich hinzuweisen und sich im übrigen der vollen Zustimmung der Vertreter des Militärbefehlshabers zu seinen Anregungen für die Bereinigung der Angelegenheit zu versichern[81]."

- Der Reichsrechnungshof kritisierte u. a. im Zuständigkeitsbereich des Chefs der Zivilverwaltung des Elsaß, Generalbevollmächtigter für das volks- und reichsfeindliche Vermögen, u. a. Verkäufe von Industrie- und Handelsbetrieben, des weiteren wurde festgestellt, daß die Veräußerung von Betrieben, Warenvorräten etc. z. T. „unmittelbar" und ohne späteren Nachweis erfolgte[82]; bei den beschlagnahmten Wohnungseinrichtungen wurden u. a. gerügt, die
  - Verkaufsstelle für Flügel und Klaviere
  - Verkaufsstelle für Teppiche, Polstermöbel etc.
  - Verwertung von Kunstgegenständen, Rundfunkapparaten, Kleidern, Wäsche, Schuhen, Silberbestecken, Schmucksachen u. a. m.[83].

Bei der Verwaltung und Verwertung von Juden- und anderen beschlagnahmten Vermögen bestand das grundsätzliche Problem darin, daß zum Zeitpunkt der formalen Beschlagnahmung die faktischen Bestände nicht bekannt waren. Der große Handlungsspielraum, den Hitler den Verwaltungen in den besetzten Gebieten gewährte, sowie die von leitenden NS-Größen demonstrativ zur Schau getragene Auffassung, daß Geld keine Rolle spiele, wirkten sich insbesondere in den besetzten Gebieten verheerend aus.

Das Publikmachen von Korruptionsfällen konnte aber auch nicht unerhebliche politische Folgen haben. Es sei nur daran erinnert, daß der Gegenspieler des Generalgouverneurs in Polen, SS-Obergruppenführer Friedrich-Wilhelm Krüger, aus einem Korruptionsfall den Vorwurf erhob, die Gouvernementverwaltung sei insgesamt korrupt, der nach Auffassung von Werner Präg und Wolfgang Jacobmeyer „wohl nicht zu unrecht" erhoben wurde[84]. Frank mußte sich während seiner ganzen Amtszeit hindurch der – wie er es nannte – „Greuelpropaganda" aus dem Reich erwehren, daß im Generalgouvernement Korruption, Schleich- und Schwarzhandel blühten und die Deutschen dort ein „Schlemmerleben" führten[85].

Ganz anders das Vorgehen des Reichsrechnungshofs bei Verdacht oder nachgewiesener Korruption. Diese Fälle wurden mit den zuständigen Leitern intern besprochen, so daß diese die Möglichkeit hatten, selbst Konse-

---

81 ZIK 2.1./19041943, S. 50f.

82 Vgl. Prüfungsbericht vom 11. April 1942, BA R 47 II/17.

83 Vgl. Prüfbericht des Reichsrechnungshofs vom 30. Juni 1942 und die Anmerkungen des CdZ vom 29. Oktober 1942, BA R 47 II/17.

84 Vgl. *Präg*, Werner / *Jacobmeyer*, Wolfgang (Hrsg.), 1975, a.a.O., S. 476.

85 Vgl. beispielhaft die Tagesaufzeichnungen Franks vom 12.5.1943, *Präg*, Werner / *Jacobmeyer*, Wolfgang (Hrsg.), 1975, a.a.O., S. 658f.

quenzen zu ziehen. Dieses Verfahren entzog zunächst den Korruptionsfällen die politische Brisanz. Auch hier erwies sich der Reichsrechnungshof als Hilfsinstrument des Maßnahmenstaates. So verwundert es nicht, wenn verschiedene Stellen aus den besetzten Gebieten – der Reichsrechnungshof berichtete über mehrere Beispiele aus dem Zuständigkeitsbereich der Militärbefehlshaber in den besetzten Gebieten des Westens – den Rechnungshof zur Aufdeckung möglicher Korruptionsfälle um Hilfe bat.

Wenn allerdings dessen Kritik den Besatzungsverwaltungen politisch ungelegen kam, blieb ihnen immer noch die Möglichkeit, übergeordnete „politische" Argumente ins Feld zu führen, für deren Beurteilung der Rechnungshof nicht kompetent war. So parierte z. B. der Generalbevollmächtigte für das volks- und reichsfeindliche Vermögen des CdZ des Elsaß die Feststellungen des Rechnungshofs, der z. T. gravierende Unregelmäßigkeiten bei der Verwertung des beschlagnahmten Vermögens kritisierte, mit dem Argument, hier handele es sich um eine Frage des „Wiederaufbaues der elsässischen Wirtschaft", die ein „politisches und wirtschaftspolitisches Problem" darstelle und nicht nach rein fiskalischen Gesichtspunkten bewertet werden könne. „Daß man dem wirtschaftlichen Pionier günstigere Startmöglichkeiten als dem anderen Interessentyp geben muß, ist eine Selbstverständlichkeit, über die ich mir weitere Erörterungen ersparen kann"[86].

Mit solchen Ausflüchten konnten Unregelmäßigkeiten und Korruption politisch legitimiert werden, was die Grenzen der Einflußmöglichkeiten des Reichsrechnungshofs sichtbar macht, die eindeutig durch die politischen Akte des Maßnahmenstaates bestimmt wurden. Diese Grenzziehung konnte im Dritten Reich jedoch zu keinem Zeitpunkt einheitlich formuliert und durchgesetzt werden. Gerade aus den permanenten Zuständigkeitskonflikten zwischen Reichsbehörden und Behörden der besetzten Gebiete konnte der Reichsrechnungshof als Institution Kapital schlagen.

---

[86] Schreiben des CdZ des Elsaß, GBV für das volks- und reichsfeindliche Vermögen an den Reichsrechnungshof vom 19. August 1942, BA R 47 II/17. Da half es auch nichts, wenn die Prüfer aus Potsdam versuchten, ihre Arbeit ideologisch zu legitimieren. So wurde z. B. dem Prüfungsbericht des GBV über die beschlagnahmten Wohnungseinrichtungen aus dem Jahre 1942 ein Zitat aus dem „Völkischen Beobachter" vom 28. Mai 1942 vorangestellt: „‚Strengste Sauberkeit in der Verwaltung', wonach der frühere kommissarische Bürgermeister von Oberehnheim Adolf Hotopp und seine Frau sich vor der Strafkammer Zabern zu verantworten hatten, weil sie sich an beschlagnahmtem volks- und reichsfeindlichem Vermögen vergriffen hatten", BA R 47 II/17.

5. Schlußbetrachtung

Wenn man die Tätigkeit des Reichsrechnungshofs im Dritten Reich adäquat bewerten will, darf nicht der Maßstab zugrunde gelegt werden, der z. B. für die Weimarer Republik Gültigkeit hatte. Mit der Ausschaltung des Parlaments hatte er seine ursprüngliche staatsrechtliche Einordnung verloren. Mitte der 30er Jahre scheiterte eine umfassende Reichs- und Verwaltungsreform, die – zumindest theoretisch – Anhaltspunkte für eine neue Standortbestimmung der Institution Rechnungshof im Dritten Reich hätte liefern können. Heinig hat recht, wenn er feststellt, daß eine Neuformulierung von „Kontrolle“ in der Form der Leninschen Kontrolle oder wie im faschistischen Italien nicht stattfand[87]. Da dies alles nicht geschah, mußte der Präsident des Reichsrechnungshofs, Heinrich Müller, selbst zur Tat schreiten, dem man zugute halten muß, daß er die negativen Wirkungen, die von dem geheimen Kabinettsbeschluß über die Sonderregelung für die Wehrmacht aus dem Jahre 1933 auf das Prüfgeschäft des Rechnungshofs ausgingen, durchaus richtig einschätzte; ebenso folgerichtig ist die Schwerpunktverlagerung auf die besetzten Gebiete mit verstärkten örtlichen Prüfungen. Das alles ist zwar wenig im Vergleich zur üblichen Finanzkontrolle in parlamentarisch verfaßten Demokratien, immerhin weitaus mehr, als bei oberflächlicher Betrachtung im kontrollfeindlichen System der NS-Diktatur vermutet werden konnte. Heinig unterstellt, daß eine grundlegende Umgestaltung von Finanzkontrolle in der NS-Diktatur möglich gewesen wäre. Das Scheitern der Reichsreform in den 30er Jahren und die später anwachsende Zahl staatlicher Organisationen mit konkurrierenden Kompetenzen beweist das Gegenteil. Hinsichtlich der Finanzkontrolle kommt dies insbesondere im Rückfall der nationalsozialistischen Budgetierungspraxis in das 19. Jahrhundert zum Ausdruck. Die Kontrollfunktionen, die der Rechnungshof in den besetzten Gebieten erfüllte, nahm er nunmehr in der Tat als „Führer-Behörde“ wahr, wenn auch nicht in dem euphemistischen Sinne, in dem Müller diesen Begriff gebrauchte und nicht als unabhängige Institution der Finanzkontrolle. Der Rechnungshof wandelte sich im Dritten Reich zu einem politischen Vollzugsorgan.

Das Dilemma bestand für Müller darin, daß diese neue Aufgabenstellung nur mit den traditionellen Kategorien der Finanzkontrolle der Rechtmäßigkeit, Ordnungsmäßigkeit, Sparsamkeit und Wirtschaftlichkeit erreicht werden konnte, da hierzu keine der Führergewalt entsprechende Alternativen existierten. Denn die ‚außernormativ konstituierte Führergewalt‘ widersprach nämlich fundamental der normativ konstituierten Finanzkontrollgewalt. Beim näheren Hinsehen entpuppen sich die Prüfkriterien des Reichs-

---

[87] Vgl. *Heinig,* Kurt, 1949, a.a.O., S. 132.

rechnungshofs auch nicht als spezifische Effizienzkriterien des Maßnahmenstaates, wie es der Begriff der „Reichskontrolle" nahelegt, vielmehr griffen die Beauftragten des Rechnungshofs in den besetzten Gebieten nach wie vor auf ihr altes, durch mehr oder weniger strenge politische Vorbehalte aufgeweichtes normenstaatliches Kontrollinstrumentarium zurück. Da der Maßnahmenstaat nicht gänzlich auf die Anwendung normenstaatlicher Instrumente verzichten konnte, sondern seine Stabilität gerade aus einer erfolgreichen Instrumentalisierung derartiger Kategorien bezog, glaubte Müller, sich mit seinen organisatorischen Vorschlägen bei der neu aufzubauenden Administration in den besetzten Gebieten ein neues Arbeitsfeld erschließen zu können. Dies gelang ihm nur teilweise. Die Verwaltungen griffen offenbar gerne auf die Serviceleistungen des Rechnungshofs zurück: je nach dem, ob die Vorschläge in den Gutachten des Rechnungshofs den Militärbefehlshabern, den Chefs der Zivilverwaltungen oder den Reichskommissaren politisch gelegen kamen oder nicht, man nutzte sie oder man verwarf sie.

Obwohl die Prüftätigkeit des Reichsrechnungshofs im Staate Hitlers eine Hilfsfunktion für die Verwaltungen bei der Erfüllung ihrer Aufgaben war, der Rechnungshof also „politisch" tätig war, konservierten er und dessen Beamte mit dem Verweis darauf, daß man nur nach den (unpolitischen) Kriterien der Rechtmäßigkeit und Ordnungsmäßigkeit geprüft habe, sein unpolitisches Selbstverständnis als Institution (und der Rechnungshof-Beamten).

Dieses apolitische Selbstbild und das Dasein des Rechnungshofs jenseits der Ebene der „großen Politik" – Schwerin von Krosigks Bild vom Veilchen im Verborgenen trifft diesen Sachverhalt recht gut –, sind als die zentralen Voraussetzungen dafür anzusehen, daß sich die Rechnungshöfe nach dem Zusammenbruch den Besatzungsmächten als politisch nicht belastete Institutionen empfehlen konnten.

Rechnungshöfe nach 1945 I

Zur Gründungsgeschichte des Bundesrechnungshofs (BRH)

Von Hermann A. Dommach

1. Einleitung

Die Gründungsgeschichte des BRH beginnt nicht erst mit der Entstehung der Bundesrepublik Deutschland, sondern reicht bis in die Zeit nach der bedingungslosen Kapitulation zurück, als die Tore des Reichsrechnungshofs (RRH) und der Preußischen Oberrechnungskammer in Potsdam geschlossen wurden. Die Einstellung der sowjetischen Besatzungsmacht zur künftigen Rolle deutscher Kontrollinstanzen bewirkte, daß die meisten Bediensteten des RRH Potsdam verließen und in den westlichen Besatzungszonen ein neues Betätigungsfeld fanden. Das Zentrum zentraler Prüfungsaktivitäten bildete sich in Hamburg, wo es dem bisherigen Leiter der Außenabteilung des RRH gelang, mit dem Potsdamer Fachpersonal einen überregionalen Rechnungshof für die britische Zone aufzubauen und die personellen Kapazitäten solange zusammenzuhalten, bis sie fast geschlossen auf den Rechnungshof im Vereinigten Wirtschaftsgebiet (RHiVWG) und schließlich auf den Bundesrechnungshof übergeleitet werden konnten.

2. Die Schließung des Reichsrechnungshofes in Potsdam und ihre Folgen

Nach der bedingungslosen Kapitulation versuchte das in Potsdam verbliebene Personal des RRH und der Preußischen Oberrechnungskammer – ebenso wie die Bediensteten der ehemaligen Außenabteilungen des RRH in München, Dresden, Karlsruhe und Hamburg –, die Prüfungstätigkeit im bisherigen Stil wiederaufzunehmen[1]. Die Sowjets ignorierten diese Bemühungen, weil sie die Beamten einer obersten Reichsbehörde für politisch unzuverlässig hielten und weil das deutsche Kontrollsystem nicht ihren Vorstellungen entsprach. Sie wollten einen Kontrollapparat schaffen, der nach

---

[1] *Wittrock,* Karl, Das Ende des Reichsrechnungshofes und die Versuche eines Neubeginns, in: DÖV Heft 8/1986, S. 329ff.; *Meier,* Hellmut, Die Entwicklung des Haushaltswesens in der Sowjetischen Besatzungszone Deutschlands, Berlin 1958, S. 173.

sowjetischem Vorbild völlig in die Finanzverwaltung integriert und dessen Schlüsselstellungen mit ihren Gefolgsleuten besetzt sein sollten[2]. Im Frühjahr 1946 gelang es nur neun ehemaligen Bediensteten des RRH in die Deutsche Zentralfinanzverwaltung, die in Berlin entstand, mit dem Auftrag übernommen zu werden, eine interne Revisionsgruppe aufzubauen, welche die Verwaltungen in der SBZ von der zonalen bis hinab zur kommunalen Ebene kontrollieren sollte[3]. Als die übrigen Prüfungsbeamten des RRH und der Preußischen Oberrechnungskammer erkannten, daß weder mit der Reorganisation des RRH noch mit ihrer Wiederverwendung in einer zentralen Kontrollbehörde der SBZ zu rechnen war, siedelten viele von ihnen in den Nachkriegsjahren nach Westdeutschland über, wo es ihnen gelang, hauptsächlich in den Rechnungshof des Deutschen Reichs – Britische Zone – in Hamburg und teilweise auch in die neugegründeten Landesrechnungshöfe der amerikanischen und französischen Besatzungszone übernommen zu werden.

3. Der Zonenrechnungshof in Hamburg als Rechtsnachfolger des RRH in der britischen Besatzungszone

In Hamburg gestattete die britische Besatzungsmacht bereits am 21. Juli 1945 dem bisherigen Leiter der Außenabteilung des RRH, Direktor Franz Haaser, seine Tätigkeit fortzusetzen und innerhalb der britischen Besatzungszone einen gegenüber den deutschen Behörden unabhängigen und zentralen Rechnungshof zu reorganisieren[4]. Diese Maßnahme entsprach der britischen Besatzungspolitik, die darauf gerichtet war, die bisherigen staatlichen Organisationen mit ihrem Fachpersonal weitgehend zu erhalten, um das wirtschaftliche Potential innerhalb der Besatzungszone möglichst schnell und umfassend nutzen und kontrollieren zu können[5]. Der Auftrag zum Aufbau eines Rechnungshofs auf Zonenebene entsprach den zentralistischen Tendenzen der britischen Militärregierung, deren Furcht vor dem Erstarken deutscher Zentralgewalten längst nicht so ausgeprägt wie bei der amerikanischen und französischen Militärregierung war[6].

---

[2] *Friedrich,* Werner, Das Ende des Rechnungshofes. („Erfahrungsbericht" aus dem Jahre 1962). BA Kl. Erw. 400; *Scherpenberg,* Jens v., Öffentliche Finanzwirtschaft in Westdeutschland 1944 - 1948, Frankfurt a. M. 1984, S. 93 und 95.

[3] BA Kl. Erw. 400; Die Revisionsgruppe war organisatorisch der Abteilung VII „Organisation" angegliedert und trat anfangs unter der Bezeichnung „Abteilung für Finanzen und Kontrolle – Rechnungshof" auf.

[4] *Pfuhlstein,* Friedrich v., Der Weg von der Preußischen Generalrechenkammer zum Bundesrechnungshof, in: Bundesrechnungshof (Hrsg.), 250 Jahre Rechnungsprüfung, Frankfurt a. M. 1964, S. 91.

[5] *Scherpenberg,* J. v., 1984, a.a.O., S. 93 und 95.

[6] *Schweigert,* Eberhart, Die Finanzverwaltung Westdeutschlands in der Zeit vom Ende des 2. Weltkriegs bis zur Neuordnung durch das Grundgesetz, Bonn, 1970, S. 56.

Am 22. Juli 1945 legte Haaser eine Denkschrift über die künftige Gestaltung des staatlichen Kontrollwesens in Deutschland vor. Sie sollte auf der Potsdamer Konferenz einer zentralistischen Organisationsform der Finanzkontrolle zum Durchbruch verhelfen. Haaser schlug vor, die Unabhängigkeit der Rechnungsprüfung wiederherzustellen, dem Rechnungshof auch Beratungsfunktionen zu übertragen und neben einer Zentrale, die am Sitz des Kontrollrats oder der obersten deutschen Finanzbehörde eingerichtet werden sollte, in jeder Besatzungszone eine Außenabteilung zu gründen[7]. Der Vorschlag fand keine Beachtung, und die weitere Entwicklung verlief in den einzelnen Besatzungszonen unterschiedlich, wobei die Briten ihr zentralistisches Konzept beibehielten, während die Amerikaner und Franzosen unabhängige Rechnungshöfe auf Landesebene zuließen, wie sie bereits bis zum Jahre 1936 bestanden hatten[8].

Der Hamburger Rechnungshof trat unter der Bezeichnung „Rechnungshof des Deutschen Reichs – Britische Zone", „Rechnungshof in der britischen Zone" und als „Zonenrechnungshof" auf, weil er als einziger Rechnungshof in den westlichen Besatzungszonen eine zentrale, länderübergreifende Zuständigkeit erhielt. Er kontrollierte nicht nur die entstehenden zentralen Zonenverwaltungen, die im sog. Zonenhaushalt zusammengefaßt waren, sondern auch die Haushalte der Länder und Gemeinden in der britischen Besatzungszone[9]. Insoweit übernahm der Zonenrechnungshof innerhalb der britischen Zone die Aufgaben des RRH und der Preußischen Oberrechnungskammer. Die britische Militärregierung erklärte ihn zu deren Rechtsnachfolger. Sein Aufbau entsprach der Organisation des RRH. Neben einer Präsidialabteilung, die bald durch eine Gutachtenabteilung ergänzt wurde, waren die Prüfungsaufgaben in vier Rechnungsprüfungsabteilungen zusammengefaßt[10].

Der Zonenrechnungshof unterstand der Kontrolle der Finance Division der Control Commission for Germany-British Element (CCG/BE), die einzelne Prüfungsaufträge erteilte und sich laufend und umfassend über alle Prüfungsaktivitäten berichten ließ. Die Anstellung oder Entlassung des Personals bedurfte ihrer Genehmigung.

---

[7] *Wittrock,* Karl, 1986, a.a.O., S. 331f.

[8] Die Landesrechnungshöfe waren – mit Ausnahme der Preußischen Oberrechnungskammer – durch die 4. Novelle der RHO vom 17.06.1936 – RGBl. II S. 209ff. – abgeschafft und durch Außenabteilungen des RRH ersetzt worden. – Zur Entwicklung der Finanzkontrollbehörden in der amerikanischen und französischen Besatzungszone vgl. den Beitrag von Gerhard Otto und Rainer Weinert in diesem Band.

[9] Ziffer 4 der Finanztechnischen Anweisung Nr. 33 vom 05.08.1945 übertrug dem Rechnungshof die Zuständigkeit für die gesamte britische Zone.

[10] *Vogel,* Walter, Westdeutschland 1945 bis 1950 Teil I, Koblenz 1956, S. 105. – Nach dem Stand von 1947 gab es folgende vier Abteilungen: Innere Verwaltung, Allgemeine Angelegenheiten, Allgemeine Finanzwirtschaft, Bauangelegenheiten.

Präsident Haaser hatte ein ungetrübtes Verhältnis zu den britischen Finanzoffizieren, die im selben Gebäude residierten. Er setzte durch, daß er überwiegend Fachpersonal aus dem RRH und der Preußischen Oberrechnungskammer übernehmen konnte, das seit 1946 in vermehrten Umfang aus Potsdam nach Westdeutschland kam, um im Prüfungswesen wiederverwendet zu werden. Bis 1947 erreichte der Zonenrechnungshof eine Personalstärke von 327 Bediensteten.

Im Jahre 1946 regelte die CCG „zur Herbeiführung einer besseren Prüfung der Rechnungen der Behörden dieses Gebiets" Aufgaben, Befugnisse und Organisation des Zonenrechnungshofs in der Militärregierungs-Verordnung Nr. 62 vom 1. Dezember 1946[11]. Sie ermächtigte den Zonenrechnungshof, Zweigstellen in den Ländern der britischen Zone zu errichten. Präsident Haaser errichtete Zweigstellen in Schleswig, Hannover (später Hildesheim) und Düsseldorf. Die Zweigstellen wurden später in selbständige Landesrechnungshöfe für Schleswig-Holstein, Niedersachsen und Nordrhein-Westfalen umgewandelt[12].

Der Zonenrechnungshof sah seine Hauptaufgabe darin, den Behörden beim Neuaufbau und der Wiedereinrichtung der Verwaltung jede nur erdenkliche Hilfe und Unterstützung zukommen zu lassen, dabei aber auch die Behörden mit dem Wesen der Finanzkontrolle vertraut zu machen und sie wieder daran zu gewöhnen, daß ihre Arbeitsweise und Wirtschaftsführung einer Prüfung unterliegt[13]. Seine Prüfungen waren auch auf eine einheitliche Handhabung des Haushaltsrechts innerhalb der britischen Besatzungszone gerichtet. Dazu gehörten vor allem die RHO, die Reichskassenordnung, die Reichswirtschaftsbestimmungen und die Rechnungslegungsordnung. Der Rechnungshof bemühte sich, die drastischen Vereinfachungen, die bis zum Kriegsende auf dem Gebiet des Haushalts-, Kassen- und Rechnungswesens verfügt worden waren, auf ein vertretbares Maß zurückzuführen. Neben der regulären Prüfungstätigkeit übernahm der Zonenrechnungshof in vermehrtem Umfang auch die Erstellung von Gutachten über neu entstehende Einrichtungen. Ab 1947 richtete er ohne besondere Absprache mit den Briten eine Gutachtenabteilung ein, die überwiegend auf das Fachpersonal der Präsidialabteilung des RRH und der Preußischen Oberrechnungskammer zurückgreifen konnte[14].

---

[11] ABl. der Brit. Militärregierung S. 356.

[12] Es wurden errichtet: Zweigstellen in Düsseldorf (am 08.05.1946), in Hannover (am 15.01.1946, am 02.06.1947 nach Hildesheim verlegt), in Schleswig (am 02.05.1947). Die Leitung der Zweigstellen wurde ehemaligen Mitgliedern des RRH übertragen, vgl. *Vogel,* W., 1956, a.a.O., S. 105.

[13] Landesrechnungshof Nordrhein-Westfalen, Denkschrift zur Haushaltsrechnung des Landes Nordrhein-Westfalen für das Rechnungsjahr 1947, Düsseldorf, 6. März 1950, S. 9f.

[14] *Fuchs,* Arthur, Wesen und Wirken der Kontrolle, Tübingen 1966, S. 179.

4. Die Entstehung des Rechnungshofs im Vereinigten Wirtschaftsgebiet in Frankfurt

Als zum 1. Januar 1947 auf Vorschlag der Ministerpräsidenten der Länder in der amerikanischen und britischen Zone das Vereinigte Wirtschaftsgebiet (VWG) gebildet wurde, begann für die Neuordnung der Finanzkontrolle in Westdeutschland eine mehrschichtige Übergangsphase, in der der Zonenrechnungshof aufgelöst, ein eigener Rechnungshof für das VWG gegründet und die Errichtung des Bundesrechnungshofs (BRH) vorbereitet wurde. Der Zonenrechnungshof sah sich in seiner Existenz bedroht, weil die zentralen Verwaltungen der britischen Zone in die Verwaltungen des VWG integriert, der Zonenhaushalt aufgelöst und die Zweigstellen des Zonenrechnungshofs in selbständige Landesrechnungshöfe umgewandelt werden sollten. Seitdem war Präsident Haaser bemüht, die Auflösung des Zonenrechnungshofs solange hinauszuzögern, bis das Fachpersonal in den Rechnungshof des künftigen Bundesstaates überführt werden konnte, dessen Gründung sich bereits abzeichnete.

Die allgemeine Unsicherheit über die weitere staatliche Entwicklung in Westdeutschland und die drohende Zersplitterung des Haushaltsrechts in den einzelnen Ländern veranlaßten Präsident Haaser bereits im Herbst 1946, Kontakte zu seinen Kollegen in den Rechnungshöfen der amerikanischen Besatzungszone aufzunehmen und für ein abgestimmtes Verhalten der Rechnungshöfe beim Aufbau der Finanzkontrolle einzutreten. Auf Vorschlag des Präsidenten des Hessischen Rechnungshofs, Boll, kam es im Herbst 1947 in Klingenberg / Main zu einer ersten Zusammenkunft der Präsidenten der Rechnungshöfe im VWG. An der Tagung, die am 8./9. September 1947 stattfand, nahmen Vertreter des Zonenrechnungshofs, des Bayerischen Obersten Rechnungshofs, des Hessischen Rechnungshofs und des Rechnungshofs für Württemberg-Baden teil. Die Präsidenten der Rechnungshöfe in der französischen Besatzungszone wurden nicht eingeladen, weil nicht überschaubar war, wie die französische Besatzungsmacht die künftige politische Zusammenarbeit mit dem VWG beurteilte und ob sie eine Teilnahme an der Präsidentenkonferenz genehmigen würde.

Die Konferenzteilnehmer beschäftigten sich in Klingenberg mit der Frage, welche weiteren gesetzlichen Grundlagen für die Rechnungsprüfung in den Ländern geschaffen werden müßten, wie die Unabhängigkeit der Rechnungshöfe zu gewährleisten und das Kollegialprinzip wieder herzustellen sei und inwieweit die Rechnungshöfe beratend am Haushaltsaufstellungsverfahren und an Einsparungsvorschlägen mitwirken könnten.

In seinem Grundsatzreferat trat Präsident Haaser dafür ein, die völlige Unabhängigkeit der Rechnungshöfe und seiner Mitglieder gesetzlich zu verankern und zu gewährleisten, daß die Entscheidungen der Rechnungshöfe nach dem Kollegialprinzip getroffen werden. Gleichzeitig plädierte Präsident Haaser dafür, den Rechnungshöfen die bisherigen Zuständigkeiten zu belassen und, soweit dies zweckmäßig erscheine, auf den Kommunalbereich auszudehnen. Schließlich schlug Präsident Haaser die Gründung eines Großen Senats vor, der als oberstes Entscheidungsgremium für alle Rechnungshöfe grundsätzliche Fragen der Finanzkontrolle klären sollte.

Die Tagung in Klingenberg ist als Geburtsstunde der Arbeitsgemeinschaft der obersten Rechnungsprüfungsbehörden (heute: Präsidentenkonferenz der Rechnungshöfe des Bundes und der Länder) anzusehen, die seit der Gründung der Bundesrepublik regelmäßig zusammentritt und die neben der Behandlung von Fachthemen einen regelmäßigen Gedanken- und Erfahrungsaustausch pflegt.

Die Ministerpräsidenten der Länder in den westlichen Besatzungszonen gingen ab 1949 davon aus, daß ein Rechnungshof auf Bundesebene zur Kontrolle des Bundeshaushalts außer Frage stehe. Für die Übergangszeit stellte sich die Frage, von wem die neuentstehenden Verwaltungen im VWG und der Bizonenhaushalt kontrolliert werden sollten. Der Gemeinsame Deutsche Finanzrat vertrat die Auffassung, daß es in der Aufbauphase genüge, wenn die bereits bestehenden Rechnungshöfe in der amerikanischen und britischen Zone die Finanzkontrolle übernehmen. Diese Auffassung setzte das Fortbestehen des Zonenrechnungshofs voraus. Am 3./4. März 1947 vereinbarte der Gemeinsame Deutsche Finanzrat, die Prüfung der bizonalen Einrichtungen für das Rechnungsjahr 1947 dem Zonenrechnungshof in Hamburg und den Landesrechnungshöfen der amerikanischen Zone zu übertragen. Bei Gründung neuer Behörden sollte ein sog. Großer Senat den zuständigen Rechnungshof bestimmen[15]. Dagegen sah bereits das Gesetz über den vorläufigen Aufbau der Wirtschaftsverwaltung des VWG (1. Überleitungsgesetz)[16] vom 9. August 1947 die Errichtung eines eigenen Rechnungshofs für das VWG vor. Das Nähere sollte in einem Gesetz geregelt werden. Im vorläufigen Rechnungsprüfungsgesetz[17] vom 21. November 1947 kam der Wirtschaftsrat allerdings wieder auf die Vereinbarung des Gemeinsamen Deutschen Finanzrats für das Rechnungsjahr 1947 zurück und übertrug die Rechnungsprüfung für das VWG erneut „bis auf weiteres" nochmals dem Zonenrechnungshof und den Landesrechnungshöfen der amerikanischen Zone, deren Tätigkeit ein Großer Senat koordinieren sollte. Der Große Senat, dessen Geschäftsführung dem Zonenrechnungshof zustand, tagte im Jahre 1948 dreimal am Sitz des Wirtschaftsrats in Frankfurt. Der Vorsitz wechselte turnusgemäß zwischen den Präsidenten der beteiligten Rech-

---

[15] *Potthoff,* Heinrich / *Wenzel,* Rüdiger, Handbuch politischer Institutionen und Organisationen: 1945 - 1949, Düsseldorf 1983, S. 204.

[16] WiGBl. 1947, S. 1.

[17] WiGBl. 1948, S. 2.

nungshöfe. Er sollte nach dem Inkrafttreten des Gesetzes über die Errichtung eines Rechnungshofs im VWG von einem Vereinigten Senat abgelöst werden, der jedoch niemals zusammentrat.

Ab 1948 verstärkten sich die Tendenzen zur Gründung eines eigenen RHiVWG, der bereits im 1. Überleitungsgesetz vom 9. August 1947 vorgesehen war. Er sollte das bisherige Provisorium ersetzen, Prüfungen nach einheitlichen Grundsätzen durchführen, über die Ergebnisse in einem Bericht zur Vorbereitung der Entlastungsentscheidung berichten und den Wirtschaftsrat, den Länderrat sowie die übrigen Organe des VWG aufgrund seiner Prüfungserfahrungen gutachtlich beraten. Je intensiver die Bemühungen um die Gründung eines eigenen RHiVWG wurden, um so mehr verstärkte sich der Druck auf den Zonenrechnungshof, die Umwandlung seiner Zweigstellen in Landesrechnungshöfe zu beschleunigen und nach der Übertragung seiner Zuständigkeiten seine Tätigkeit einzustellen.

Auf alliierter Seite trat die britisch-amerikanische Militärregierung in Frankfurt für die beschleunigte Gründung des RHiVWG ein. Gleichzeitig kündigte die britische Kontrollkommission die Auflösung der zentralen Zonenämter und des Zonenrechnungshofs in ihrer Zone zum 30. September 1948 an. Inwieweit auch deutsche Stellen an der Gründung eines eigenen RHiVWG interessiert waren, ist nicht eindeutig klärbar. Immerhin strebte der Leiter des Zentralhaushaltsamts für die britische Zone, Ministerialdirektor Josef Mayer, eine neue Betätigung an, nachdem sich die Auflösung seiner Behörde abzeichnete. Der Gesetzentwurf über die Errichtung eines RHiVWG, den die Verwaltung für Finanzen des VWG Anfang Juli 1948 der britisch-amerikanischen Militärregierung zur Genehmigung vorlegte, stammte aus der Feder von Ministerialrat Fehse, der mit Ministerialdirektor Mayer in Berlin eng zusammengearbeitet hatte und der inzwischen im Zonenrechnungshof tätig war.

Die Länder und die Präsidenten der Landesrechnungshöfe widersetzten sich der Gründung des RHiVWG. Der Länderrat bekräftigte seine Auffassung, daß in einem künftigen Bundesstaat die Bildung eines eigenen Rechnungshofs außer Frage stehe[18]. Er hielt die Gründung eines RHiVWG jedoch im Hinblick auf den Übergangscharakter des VWG für entbehrlich. Die Landesfinanzminister hielten den Rechnungshof schon aus Kostengründen nicht für notwendig. Die Präsidenten der Landesrechnungshöfe befürchteten, daß die Entscheidungen des Rechnungshofs für das Rechnungsprüfungsverfahren der Länder bindend sein könnten. Bayern kündigte sogar einen Gegenentwurf zur Gesetzvorlage an.

Die Militärregierung billigte den Gesetzentwurf am 12. Juli 1948 und trat für eine beschleunigte Beratung ein. Am 21. Juli 1948 fand bereits eine

---

[18] WR-Drucks. 528.

Besprechung über die künftige Unterbringung des Rechnungshofs und seines Personals im Raum Frankfurt statt. Die britisch-amerikanische Militärregierung wies in einer Richtlinie vom 9. August 1948 auf die Eilbedürftigkeit der Vorlage hin und betonte die Notwendigkeit, für das VWG einen eigenen, unparteiischen und unabhängigen Rechnungshof zu errichten. Am 20. August 1948 beschloß der Wirtschaftsrat das Gesetz über die Errichtung eines RHiVWG[19]. Am 30. August 1948 legte der Länderrat überraschend Einspruch gegen die Gesetzesvorlage ein[20]. Die britische Militärregierung ordnete die Auflösung des Zonenrechnungshofs zum 30. September 1948 an, erklärte sich aber gleichzeitig bereit, ab 1. Oktober 1948 eine Abwicklungsstelle des Zonenrechnungshofs zuzulassen. Sie sollte unter der Leitung von Präsident Haaser vorläufig diejenigen Aufgaben fortführen, die bei der Gründung der Bundesrepublik Deutschland auf den BRH übergehen sollten (Besatzungskosten, Steuer- und Zollangelegenheiten, Abwicklung des Reichsvermögens, Reichsbeteiligungen). Am 1. Oktober 1948 beschloß der Wirtschaftsrat eine revidierte Fassung des Gesetzentwurfs über die Errichtung eines RHiVWG[21]. Am 29. Oktober 1948 genehmigte die Militärregierung die Neufassung des Gesetzes, das am 3. November 1948 verkündet wurde[22]. Es sah die Errichtung des RHiVWG als oberste Rechnungsprüfungsbehörde für die Verwaltung des VWG vor. Der Rechnungshof sollte seinen Sitz beim Verwaltungsrat des VWG – also in Frankfurt – haben. Ihm oblag die Überwachung der gesamten Haushalts- und Wirtschaftsführung der Verwaltung des VWG, wobei ausdrücklich klargestellt wurde, daß die Vorschriften der RHO weiter anzuwenden waren. Der Präsident wurde verpflichtet, sich auf Ansuchen gutachtlich zu Fragen zu äußern, die für die Bewirtschaftung von Haushaltsmitteln von Bedeutung sind. Diese Verpflichtung bestand auch gegenüber den Ländern, wenn sie Kostenerstattung leisteten. Das Gesetz sah die Errichtung eines Vereinigten Senats vor, der über Grundsatzfragen der Rechnungsprüfung im Bereich des VWG entscheiden sollte. Dem Vereinigten Senat sollten die Leiter der obersten Rechnungsprüfungsbehörden im VWG und Mitglieder des RHiVWG angehören. Die Vorschrift kam jedoch nicht zur Anwendung.

Die Leitung des neuen Rechnungshofs wurde nicht, wie das zu erwarten gewesen wäre, Präsident Haaser, sondern dem bisherigen Leiter des aufgelösten Zentralhaushaltsamts für die britische Zone, Josef Mayer, übertragen. Diese Entwicklung bahnte sich bereits an, als Mayer am 29. September 1948

---

19 WR-Drucks. 439/495/1948.

20 WR-Drucks. 528.

21 WR-Drucks. 621.

22 WiGBl. 1948, S. 115; vgl. auch Akten zur Vorgeschichte der Bundesrepublik Deutschland 1945 - 1949 Band 4, bearbeitet von *Weisz*, Christoph / *Kreikamp*, Hans-Dieter / *Steger*, Bernd, München 1983, S. 714f.

zum Sparbeauftragten für das VWG[23] ernannt wurde und am 6. Oktober 1948 als Vizepräsident in die Abwicklungsstelle des Zonenrechnungshofs überwechselte.

Mit der Bestellung zum Sparbeauftragten war der Vorsitz in der Prüfungskommission verbunden, die bisher Präsident Haaser geleitet hatte. Die Prüfungskommission hatte alle Verwaltungsabteilungen des VWG auf ihre sachliche Notwendigkeit sowie ihren sachlichen und personellen Umfang hin zu überprüfen[24]. Am 10. November 1948 wurde Josef Mayer mit der kommissarischen Leitung des neuen RHiVWG beauftragt[25].

Präsident Mayer konnte in Frankfurt wegen der dort bestehenden Raumnot zunächst nur eine Geschäftstelle einrichten, während der größte Teil des Personals, das überwiegend aus dem Zonenrechnungshof in Hamburg übernommen wurde, dort verbleiben mußte. Es galt zum RHiVWG abgeordnet, soweit es für bizonale Aufgaben tätig war. Bis zur Übersiedlung nach Frankfurt im Herbst 1949 war das Personal gleichzeitig noch für die Abwicklungsstelle des Zonenrechnungshofs sowie anschließend für den „Rechnungshof für Sonderaufgaben“ tätig, die von Präsident Haaser geleitet wurden. Der „Rechnungshof für Sonderaufgaben“ trat ab 30. Mai 1949 an die Stelle der Abwicklungsstelle des Zonenrechnungshofs.

Im RHiVWG wurden drei Rechnungsprüfungsabteilungen mit 15 Prüfungsgebieten gebildet[26], von denen ein Prüfungsgebiet als Außenstelle in Berlin tätig wurde. Außerdem verfügte der Rechnungshof über eine Verwaltungabteilung und eine Gutachtenabteilung mit drei Referaten. Zu den ersten umfassenden Untersuchungen, die den Einsatz eines großen Prüferstabes erforderten, gehörte die Überprüfung des Aufgabenkreises und der Organisation der Verwaltung für Wirtschaft im VWG. Die Untersuchung, die auf Anregung der Verwaltung für Finanzen des VWG durchgeführt wurde, übernahm formell die Prüfungskommission; die eigentliche Prüfung wurde jedoch von Beauftragten des Rechnungshofs durchgeführt. Im Sommer 1948 bat der Haushaltsausschuß des Wirtschaftsrats die Prüfungskommission, neben der Verwaltung für Wirtschaft auch die übrigen bizonalen Verwaltungen zu überprüfen. Im Sommer 1949 ersuchte die Landesregierung Schleswig-Holstein den RHiVWG um eine umfassende Organisationsprüfung der Landesregierung und der Landesverwaltung. Das Gesamtgutachten stellte der Präsident der BRH im Dezember 1950 fertig. Der RHiVWG trat auch auf Ersuchen der britisch-amerikanischen Militärregie-

[23] BA Z 13/87 Band 13, Z 13/295.

[24] *Vogel,* W., 1956, a.a.O., S. 108.

[25] Ebenda, S. 107.

[26] *Potthoff,* Heinrich / *Wenzel,* Rüdiger, 1983, a.a.O., S. 204.

rung und der Verwaltung des VWG durch zahlreiche Gutachten über Berliner Einrichtungen in Erscheinung[27].

1949 siedelte das restliche, in Hamburg verbliebene Personal nach Frankfurt über, wo inzwischen weitere Dienstgebäude für den Rechnungshof hergerichtet waren. Der Aufbau des RHiVWG kam nicht mehr zum Abschluß. Das Interregnum des VWG wurde durch das Grundgesetz und die Schaffung der Bundesrepublik Deutschland eingeholt. Formell bestand der RHiVWG bis zum 1. April 1950, faktisch jedoch bis zur Verabschiedung des Bundesrechnungshofgesetzes, obwohl die amerikanisch-britische Militärregierung ihn zu jenem Zeitpunkt aufgelöst hatte[28]. Die Aufgaben des BRH wurden ihm vorläufig durch das Gesetz über die Ausführung des Bundeshaushaltsplans für das Rechnungsjahr 1949 sowie über die Haushaltsführung und über die vorläufige Rechnungsprüfung im Bereich der Bundesverwaltung vom 7. Juni 1950 übertragen. Das Gesetz trat rückwirkend zum 21. September 1949 in Kraft[29]. Seitdem führte der RHiVWG den Zusatz „in Wahrnehmung der Aufgaben des Bundesrechnungshofes".

5. Die Neuordnung der Finanzkontrolle in der Finanzverfassung der Bundesrepublik Deutschland

Die Grundlage für die Gründung eines eigenen Rechnungshofs für die Bundesrepublik Deutschland wurde im Verfassungskonvent vorbereitet, der vom 10. bis 23. August 1948 auf der Insel Herrenchiemsee tagte. Die Militärgouverneure hatten in ihren Richtlinien für den Konvent der Schaffung angemessener Zentralinstanzen zugestimmt. Bei den Beratungen der Sachverständigen, die die Ministerpräsidenten der Länder nominiert hatten, stand die Errichtung eines eigenen Rechnungshofs im künftigen Bundesstaat außer Zweifel.

Der Unterausschuß II, der den Entwurf der Finanzverfassung erarbeitete, schlug in Punkt IV seines Vorschlags A ausdrücklich die Errichtung eines Bundesrechnungshofs vor[30]. Der Konvent sah in Artikel 125 des Entwurfs für ein Grundgesetz (GG) vor, die Rechnungsprüfung im Rahmen des Entlastungsverfahrens einem mit richterlicher Unabhängigkeit ausgestatteten Rechnungshof zu übertragen. Das Nähere sollte durch Gesetz geregelt wer-

---

[27] Denkschrift des Präsidenten des BRH für die Rechnungsjahre 1947 bis 1949, BT-Drucksache 3341, 1. Wahlperiode 1949, S. 25.

[28] Gesetz Nr. 25 der Amerikanischen Militärregierung vom 01.09.1949, ABl. der Amerikanischen Militärregierung vom 21.09.1949, S. 17; VO Nr. 201 der Britischen Militärregierung vom 01.09.1949.

[29] BGBl. 1950, S. 199.

[30] BA Z 12/16a, S. 247f.

den[31]. Adenauer leitete als Präsident des Parlamentarischen Rates den Verfassungsentwurf auch dem Zonenrechnungshof in Hamburg zur Stellungnahme zu. Präsident Haaser äußerte sich vor allem zum Abschnitt „Das Finanzwesen" und schlug zu Art. 125 Abs. 2 GG folgende Fassung vor:

„Der Rechnungshof überwacht die Haushalts- und Wirtschaftsführung. Er ist dem Bundestag unmittelbar verantwortlich. Seine Mitglieder besitzen richterliche Unabhängigkeit. Das Nähere regelt ein Gesetz[32]."

Die Vorschläge des Zonenrechnungshofs leitete Adenauer am 25. November 1948 den zuständigen Ausschüssen des Parlamentarischen Rates zu. Der Ausschuß für Finanzfragen beschränkte sich zunächst auf den Hinweis, in Niedersachsen habe man sich auf den Standpunkt gestellt, daß die Stellung des Rechnungshofs und seiner Mitglieder nicht in der Verfassung, sondern in der Haushaltsordnung zu regeln sei. Der Allgemeine Redaktionsausschuß schloß sich der Auffassung von Präsident Haaser an, die richterliche Unabhängigkeit stehe nicht dem BRH als Institution, sondern dessen Mitgliedern zu. Die weiteren Beratungen im Allgemeinen Redaktionsausschuß, im Hauptausschuß und im interfraktionellen Fünferausschuß führten schließlich zur Fassung des Art. 114 Abs. 2 GG, die am 5. Mai 1949 vom Parlamentarischen Rat beschlossen wurde und nach der Genehmigung der Alliierten am 24. Mai 1949 in Kraft trat.

6. Die Entstehung des Bundesrechnungshofs in Frankfurt

Die Verkündung des GG führte nicht automatisch zur Auflösung des RHiVWG in Frankfurt. Am Tag des Zusammentritts des Deutschen Bundestages wurden lediglich diejenigen Bizoneneinrichtungen aufgelöst, die Gesetzgebungskompetenzen ausübten (Art. 122 Abs. 2 GG). Die Aufgaben der übrigen Einrichtungen wurden schrittweise auf die neu entstehenden Bundeseinrichtungen übergeleitet. Der von den Ministerpräsidenten der Länder eingesetzte Organisationsausschuß, der Vorschläge zum inneren Aufbau der Bundesrepublik erarbeiten sollte, ging bei seinen Beratungen, an denen sich auch der RHiVWG und der Präsident des Rechnungshofs des Landes Rheinland-Pfalz, Heinz M. Oeftering, beteiligten, davon aus, daß der BRH als oberste Bundesbehörde mit einer Sollstärke von 200 Bediensteten und einer eigenen Gutachtenabteilung errichtet werde und daß der Rechnungshof für Sonderaufgaben, der die Aufgaben des Zonenrechnungshofs abwickelte, aufzulösen sei. Dieser Anregung kam die Bundesregierung durch die Verordnung vom 9. Juni 1950 nach, die den Rechnungshof für Sonderaufgaben zum 31. März 1950 auflöste und den RHiVWG zum Rechtsnachfolger bestimmte.

---

31 *Pfuhlstein,* F. v., 1964, a.a.O., S. 102f.
32 Ebenda.

Bis zur Errichtung des BRH, dessen Aufgaben in einem besonderen Gesetz festgelegt werden sollten, nahm der RHiVWG vorläufig dessen Interessen wahr. Er benannte im Herbst 1949 der Bundesregierung einen Verbindungsbeamten, der im Bundeskanzleramt in Bonn residierte. Sein Büro wurde im Jahre 1950 in eine Nebenstelle des BRH umgewandelt.

Als künftiger Sitz des BRH war Münster im Gespräch[33]. Die Bundesregierung sprach sich jedoch bereits am 14. Oktober 1949 für den Verbleib des Rechnungshofs in Frankfurt aus[34], der bis zur Errichtung eines neuen Dienstgebäudes im Jahre 1953 auf fünf verschiedene Gebäude im Raum Frankfurt verteilt war[35]. Nicht belegbar ist die Vermutung, daß die Wahl auf Frankfurt deshalb gefallen sei, weil der Stadt durch die Ansiedlung des BRH ein gewisser Ausgleich dafür gewährt werden sollte, daß sie im Jahre 1949 im Rahmen der sog. „bizonalen Bauaktion" erhebliche Lasten für die Unterbringung der Bundesorgane in der Erwartung getragen hatte, Sitz der Bundesregierung zu werden[36]. Wahrscheinlicher ist die Erwägung, daß der RHiVWG bereits in Frankfurt ansässig war, dessen Personal vom BRH übernommen werden sollte.

Die Vorarbeiten zu einem Gesetzentwurf über Errichtung und Aufgaben des Bundesrechnungshofs (BRHG) gingen nur schleppend voran. Der RHiVWG drängte bei dem im Aufbau befindlichen Bundesfinanzministerium auf die Beschleunigung der Vorarbeiten. Am 5. Dezember 1949 legte er einen eigenen Entwurf eines BRH-Gesetzes vor, der sich inhaltlich eng an das bisherige Gesetz über die Errichtung eines RHiVWG anlehnte. Die Bundesregierung legte den Gesetzentwurf am 28. April 1950 den Gesetzgebungskörperschaften vor. Der Bundesrat befaßte sich am 12. Mai 1950 vor allem mit der vorgesehenen Zusammenarbeit zwischen dem BRH und den Rechnungsprüfungsbehörden der Länder. Er meldete Vorbehalte gegen das Präsidialsystem der RHO an, wonach der Präsident das letzte Wort habe, während die Landesrechnungshöfe das Kollegialprinzip praktizierten. Er stellte seine Bedenken jedoch zurück, nachdem der Bundesfinanzminister auf den vorübergehenden Charakter der Regelung hingewiesen und eine Neuregelung in der künftigen Bundeshaushaltsordnung in Aussicht gestellte hatte

Bei den ersten Beratungen des Gesetzentwurfs im Bundestag am 26. Juli 1950 begründete Bundesfinanzminister Schäffer die Vorlage mit dem Hin-

---

33 Niederschrift über die 73. Sitzung des Deutschen Bundestages am 12.07.1950, S. 2661.

34 Ebenda.

35 *Mayer,* Josef, Ansprache anläßlich der Einweihung des neuen Bundesrechnungshof-Gebäudes am 19. 11. 1953, in: DÖH Heft 1/1954, S. 11.

36 *Bausch,* Heinrich / *Bayersdorf,* Heinz / *Duschek,* Günter, Das Kassen- und Rechnungswesen in staatlichen Verwaltungen und Betrieben, 4. Aufl., Bad Homburg 1983, S. 312.

weis, die Bestimmungen der RHO seien lediglich an die föderative Struktur des Bundes angepaßt worden[37]. Soweit die Länder Bundesmittel oder Bundesvermögen verwalteten, prüfe der BRH gemeinsam mit den Landesrechnungshöfen. Die Zusammenarbeit der Rechnungshöfe des Bundes und der Länder sei in grundsätzlichen Fragen der Rechnungsprüfung durch den Vereinigten Senat gewährleistet, der sich aus Vertretern der beteiligten Rechnungshöfe zusammensetze. Der BRH solle insbesondere beim Aufbau der Bundesverwaltung Gelegenheit erhalten, sich gutachtlich zu äußern und Vorschläge sowie Anregungen zur Vereinfachung der Verwaltung aufgrund von Prüfungserfahrungen zu vermitteln. Der Entwurf wurde ohne Aussprache dem Ausschuß für Finanz- und Steuerfragen überwiesen.

Das BRH-Gesetz kam am 27. November 1950 als Ausführungsgesetz zur Art. 114 Abs. 2 GG zustande. Es trat rückwirkend zum 1. April 1950 in Kraft[38]. Das Gesetz erklärte den BRH und dessen Präsidenten zu Rechtsnachfolgern des früheren RRH, des RHiVWG, des Zonenrechnungshofs sowie deren Präsidenten.

Der BRH wurde als oberste Rechnungsprüfungsbehörde für die Bundesorgane und Bundesverwaltungen errichtet. Ihm oblag die Überwachung der gesamten Haushalts- und Wirtschaftsführung des Bundes. Seine Zuständigkeit erstreckte sich auch auf Stellen außerhalb der Bundesverwaltung, die Teile des Bundeshaushaltsplans ausführen oder zur Erfüllung bestimmter Zwecke Bundesmittel (Zuwendungen) erhalten haben oder Vermögen bzw. Mittel des Bundes treuhänderisch verwalten. Sein Prüfungsrecht erstreckte sich auch auf die Prüfung der Sondervermögen (insbesondere Bundesbahn und Bundespost) sowie die Träger der Sozialversicherung, wenn sie aus dem Bundeshaushalt Zuschüsse erhalten, sowie die Arbeitslosenversicherung und Arbeitslosenfürsorge. Das BRH-Gesetz ermächtigte auch zur Durchführung gemeinsamer Prüfungen mit den Landesrechnungshöfen, soweit Interessen der Länder und/oder Gemeinden berührt werden.

Außerhalb der Rechnungsprüfung wirkte der BRH bereits im Gründungsstadium als Berater bei der Neuordnung des staatlichen Rechnungswesens, beim Erlaß von Durchführungsbestimmungen zur RHO sowie bei der Fortentwicklung und Anpassung des Haushaltsrechts mit.

Die organisatorische Gliederung des BRH entsprach derjenigen des RHiVWG. Außer den Rechnungsprüfungsabteilungen wurde eine Präsidialabteilung sowie eine Gutachtenabteilung eingerichtet. Die Rechnungsprüfungsabteilungen bestanden aus einer Mehrzahl von Prüfungsgebieten, die von Ministerialräten geleitet wurden. Zum Präsidenten wurde Josef Mayer

---

37 Niederschrift über die 79. Sitzung des Deutschen Bundestages am 26.07.1950, S. 2865.

38 BGBl. 1950, S. 765.

ernannt, der weitgehend das Personal des RHiVWG übernahm, gleichzeitig aber dafür sorgte, daß Führungspositionen in seiner näheren Umgebung vorzugsweise mit Beamten besetzt wurden, die er aus seiner Berliner Zeit kannte. Auf diese Weise wurden mehrere leitende Beamte aus den früheren Reichsministerien in den BRH übernommen. Zu ihnen gehörte auch der spätere Vizepräsident Curt Bretschneider, der aus der Haushaltsabteilung des Reichsfinanzministeriums kam. Auch Präsident Haaser wurde nach der Auflösung des Rechnungshofs für Sonderaufgaben, die die Bundesregierung zum 31. März 1950 verfügte, in den BRH übernommen und 1951 zum Direktor ernannt. Er trat 1955 in den Ruhestand[39].

Das neue Dienstgebäude des BRH konnte erst am 19. November 1953 in Frankfurt eingeweiht werden. Dabei erinnerte Präsident Mayer an die „große Tradition einer peinlich genauen, unbestechlichen und ohne Ansehen der Person ausgeübten Kontrolle der öffentlichen Finanzen“, die von der Preußischen Oberrechnungskammer über fast 250 Jahre hinweg gewahrt worden war. Er beschwor diesen „Geist von Potsdam“, von dem sich der BRH in der Zeit des Wiederaufbaus nach dem Zusammenbruch leiten lassen müsse, wenn er seiner Aufgabe gerecht werden wolle[40]. Die Anknüpfung an die preußische Tradition der Rechnungsprüfung kommt im Dienstgebäude des BRH bereits in seiner Eingangshalle zum Ausdruck, wo sich ein Sgraffitorelief mit dem Titel „Erinnerung an Potsdam“ befindet. Im früheren Sitzungssaal des Großen Senats befindet sich eine Portraitgalerie aller bisherigen Präsidenten der Preußischen Oberrechnungskammer, des RRH und des BRH. Ein Wandteppich erinnert an den Ausspruch von Friedrich II, der sich im Jahre 1784 zur Notwendigkeit der Rechnungsprüfung so geäußert hat: „Man wird sagen, die Rechnungen langweilen mich. Ich erwidere: Das Wohl des Staates erfordert, daß ich sie nachsehe, und in diesem Falle darf mich keine Mühe verdrießen“.

7. Der Präsident des BRH als Bundesbeauftragter für Wirtschaftlichkeit in der Verwaltung (BWV)

Mit der Gründung des BRH stellte sich die Frage, ob die Bundesrepublik an die Tradition der Weimarer Zeit anknüpfen und einen Sparkommissar berufen sollte. In der Weimarer Republik übte dieses Amt der Präsident des RRH, Saemisch, aus[41], bis seine Aufgaben durch die zweite Novelle der RHO[42] vom 13. Dezember 1933 auf den RRH übertragen wurden, der eine eigene Gutachtenabteilung einrichtete.

---

[39] *Pfuhlstein,* F. v., 1964, a.a.O., S. 114.

[40] *Mayer,* Josef, 1954, a.a.O., S. 12.

[41] *Pfuhlstein,* F. v., 1964, a.a.O., S. 75.

[42] § 125 i.V.m. Art. III der 2. Novelle der RHO, RGBl. 1933 II, S. 1007ff.

Am 13. Oktober 1950 beantragte die Zentrumsfraktion des Deutschen Bundestages zur Überprüfung der öffentlichen Finanzen die Einsetzung eines Sparkommissars[43]. Der Bundestag überwies den Antrag am 27. Oktober 1950 dem Haushaltsausschuß zur weiteren Beratung. Die Erörterungen zogen sich innerhalb der Bundesregierung und im Bundestag bis zum Jahre 1952 hin. Schließlich bestellte die Bundesregierung den Präsidenten des BRH, Josef Mayer, zum Beauftragten für Wirtschaftlichkeit in der Verwaltung[44]. Seitdem wird – wie in der Weimarer Republik – der jeweilige Präsident des BRH ad personam zum BWV bestellt. Seine Aufgaben und Befugnisse sind in Richtlinien der Bundesregierung festgelegt[45].

8. Zusammenfassung

Die Neuorganisation der Finanzkontrolle war nach dem Ende des Zweiten Weltkrieges von großer Unsicherheit über die weitere staatliche Entwicklung in Deutschland geprägt. Nachdem feststand, daß die Sowjets eine Reorganisation des RRH in Potsdam nicht zuließen und eine zentrale Kontrollinstanz nur als integrierter Bestandteil der deutschen Finanzverwaltung in der SBZ in Betracht kam, begab sich ein großer Teil des früheren Potsdamer Personals nach Westdeutschland, wo auf der Grundlage der RHO und unter dem Einfluß der Alliierten ausnahmslos unabhängige externe Kontrolleinrichtungen entstanden. Während in der amerikanischen und französischen Besatzungszone Rechnungshöfe auf Landesebene zugelassen wurden, gelang es der früheren Außenabteilung des RRH in Hamburg, sich als Rechnungshof auf Zonenebene zu etablieren, der länderübergreifende Prüfungsaufgaben innerhalb der gesamten britischen Besatzungszone wahrzunehmen hatte. Dort fanden die meisten der aus Potsdam kommenden Prüfungsbeamten eine Wiederverwendung. Nach der Gründung des Vereinigten Wirtschaftsgebiets verlagerte sich der Schwerpunkt der zentralen Prüfungsaufgaben von Hamburg nach Frankfurt, wo nach einer Übergangsphase ein Rechnungshof für die Verwaltungen des VWG errichtet wurde. Präsident Haaser verstand es als Leiter des Zonenrechnungshofs, das Fachpersonal fast geschlossen auf den neuen Rechnungshof überzuleiten, an dessen Spitze Präsident Mayer trat.

---

43 Denkschrift des Präsidenten des BRH für 1949 und 1950, BT-Drucksache 396, 2. Wahlperiode 1954, S. 58.

44 *Pfuhlstein,* Friedrich von, Über die Institution des Bundesbeauftragten für Wirtschaftlichkeit in der Verwaltung, in: Schiffer, Eckart / Karehnke, Helmut (Hrsg.), Verfassung, Verwaltung, Finanzkontrolle. Festschrift für Hans Schäfer zum 65. Geburtstag, Köln 1975, S. 387.

45 Die Richtlinien wurden zuletzt am 28.08. 1986 neu gefaßt (*Heuer / Dommach,* Handbuch der Finanzkontrolle, Kommentar zum Bundeshaushaltsrecht, Frankfurt/Main 1986, Abschnitt VI 3, S. 2).

Während der Beratungen des Verfassungskonvents, der im Jahre 1948 auf Herrenchiemsee tagte, und in den Erörterungen des Parlamentarischen Rats waren sich alle Beteiligten einig, daß der künftige Bundesstaat über einen eigenen Rechnungshof verfügen sollte, dem die Kontrolle der Bundesfinanzen obliegt. Mit der Verkündung des Grundgesetzes waren die rechtlichen Voraussetzungen für die Gründung des Bundesrechnungshofs geschaffen, dessen Existenz in Art. 114 Abs. 2 GG garantiert wurde. Bis zum Inkrafttreten des BRH-Gesetzes nahm der RHiVWG die Aufgaben und Interessen des BRH wahr. Mit der Errichtung des BRH fand der förderalistische Aufbau der staatlichen Finanzkontrolle in Westdeutschland seinen Abschluß. Der BRH konnte im wesentlichen auf das Fachpersonal zurückgreifen, das ab 1946 von Potsdam nach Hamburg übergesiedelt war, wo es während der Übergangsphase im Zonenrechnungshof und anschließend im RHiVWG maßgeblich am Aufbau einer unabhängigen und externen Finanzkontrolle beteiligt war.

Rechnungshöfe nach 1945 II

Die Entwicklung des Finanzkontrollwesens in der amerikanischen und französischen Zone

Von Gerhard Otto / Rainer Weinert

Der Beitrag von Hermann A. Dommach über die Vorgeschichte des Bundesrechnungshofes umreißt den Entwicklungsprozeß des Rechnungshofs des Deutschen Reichs, britische Zone, der, wie Friedrich von Pfuhlstein anmerkt, als „Keimzelle" des Bundesrechnungshofs anzusehen ist. Der folgende Beitrag thematisiert den Institutionalisierungsprozeß der Rechnungshöfe in der amerikanischen und französischen Zone. Hierbei liegt der Schwerpunkt auf den ersten beiden Nachkriegsjahren, die bislang nicht Gegenstand zeitgeschichtlicher Analysen waren. Dies trifft insbesondere auf die französische Zone zu, die in der Literatur weitgehend als „terra incognita"[1] gilt, weshalb einige wichtige Aspekte der Besatzungspolitik Frankreichs näher beleuchtet werden. Dies wird für die Bereiche der britischen und amerikanischen Besatzungspolitik für entbehrlich gehalten, da diese hinsichtlich der Quellenlage wie problemspezifisch besser aufgearbeitet sind[2].

1. Die Entwicklung der Finanzkontrolle in der amerikanischen Zone am Beispiel Bayerns

Bei der Institutionalisierung des bayerischen Rechnungshofs spielten zwei Faktoren eine entscheidende Rolle: die föderative Deutschlandpolitik der amerikanischen Besatzungsmacht und die intakt gebliebene Infrastruktur der ehemaligen Außenabteilung des Reichsrechnungshofs in München.

---

1 *Henke,* Klaus-Dietmar, Aspekte französischer Besatzungspolitik nach dem Zweiten Weltkrieg, in: Miscellanea, Festschrift für Helmut Krausnick zum 75. Geburtstag, Hrsg. Wolfgang Benz, Stuttgart 1980, S. 169–191.

2 Zur amerikanischen Besatzungspolitik sei in dem hier interessierenden Zusammenhang beispielhaft verwiesen auf *Litchfield,* Edward H. et al., Governing Postwar Germany, Ithaca, N. Y. 1953; *Zink,* Harold, The United States in Germany 1944–1955, Princeton, New Jersey 1957; *Gimbel,* John, Amerikanische Besatzungspolitik in Deutschland 1945–1949, Frankfurt a. M. 1971; *Latour,* Conrad F. / *Vogelsang,* Thilo, Okkupation und Wiederaufbau. Die Tätigkeit der Militärregierung in der amerikanischen Besatzungszone Deutschlands 1944–1947, Stuttgart 1973.

1.1. Der Institutionalisierungsprozeß des Rechnungshofs in Bayern

Die Münchener Dependance des Reichsrechnungshofs war die erste Finanzkontrollbehörde, die nach dem Zusammenbruch ihre Tätigkeit aufnahm, wobei sich der Übergang „nahtlos" vollzog:

> „München wurde am 30.4.1945 von amerikanischen Truppen besetzt. Abgesehen von der Zeit vom 30.4. bis zum 12.5.1945, während der das Dienstgebäude der Außenabteilung des RH von einer Militärwache besetzt und den Behördenangehörigen der Zutritt verwehrt war, hat die AAbt. (Außenabteilung, d. Verf.) München nicht aufgehört zu arbeiten. Von der Finanzabteilung der Militärregierung wurde ich am 16. Mai 1945 in der Leitung der Abteilung bestätigt und mit dem Wiederaufbau und der Fortführung der Prüfungsgeschäfte beauftragt[3]."

Das schrieb der Ministerialrat Fritz Cammerer im November 1945, er leitete nach dem Ausscheiden des Direktors Ludwig Thurn im Oktober 1944 als dienstältestes RH-Mitglied die Außenabteilung kommissarisch[4]. Nach seiner Darstellung trat der bayerische Rechnungshof die Rechtsnachfolge des Reichsrechnungshofs „nach Maßgabe der Reichshaushaltsordnung im nunmehrigen Zuständigkeitsbereich der bayer. Staatsregierung (an), gleichviel, ob diese Aufgaben vorher von dem RH in Potsdam oder von seiner AAbt. in München wahrgenommen worden sind"[5].

Die örtliche Zuständigkeit des neuen Rechnungshofs in Bayern umfaßte das rechtsrheinische Bayern (ohne den Kreis Lindau am Bodensee), das sachliche Zuständigkeitsgebiet „die bisherigen Landesaufgaben und die von den bayer. Ministerien, einschließlich des neu errichteten Justizministeriums, übernommenen früheren Reichsaufgaben"; strittig war Ende 1945 nur noch das Prüfungsrecht des Rechnungshofs bei der Reichspost[6]. Damit beanspruchte der Rechnungshof die gleichen Prüfungskompetenzen wie der ehemalige Reichsrechnungshof im Zuständigkeitsbereich der bayerischen Staatsregierung, die 1945 auf folgenden Rechtsgrundlagen basierten:

- dem Auftrag der Militärregierung für Bayern, die Prüfungsbehörde wieder aufzubauen und die Prüfungsgeschäfte fortzuführen,
- der Verfügung des Bayerischen Ministerpräsidenten und Finanzministers vom 18. Juni 1945,

---

[3] Schreiben des Präsidenten des Rechnungshofs in Bayern, Fritz Cammerer, vom 7. Nov. 1945 an den Rechnungshof in Potsdam, ZIK 8.2.5./07111945.

[4] Vgl. Liste der Beamten des Reichsrechnungshofs und der Preußischen Oberrechnungskammer, Stand: 1940 (handschriftl. fortgeführt bis 1944), S. 4, ZIK 2.4./1940. Der letzte Geschäftsverteilungsplan für die Außenabteilung München ist von Cammerer unterzeichnet, ZIK 2.4./21031945.

[5] Schreiben Cammerers an den Rechnungshof in Potsdam vom 7. Nov. 1945, ZIK 8.2.5./07111945.

[6] Ebenda.

– dem Artikel II der Proklamation Nr. 2 der Militärregierung Deutschland, Amerikanische Zone, vom 19. September 1945, der bestimmte, daß die Reichshaushaltsordnung vorläufig wieder anzuwenden sei[7].

Cammerer berichtete, daß der Rechnungshof in die bayerische Behördenorganisation „eingegliedert wurde, er meinte wohl im Sinne einer Reintegration des Rechnungshofs als unabhängige, nur dem Gesetz unterworfene Institution. Obwohl diese Konstruktion rechtlich einen Bruch dieser ehemals der Potsdamer Zentrale faktisch nachgeordneten Außenabteilung darstellte, sicherte sie jedoch gleichzeitig die Gültigkeit des Reichsrechts[8] in der Finanzkontrolle, insbesondere der Reichshaushaltsordnung im Land Bayern, für das der Rechnungshof die alleinige Prüfungszuständigkeit beanspruchte. Aus diesem Kompetenzwechsel geht hervor, daß einerseits von einer Kontinuität des Deutschen Reiches nicht ausgegangen wurde, es andererseits aber doch ‚irgendwie' fortbestehe: So sandte z. B. Cammerer im November 1945 dem Rumpf-Rechnungshof in Potsdam eine Liste von Beamten, die früher in Potsdam oder in einer der Außenabteilungen des Reichsrechnungshofes tätig waren und sich nun in München gemeldet hatten, von denen er einigen „zur Steuerung ihrer Notlage" Vorschüsse auf die Besoldungsbezüge gewährte, mit der Auflage, daß diese Vorschüsse „zu gegebener Zeit (sic!) von der Kasse des RH in Potsdam der B. (Bayerischen) Landeshauptkasse zu erstatten sein (werden)"[9].

Cammerer unternahm alles, um – eingedenk der mit der sog. 4. Novelle zur RHO vom 17. Juni 1936 erzwungenen Auflösung der Prüfungsorgane der Länder – frühzeitig die notwendigen Fakten zu schaffen, die eine erneute Unterordnung unter eine sich eventuell wieder etablierende Zentrale in Potsdam ausschlossen. Seine diesbezüglichen Bestrebungen erfolgten zwar unabhängig von der Besatzungspolitik der amerikanischen Siegermacht, konnten sich aber auf deren föderalistische Ziele beim Aufbau eines deutschen Staatswesens stützen.

In Bayern verlief die Entwicklung in diesem Sinne zunächst sehr zufriedenstellend. Unklarheit herrschte jedoch über die Institutionalisierungsprozesse der Finanzkontrollbehörden in den anderen Zonen. Um sich hierüber ein klares Bild zu verschaffen, entfaltete Cammerer ab Oktober 1945 eine

---

[7] Bayerischer Oberster Rechnungshof (ORH), Bericht über die Durchführung der Rechnungsprüfung für die Rechnungsjahre 1943 und 1944, München 1948, S. 3, ZIK 8.2.1./11101948.

[8] Cammerer betonte, daß der „Rechnungshof in Bayern" seine Stellung nach § 118 RHO „beibehalten" habe, Schreiben Cammerers vom 17. Jan. 1946 an den Staatsminister der Finanzen für Baden-Württemberg, ZIK 8.2.5./17011946. § 118 RHO bestimmte, daß der Reichsrechnungshof eine der Reichsregierung gegenüber selbständige, nur dem Gesetz unterworfene oberste Reichsbehörde ist, vgl. *Schulze*, Rudolf / *Wagner*, Ernst, Reichshaushaltsordnung, Berlin 1924, S. 274 ff.

[9] Schreiben Cammerers an den RH Potsdam vom 7. Nov. 1945, ZIK 8.2.5./07111945.

rege Korrespondenz, in der der jeweilige Stand der Verhandlungen mit den Besatzungsmächten, Probleme der Personalrekrutierung, der Entnazifizierung von Rechnungshof-Personal sowie sich abzeichnende Entwicklungen der rechtlichen und organisatorischen Stellung neu zu bildender Rechnungshöfe ausgetauscht wurden.

Die zentrale Befürchtung des bayerischen Rechnungshof-Präsidenten blieb bis Anfang 1946 eine Wieder-Errichtung eines Rechnungshofs als deutsche Zentralbehörde, was im Rahmen der Potsdamer Beschlüsse durchaus möglich gewesen wäre. Im Januar 1946 schrieb er, daß

> „Potsdam (anscheinend) seine Zuständigkeit nicht nur auf die ganze sowjetische Zone (erstrecken will), sondern auf ganz Deutschland . . . In Süddeutschland ist der föderalistische Gedanke vorherrschend. Da wir in Bayern ein eigenes Parlament bekommen sollen, besteht hier die Auffassung, daß auch die oberste Rechnungsprüfungsbehörde selbständig aufzubauen ist. Vorläufig hat (ja) Potsdam (anscheinend) noch nicht viel erreicht. Ich möchte dies wenigstens der letzten Adresse ‚Deutsche Zentralfinanzverwaltung in der sowjetischen Besatzungszone – Rechnungshof' (Potsdam) entnehmen"[10].

Zudem regte sich auch in anderen Ländern Widerstand gegen die Beibehaltung des überkommenen Konzeptes einer zentral organisierten Rechnungsprüfung. So schrieb z. B. Wilhelm Nehmeyer, der Anfang 1946 am Aufbau des Rechnungshofs in Hessen mitwirkte und Ministerialrat im Reichsrechnungshof gewesen war, im Februar 1946 an Cammerer:

> „Wenn Potsdam anstrebt, wieder Rechnungshof für ganz Deutschland zu werden, unter dem die anderen Rechnungshöfe und Rechnungskammern etwas Ähnliches wie Außenabteilungen sind, so hat es sicher damit kein Glück. Einmal ist Fischer[11] nicht der Mann des dann nötigen Formats, dann werden das zum wenigsten die Franzosen nicht mitmachen und schließlich werden solche Bestrebungen auf den härtesten Widerstand bei Haaser[12] und Oeftering[13] stoßen[14]."

---

[10] Schreiben Cammerers vom 23. Jan. 1946 an den Präsidenten des LRH Sachsen, mit handschriftlichen Einfügungen Cammerers, ZIK 8.2.5./23011946.

[11] Rudolf Fischer war Ministerialrat im Reichsrechnungshof, vgl. Liste der Beamten des Rechnungshofs des Deutschen Reichs und der Preuß. ORK, Stand 10. Nov. 1940, Berlin 1940, S. 8. Nach der Einsetzung der Zentralregierung für die sowjetische Besatzungszone und der Bildung einer zentralen Finanzverwaltung wurde der Rechnungshof in Potsdam als „Zelle" der Finanzverwaltung einverleibt; als Leiter wurde Fischer bestimmt, vgl. Reisevermerk von Leo Krokisius vom LRH Sachsen nach Potsdam im Oktober 1945, ZIK 6.1.5./17121945.

[12] Franz Haaser, Direktor im Reichsrechnungshof, Leiter der Außenabteilung Hamburg, vgl. Liste der Beamten des Rechnungshofs des Deutschen Reichs und der Preuß. ORK, Berlin 1940, S. 4. Zu Haaser vgl. auch den zweiten Beitrag von *Hermann Dommach* in diesem Band.

[13] Heinz Maria Oeftering, Oberregierungsrat im Reichsfinanzministerium, vgl. *Pfuhlstein,* Friedrich v., Der Weg der Preußischen Generalrechenkammer zum Bundesrechnungshof, in: Bundesrechnungshof (Hrsg.), 250 Jahre Rechnungsprüfung, Wiesbaden 1964, S. 114. Zur Rolle Oefterings beim Aufbau der Finanzkontrollbehörden in der französischen Besatzungszone vgl. die Ausführungen in Abschnitt 2 dieses Beitrages.

[14] Schreiben Nehmeyers vom 14. Febr. 1946 an Cammerer, ZIK 8.2.5./14021946.

War die erste Phase der Arbeit des bayerischen Rechnungshofs, die als Aufbauphase bezeichnet werden kann, durch die Abwehr einer deutschen ‚Zentralbehörde für Finanzkontrolle', die sich aufgrund der diesbezüglichen französischen Obstruktionspolitik ohnehin nicht hätte realisieren lassen, geprägt, so war die zweite Phase, die der Konsolidierung des Rechnungshofs, durch Auseinandersetzungen zwischen der Prüfungsbehörde und dem Finanzministerium gekennzeichnet, die praktisch erst durch das Gesetz über die staatliche Rechnungs-, Verwaltungs- und Wirtschaftsprüfung – Rechnungshofgesetz (RHG) vom 6. Oktober 1951[15] beendet wurden.

Im Mai 1946 schlug Cammerer dem Bayerischen Ministerpräsidenten, Wilhelm Hoegner, vor, dem Rechnungshof wieder seine frühere Bezeichnung „Bayerischer Oberster Rechungshof" (ORH) zu geben. Als Begründung führte er an, daß der Reichsfinanzhof nunmehr die Bezeichnung „Oberster Finanzgerichtshof" trage, außerdem berief er sich auf die Militärregierung, die „Rechnungshof in Bayern" mit „Highest Auditing Court in Bavaria" übersetzt hatte. Sein zentraler Grund für die Umbenennung war jedoch, daß „sowohl bei obersten Landesbehörden wie auch bei nachgeordneten Behörden noch immer verschiedene Auffassungen über die Stellung des Rechnungshofs, wie sie sich aus seiner Aufgabe und aus der entsprechenden Anwendung der Reichshaushaltsordnung (§ 118) ergibt", bestünden[16]. Dem Schreiben ist ein Verordnungsentwurf mit folgendem Wortlaut beigefügt:

„§ 1

Der Rechnungshof in Bayern führt nunmehr die Bezeichnung ‚Bayerischer Oberster Rechnungshof'.

§ 2

Der Bayerische Oberste Rechnungshof ist eine der Staatsregierung gegenüber selbständige, nur dem Gesetz unterworfene Staatsbehörde[17]."

Bei diesem Vorgang handelt es sich nur vordergründig um eine bloß formale Änderung der Bezeichnung dieser Institution, „denn auch bei Gesetzen ist der Name nicht nur Schall und Rauch"[18]. Hinter dieser Umbenennung auf Verordnungswege stand vielmehr die Absicht Cammerers, die erkennbaren Bemühungen des Finanzministeriums abzublocken, das Rechnungsprüfungswesen in dessen administrativen Apparat einzugliedern.

Hoegner trug dem Begehren des Rechnungshofs nur teilweise Rechnung. Am 5. Juli 1946 verfügte er, daß mit sofortiger Wirkung anstelle der Bezeichnung „Rechnungshof in Bayern" künftig wieder die Bezeichnung „Bayerischer Oberster Rechnungshof" zu treten habe[19]; der erstrebte § 2 wurde in

---

15 BayrGVBl. (1951), S. 189.

16 Schreiben Cammerers vom 21. Mai 1946 an Hoegner, ZIK 8.2.5./21051946.

17 Ebenda.

18 *Schneider,* Franz, Die Staatskontrolle in Bayern, München 1948, S. 40.

19 ZIK 8.2.5./05071946. Die Befugnisse des bayerischen Ministerpräsidenten gegenüber der Militärregierung waren minimal; für jede eigene Maßnahme und der seiner

diese Anordnung hingegen nicht aufgenommen. Trotzdem schien sich zunächst alles im Sinne des Rechnungshofs zu entwickeln, da Artikel 80 der Bayerischen Verfassung vom 2. Dezember 1946 die richterliche Unabhängigkeit des Rechnungshofs garantiert („Die Rechnungsprüfung erfolgt durch einen mit richterlicher Unabhängigkeit ausgestatteten Rechnungshof"). Während der Beratungen des bayerischen Rechnungsprüfungsgesetzes[20] konnte Cammerer jedoch seine Position gegenüber dem Finanzministerium nicht durchsetzen. Der ursprüngliche Plan, Rechnungsprüfungsämter als von der Exekutive völlig unabhängigen Unterbau des ORH zu errichten, wurde zugunsten ihrer Eingliederung in die allgemeine Finanzverwaltung fallengelassen (§§ 35-38 des Bayer. Rechnungsprüfungsgesetzes). Diese „verfassungsrechtlich bedenkliche Kompromißlösung"[21] war ein zentraler Grund für die Militärregierung, dieses Gesetz mit Befehl Nr. 11 aufzuheben:

> „Um eine allgemeine Verwaltungsaufsicht auszuschließen, schreibt Art. 80 der Bayerischen Verfassung vor, daß eine Rechnungsprüfung der staatlichen Einnahmen und Ausgaben durch einen mit richterlicher Unabhängigkeit ausgestatteten Rechnungshof erfolgt.
>
> Das Gesetz über die Rechnungsprüfung in Bayern verletzt diesen Grundsatz der Bayerischen Verfassung und verstößt gleichzeitig gegen die Richtlinien der Militärregierung, wonach eine allgemeine Nachprüfung des Einkommens, Haushalts und der Ausgaben stattzufinden hat, dadurch, daß es in seinen §§ 35-38 Rechnungsprüfungsämter als Teil der allgemeinen Finanzverwaltung errichtet. Dadurch sind diese Rechnungsprüfungsämter in Wirklichkeit nicht der Aufsicht derjenigen Behörden entzogen, deren Einnahmen und Ausgaben sie zu prüfen haben.
>
> Weiter wird in den §§ 13, 29, 32, 33 Abs. 2 und 34 des Gesetzes der Präsident des Obersten Rechnungshofes mit Befugnissen ausgestattet, die dem Rechnungshof als Ganzem zustehen sollten. Auf diese Weise wird das nationalsozialistische Gesetz über die Zweite Änderung der Reichshaushaltsordnung vom 13. Oktober 1933 aufrechterhalten, durch die das Reichshaushaltsgesetz vom 31. Dezember 1922 dem undemokratischen Führerprinzip angeglichen wurde.
>
> Es ergeht daher folgender Befehl:
> a) Das Gesetz über die staatliche Rechnungsprüfung in Bayern wird hiermit aufgehoben.
> b) Dieser Befehl ist den befaßten deutschen Behörden einschließlich des Landtags sowie dem deutschen Volk durch seine vollständige Veröffentlichung zur Kenntnis zu bringen.
>
> Dieser Befehl tritt am 10. Januar 1949 in Kraft[22]."

Minister war er rechenschaftspflichtig und verantwortlich. Innerstaatlich hatte er jedoch weitgehende Vollmachten. „Die Gewaltenteilung war aufgehoben. Der Ministerpräsident hatte nicht nur unumschränkte vollziehende, sondern auch gesetzgebende und richterliche Gewalt. Die Minister hatten keinen eigenen Verantwortungsbereich, sondern waren dem Ministerpräsidenten jederzeit rechenschaftspflichtig." *Kritzer,* Peter, Wilhelm Hoegner. Politische Biographie eines bayerischen Sozialdemokraten, München 1979, S. 182.

[20] Gesetz über die staatliche Rechnungsprüfung in Bayern vom 4. Juni 1948, BayrGVBl. (1948), S. 97.

[21] *Schneider,* Franz, 1948, a. a. O., S. 39.

Dieser Befehl der Militärregierung stärkte ohne Zweifel die Position des Rechnungshofs. Es liegt daher die Vermutung nahe, daß es Cammerer gelang – nachdem sich während der Beratungen des bayerischen Rechnungsprüfungsgesetzes die tiefgreifenden Meinungsverschiedenheiten zwischen Rechnungshof und Finanzministerium offenbarten –, die Militärregierung von seinen Vorstellungen zu überzeugen. In der Frage der Organisation der bayerischen Finanzkontrollbehörden nahm das Finanzministerium somit faktisch eine Oppositionshaltung gegenüber der amerikanischen Besatzungsmacht ein. Hierauf wiesen denn auch Vertreter des Rechnungshofs hin, als am 1. Juni 1948 Vertreter der amerikanischen Militärregierung für Bayern und OMGUS Berlin im ORH erschienen. Obwohl die Amerikaner über kein ausgearbeitetes, in sich schlüssiges Konzept hinsichtlich der Reorganisation deutscher Finanzkontrollbehörden verfügten, schienen sie – einem internen Vermerk von Ministerialrat Trassl über das Gespräch mit den Vertretern der Militärregierung im Rechnungshof zufolge – zumindest der unabhängigen Stellung des ORH gegenüber der Exekutive und seiner aktiven Mitwirkung bei der Gestaltung des Haushaltsplans positiv gegenüberzustehen:

„Einen breiten Raum nahm die Besprechung der Stellung der Rechnungsprüfungsämter ein ... Insbesondere haben wir unter Hinweis auf § 5 RPrG betont, daß die gegenüber früher gehobene Stellung der Rechnungsprüfungsämter, die ihnen die abschließende Prüfung der Rechnungen ermöglicht, nach Meinung des ORH ihre Unabhängigkeit gegenüber dem Finanzministerium erfordere. Der vom Finanzministerium geltend gemachte Gesichtspunkt, daß selbständige Rechnungsprüfungsämter nicht genügend ausgelastet sein würden, ihre Eingliederung in den Organismus der allgemeinen Finanzverwaltung daher eine nicht unbeträchtliche Ersparnis bedeute, wurde zu widerlegen versucht. Dabei wurde betont, daß zur Übertragung von Verwaltungsaufgaben auf die Rechnungsprüfungsämter mindestens das Einvernehmen, nicht, wie § 35 Abs. 2 RPrG vorsieht, bloß das Benehmen mit dem Präsidenten des Obersten Rechnungshofs erforderlich sein sollte.

Die Amerikaner zeigten für diese Ausführungen volles Verständnis ... (Die Frage der Mitwirkung des ORH bei der Haushaltsaufstellung scheint neben der der Unabhängigkeit diejenige zu sein), auf (die) sich das Interesse der Amerikaner hauptsächlich konzentriert. Die Amerikaner scheinen einen Einfluß des ORH schon auf die Gestaltung des Haushaltsplanes für erforderlich zu halten. Die Frage, ob wir eine solche Mitwirkung für vorteilhaft hielten und ob der ORH voraussichtlich geneigt sein werde, eine derartige Aufgabe zu übernehmen, haben wir bejaht und vor allem darauf hingewiesen, daß die Zusammensetzung des Beamtenkörpers des ORH, der den verschiedensten Verwaltungen entstamme, den ORH zur Übernahme

---

[22] BayrGVBl. (1949), S. 32 § 32 Abs. 3 des verbotenen Gesetzes sah eine kollegiale Beschlußfassung nur dann vor, wenn der Präsident eine Angelegenheit der kollegialen Beschlußfassung zuwies; § 32 Abs. 1 bestimmte, daß der RH regelmäßig durch gemeinsame Entschließung des Präsidenten oder des Vizepräsidenten und des zuständigen Mitglieds entschied. Nach § 33 Abs. 2 des Gesetzes konnte der Präsident die Ausführung eines Beschlusses des Kollegiums vier Wochen nach Beschlußfassung aussetzen, wenn dieser gegen seine Stimme zustande gekommen war.

dieser Aufgabe besonders geeignet erscheinen lasse. Allerdings verhehlten wir nicht, daß die Verwirklichung dieses Planes voraussichtlich auf Widerstand beim Finanzministerium stoßen würde[23]."

Entscheidend für die Lösung des Konfliktes zugunsten des ORH dürfte demnach die Tatsache gewesen sein, daß dessen institutionsspezifische Interessen eher mit den entsprechenden besatzungspolitischen Zielvorstellungen der Militärregierung, die eine effektive und unabhängige Kontrolle der deutschen Verwaltungen durchaus als notwendig erachteten, harmonisierten als die des Finanzministeriums[24]. Aufgrund der dezenten, nichtsdestoweniger erfolgreichen Beeinflussungsversuche der Militärregierung seitens des ORH kann die Anordnung Nr. 11 auch als ‚bestellter Befehl' bezeichnet werden, obgleich der zweite wichtige Grund für die Aufhebung des Gesetzes in dem oben zitierten Vermerk verschwiegen wird: Die Militärregierung sah in einigen Paragraphen das Fortwirken des „undemokratischen Führerprinzips". Die Auseinandersetzungen zwischen ORH und Finanzministerium wurden erst mit dem bayerischen Rechnungshof-Gesetz im Jahre 1951[25] im Sinne des ORH endgültig beendet.

1.2. Restriktionen und Arbeitsschwerpunkte des Rechnungshofs in Bayern

OMGUS Finance Divison war – dem bereits zitierten Vermerk zufolge – vorrangig an der Prüfung und Eindämmung der Besatzungskosten interessiert sowie an Organisationsuntersuchungen zur Unterstützung ihrer Besatzungspolitik; ein Anliegen, das beim Rechnungshof durchaus auf Gegenliebe stieß[26]. Obwohl sich der ORH zunächst der nachgängigen Prüfung der

---

[23] Vormerkung über eine Besprechung mit Beamten der Militärregierung für Bayern und OMGUS Berlin am 1. Juni 1948 von Ministerialrat Trassl, ORH, 2. Juni 1948, ZIK 8.2.4./02061948.

[24] Dabei dürfte die Koinzidenz institutionsspezifischer Interessen des Rechnungshofs und der besatzungspolitischen der Militärregierung in dieser Frage ausschlaggebend gewesen sein, „Überredungs- und Überzeugungsarbeit" hingegen nur von sekundärer Bedeutung. Peter Kritzer schreibt in seiner Hoegner-Biographie, daß deutsche Interessen gegenüber der amerikanischen Militärregierung nur „unter Ausschluß jeglicher Öffentlichkeit" mit „Überredungs- und Überzeugungsarbeit" zu leisten gewesen war. Dies attestiert er dem sozialdemokratischen Ministerpräsidenten Wilhelm Hoegner, der am 28. September 1945 von der Militärregierung zum Ministerpräsidenten ernannt wurde, vgl. *Kritzer,* Peter, 1979, a. a. O., S. 182. Kritzer schreibt dies in Abgrenzung von Niethammer, der Hoegner als „kongeniales Ausführungsorgan der Besatzungsmacht" bezeichnet, vgl. *Niethammer,* Lutz, Die amerikanische Besatzungsmacht zwischen Verwaltungstradition und politischen Parteien in Bayern 1945, in: VfZ, Heft 2/1967, S. 208.

[25] BayrGVBl. (1951), S. 189.

[26] *Glaser,* Kurt, Organization and Methods Control, in: Litchfield, Edward H. et al., 1953, a. a. O., S. 301 ff.; Glaser berichtet zwar nur über die Gutachten des RH im VWG, es kann jedoch ein gleichartiges Interesse von OMGUS auf Länderebene unterstellt werden.

Rechnungsjahre 1943 und 1944 widmete[27], standen daher die Berater- und Gutachtertätigkeiten in den ersten Nachkriegsjahren eindeutig im Vordergrund. Es wurden insbesondere die neu errichteten Verwaltungen umfassenden Prüfungen vor Ort unterzogen, so z. B. das Staatsministerium für Sonderaufgaben, das Landesamt für Vermögensverwaltung und Wiedergutmachung, der Staatskommissar für das Flüchtlingswesen, die Prüfung der Reparationsabbaukosten (Amtskasse der Reparationsämter) sowie die Prüfung der Besatzungs- und Ausländerkosten.

Eine besonders akribische Prüfung mußte das Staatsministerium für Sonderaufgaben im August 1947 über sich ergehen lassen, bei der zunächst einzelne nachgeordnete Verwaltungseinheiten (Spruchkammern, Berufungskammern, das Arbeitslager München) unter die Lupe genommen wurden, bevor das Ministerium selbst durchleuchtet wurde[28].

Spezifische Probleme ergaben sich bei der Prüfung der Besatzungskosten, deren Bearbeitung 1946 „183 Besatzungskostendienststellen bei den Landräten bzw. kreisunmittelbaren Städten und in der Mittelstufe bei den (Bezirks-)Regierungen (. . .) nach den Weisungen des Staatsministeriums der Finanzen als Auftragsangelegenheiten“[29] oblag und die Notwendigkeit wie die Wirtschaftlichkeit der Ausgaben einer Nachprüfung entzogen waren, die sich mehr oder weniger auf das Kriterium der Ordnungsmäßigkeit beschränken mußte[30]. Zudem kritisierte der Rechnungshof die hohe Zahl der deutschen Angestellten und Arbeiter bei der Besatzungsmacht und deren übertarifliche Vergütung sowie die dubiose Beschaffungspraxis: „Mit Rücksicht auf die Höhe und Art der Beschaffungen (durch die Besatzungsmacht, d. Verf.) erscheint es oft zweifelhaft, ob alle Beschaffungen den Bedürfnissen der Besatzungsmacht dienen oder ob es sich hierbei vielleicht um Export oder Reparationslieferungen handelt“[31].

---

[27] Vgl. FN 7.

[28] BayrORH, Bericht über die Durchführung der Rechnungsprüfung für das Rechnungsjahr 1947, München 1950 (b), S. 65, ZIK 8.2.1./20051950. Am 22. Oktober 1945 wurde durch Kabinettsbeschluß das Staatsministerium für Sonderaufgaben errichtet, dem der Vollzug des Gesetzes zur Befreiung vom Nationalsozialismus und Militarismus vom 5. März 1946 oblag. Der ORH hielt dem Ministerium zugute, daß es kaum auf geschultes Verwaltungspersonal zurückgreifen konnte. Über die „chaotischen Verhältnisse“ in diesem Ministerium und die Versuche Anton Pfeiffers, das neue Ressort zu organisieren, vgl. *Niethammer*, Lutz, Die Mitläuferfabrik. Die Entnazifizierung am Beispiel Bayerns, Berlin 1982, S. 380ff. Es handelt sich um die unveränderte Neuauflage von *Niethammer,* Lutz, Entnazifizierung in Bayern, Frankfurt a. M. 1972.

[29] BayrORH, Bericht über die Durchführung der Rechnungsprüfung für das Rechnungsjahr 1946, München 1950 (a), S. 49; ZIK 8.2.1./20041950.

[30] Besatzungskosten nur nach sehr formalen Kriterien prüfen zu können, monierten auch andere Rechnungshöfe der amerikanischen Zone, so z. B. der RH der Hansestadt Bremen, Denkschrift zu den Haushaltsrechnungen der Freien und Hansestadt Bremen und der Stadtgemeinden Bremen und Bremerhaven für das Rechnungsjahr 1949, Bremen 1951, S. 6, ZIK 8.4.1./01091951.

[31] BayrORH, 1950 (a), a. a. O., S. 50.

Herber Kritik unterzog der Rechnungshof auch die seit dem 1. Juni 1946 an das Bayerische Landesamt für Vermögensverwaltung und Wiedergutmachung angegliederten Vermögenskontrollabteilungen, die die von der Militärregierung, der sie zuvor unmittelbar unterstellt waren, requirierten Vermögen verwalteten. Da das durchweg deutsche Personal „überwiegend aus der freien Wirtschaft kam und sich sehr rasch die bei den amerikanischen Dienststellen herrschenden Gepflogenheiten angeeignet hatte, führte seine Übernahme bei den neu errichteten deutschen Behörden Zustände herbei, die mit den Grundsätzen einer ordentlichen öffentlichen Verwaltung unvereinbar waren. Versuche, sich einzelner besonders ungeeigneter Personen zu entledigen, scheiterten teilweise am Widerstand der örtlichen Militärregierungen“[32].

Derartige ‚Rügen‘ der Besatzungspolitik der Militärregierung finden sich in den Berichten des ORH häufiger, so z. B. in dem zum Rechnungsjahr 1945, in dem einleitend darüber geklagt wird, daß nach der Okkupation die deutschen (Rumpf-)Verwaltungen ohne zentrale Lenkung bzw. Koordination auf sich allein gestellt gewesen seien und zudem ihre schwierigen Aufgaben ohne entsprechendes Fachpersonal erledigen mußten:

> „Die vielleicht gut gemeinten Maßnahmen mancher örtlicher Militärbehörden trugen zur Steigerung der herrschenden Verwirrung bei. Erfolgversprechende Bemühungen der Beamtenschaft zur Wiederherstellung eines geordneten Dienstbetriebs wurden durch die aus politischen Gründen erfolgenden Entlassungen eines großen, und zwar vor allem des ausschlaggebenden Teiles von ihnen und ihre Ersetzung durch Leute, die vielfach den Aufgaben ihres Amtes weder nach Vorbildung und Fähigkeiten noch auch – leider nicht selten – nach der charakterlichen Seite gewachsen waren, immer wieder zunichte gemacht oder schwer behindert[33].“

Diese unverhüllte Kritik an der Besatzungsmacht bezog sich insbesondere auf die Praxis der Entnazifizierung, bevor das Gesetz zur Befreiung von Nationalsozialismus und Militarismus die Entnazifizierung deutschen Stellen übertrug. Hierbei ließ der Rechnungshof keinen Zweifel an seinem dezidierten Standpunkt, daß der Wiederaufbau einer seinen Kriterien von Recht- und Ordnungsmäßigkeit, Sparsamkeit und Wirtschaftlichkeit verpflichteten Verwaltung nur mit dem alten Stamm der in ihrer Mehrzahl nationalsozialistisch vorbelasteten Berufsbeamten zu bewerkstelligen war. Eine solche Haltung verweist auf die politischen Implikationen der praktischen Handhabung solcher scheinbar unpolitischen Begriffe wie Sparsamkeit und Wirtschaftlichkeit. Von den Entnazifizierungsmaßnahmen blieb auch der bayerische Rechnungshof nicht verschont, der die dadurch bedingte personelle Unterbesetzung mit fachlich ‚ungeeigneten‘ und ‚cha-

---

[32] BayrORH, 1950 (a), a. a. O., S. 17.

[33] BayrORH, Bericht über die Rechnungsprüfung für das Rechnungsjahr 1945, München 1949, S. 6, ZIK 8.2.1./18101949.

rakterlosen' Elementen[34] kompensieren mußte, was seine Weiterarbeit erheblich erschwerte.

Bereits im November 1945 kritisierte Cammerer, daß alle Beamte des Reichsrechnungshofs, Außenabteilung München, die bis zum 1. 5. 1937 Mitglied der NSDAP oder einer ihrer Gliederungen geworden waren, „ausnahmslos" entlassen wurden. „Welche Linie die Militärregierung bei ihren Entscheidungen über die Entlassung von Beamten, Angestellten und Arbeitern der öffentlichen Verwaltungen, die am 1. 5. 1937 oder später der Partei beitraten, verfolgt, ist nicht klar zu erkennen. Einzelne solcher Beamter, die sich nicht aktiv in der Partei betätigten, wurden – teils zeitweilig – bestätigt, andere solche wieder entlassen, ohne daß (mir) ein besonderer Grund hierfür erkennbar ist[35]". Von den ursprünglich 51 Stellen der ehemaligen Außenabteilung München waren im Oktober 1945 folgende besetzt: ein Präsident, ein Regierungsrat, zehn Prüfungsbeamte (Amtsräte), ein Verwaltungssekretär sowie fünf weibliche Angestellte und drei Arbeiter[36], die fast alle bereits in der Vorgänger-Institution beschäftigt waren[37]. Weitere Beamte kamen Ende 1945 aus Potsdam und anderen Außenabteilungen (Posen, Metz u. a.) hinzu[38].

Diese Personalknappheit behinderte die vom bayerischen Rechnungshof angestrebte „Weiterarbeit" gravierend. Die wenigen Beamten, so Cammerer, reichten nicht aus, „um den von den Ministerien geäußerten vielseitigen Wünschen nach örtlichen Prüfungen und Erhebungen, Erstattung von Gutachten und Ausarbeitung von Entwürfen organisatorischer Art gerecht zu werden. Ein normaler Prüfungsbetrieb ist vorerst nicht (mehr) durchführbar[39]". Diese Situation änderte sich Anfang 1946 mit dem Befreiungsgesetz

---

[34] Ebenda.

[35] Schreiben Cammerers vom 7. Nov. 1945 an den RH in Potsdam, ZIK 8.2.5./07111945. Cammerer selbst war zwar Vertrauensmann des NS-Rechtswahrerbundes beim Rechnungshof und gehörte der NSV an, war jedoch nicht Mitglied der NSDAP, vgl. Personalbögen des Reichsrechnungshofs, Akten im BRH.

[36] Schreiben Cammerers vom 29. Okt. 1945 an den Leiter des RH in Karlsruhe, ZIK 8.2.5./29101945.

[37] Cammerer listet die ehemaligen Beschäftigten der Außenabteilung München des Reichsrechnungshofs auf, die auf Anordnung der MR ihres Dienstes enthoben wurden; hierunter befanden sich 1 Ministerialrat, 1 Oberregierungsrat, 27 Amtsräte, 2 Regierungsamtmänner und 5 weitere Beschäftigte, vgl. Schreiben Cammerers vom 7. Nov. 1945 an den RH Potsdam, ZIK 8.2.5./07111945.

[38] Diese ‚Personalfluktuation' rügt Werner Friedrich, Ministerialrat im Potsdamer Reichsrechnungshof, der 1962 einen „Erfahrungsbericht" über die letzten Monate bis zum Einmarsch der sowjetischen Truppen schrieb. Er berichtet, daß sich „gewisse Auflösungserscheinungen" in den letzten Monaten vor dem Zusammenbruch bemerkbar machten. „Einige in Süddeutschland beheimatete Ministerialräte", bemängelt er, „kehrten von ihren Dienstreisen nicht nach Potsdam zurück. Als Grund wurden Krankheit oder unüberwindliche Verkehrshindernisse angegeben." BA Kl. Erw. 400, Bl. 1.

[39] Schreiben Cammerers vom 27. März 1946 an den LRH Sachsen, mit handschriftl. Einfügungen Cammerers, ZIK 8.2.5./27031946.

(BefrG). Im März 1946 schrieb Cammerer an den Landesrechnungshof Sachsen:

> „Ich hoffe aber, durch den Vollzug des Gesetzes zur Befreiung von Nationalsozialismus und Militarismus vom 5. März 1946 eine größere Anzahl von Prüfungsbeamten, die nur als Mitläufer anzusehen sind, (im Sommer) wieder zu bekommen[40]."

So geschah es denn auch. Die leitenden Beamten, die Cammerer im November 1945 wegen Mitgliedschaft in der NSDAP und ihrer Gliederungen als von der Militärregierung entlassen bzw. als noch in Kriegsgefangenschaft befindlich auflistete, wurden im Verlauf des Jahres 1947 eingestellt[41].

Cammerers Kritik an dem rigiden Säuberungsprogramm der Militärregierung und – nach dem Befreiungsgesetz – an den Maßnahmen deutscher Stellen liegt eine Fehleinschätzung der Bedeutung der Entnazifizierung in der amerikanischen Besatzungspolitik in den Jahren 1945 und 1946 zugrunde. Wie Niethammer ausführt, ist den Deutschen von der Militärregierung immer wieder gesagt worden, „daß die Art und Weise, wie sie ihre Willigkeit zur Übernahme der Entnazifizierung demonstrierten, über Umfang und Geschwindigkeit weiterer Kompetenzdelegationen an deutsche Organe entschiede. Für die partikularstaatlichen Föderalisten war es schlechthin entscheidend, noch in der Zeit, in der alle überregionale Koordination nicht in deutschen, sondern alliierten Händen lag, möglichst viele Zuständigkeiten aus dem Erbe des Reiches zusammenzuraffen. Dafür waren sie bereit, auch solche Maßnahmen zu schlucken, die ihrer Anhängerschaft zunächst unpopulär erscheinen mußten, solange intern gewährleistet blieb, daß deren Interessen – wenn auch auf komplizierte und nicht jedermann sogleich einsichtige Weise – langfristig befriedigt werden könnten"[42].

Solche übergreifenden politischen Zusammenhänge spielten für den Rechnungshof zunächst keine oder nur eine untergeordnete Rolle. Der Bayerische ORH beschränkte sich im wesentlichen darauf, den Nachweis zu führen, daß eine leistungsfähige Finanzkontrollinstitution ihre unabhängige Stellung voraussetzt und weitgehende Beratungs- und Gutachtungsfunktionen umfassen sollte, was nur mit dem ehemaligen Stamm der mehrheitlich nationalsozialistisch vorbelasteten Berufsbeamten möglich sei. Eine effektive Kontrolle der Besatzungskosten, wie sie die Militärregierung wünschte, sei nur bei Erfüllung dieser Voraussetzungen möglich und liege folglich auch im Interesse der Militärregierung; ein Tatbestand, der – mutatis mutandis – auch für die französische Zone zutrifft.

---

[40] Ebenda.

[41] Vgl. Stellvertretungsplan des BayrORH vom 20. November 1947, ZIK 8.2.4./20111947.

[42] *Niethammer,* Lutz, 1982, a. a. O., S. 322.

2. Die französische Zone

Bevor auf den Aufbau des Rechnungsprüfungswesens in der französischen Zone näher eingegangen wird, sollen zunächst einige Aspekte der Besatzungspolitik Frankreichs[43] – insbesondere diejenigen, die auf die Wiedererrichtung eines deutschen Behördenapparates hemmend oder fördernd eingewirkt haben – umrissen werden. Das in der hier gebotenen Kürze zu tun, ist allein schon deshalb ein nicht ganz leichtes Unterfangen, da unter anderem die späte und heftig umstrittene Grenzziehung eine „Zone Française d'Occupation“ entstehen ließ, deren spezifische Problemkomplexe nicht nur den damaligen Besetzern wie Besetzten viel Kopfzerbrechen bereiteten, sondern auch noch den heutigen Zeitgeschichtlern. Dies um so mehr, als zum einen die Dokumente in den Archiven in Kolmar bis vor kurzem überhaupt nicht und selbst derzeit nur unter größten Schwierigkeiten einsehbar sind, und zum anderen die deutschen Aktenbestände, so ergiebig sie für die Rekonstruktion der Geschichte der französischen Besatzungszeit sein mögen[44], sich teils in den jeweiligen Verwaltungsinstitutionen, teils in den einzelnen Landesarchiven, teils in privater Hand befinden, so daß ihre Auswertung und Evaluierung einen eminent hohen Forschungsaufwand erfordert. Hierin dürfte neben der zu Recht beklagten Fixierung der zeitgeschichtlichen Forschung auf die Dominanz der anglo-amerikanischen Politik im Nachkriegsdeutschland die Ursachen für die ‚Unterbelichtung‘ der der Franzosen liegen.

2.1 Besatzungspolitische Rahmenbedingungen

Mit der „rapiden Statuserhöhung Frankreichs“ zu einer Sieger- und Besatzungsmacht, die es vor allem der britischen Regierung unter Winston Churchill, „de Gaulles Chiefbaker“[45], verdankte, mußte nach den Beschlüssen von Jalta die französische Zone aus den den beiden Westalliierten zugewiesenen Gebieten herausgeschnitten werden. Die Verhandlungen zur exakten Festlegung der Grenzen wurden in der European Advisory Commission geführt, wobei sich die französischen Vertreter von de Gaulles schon 1944 aufgestellten sicherheitspolitischen Prämisse leiten ließen,

---

[43] Dieser Thematik liegt vorrangig folgende Literatur zugrunde: *Henke,* Klaus-Dietmar, 1980, a. a. O., S. 169–191; *Konstanzer,* Eberhard, Die Entstehung des Landes Baden-Württemberg, Stuttgart 1969; *Manz,* Matthias, Stagnation und Aufschwung in der französischen Besatzungszone 1945 bis 1948, Diss. Erlangen 1968; *Schmid,* Carlo, Erinnerungen, Bern 1979, insbesondere S. 213–299; *Springorum,* Ulrich, Entstehung und Aufbau der Verwaltung in Rheinland-Pfalz nach dem Zweiten Weltkrieg (1945 - 1947), insbesondere Teil II, 6 und 7, S. 93–110, Berlin 1982; *Thies,* Jochen / *van Daak,* Kurt, Südwestdeutschland Stunde Null, Düsseldorf 1979.

[44] *Henke,* Klaus-Dietmar, 1980, a. a. O., S. 168f.

[45] Ebenda, S. 171.

„Frankreich müsse eine Besatzungszone am Rhein von Köln bis zur Schweizer Grenze haben“[46]. Mit der britischen Delegation konnte eine Einigung sehr rasch erzielt werden. Ein Kompromiß mit den Vertretern der USA kam vor der letzten Phase des Krieges, der Eroberung des Territoriums des Deutschen Reiches, nicht mehr zustande mit der Folge, daß die Auseinandersetzungen vom Grünen Tisch auf das Schlachtfeld verlagert wurden: Hier operierten die französischen Streitkräfte unter dem taktischen Marschbefehl, durch Eroberung von „Faustpfändern“ und Schaffung von „Faits accomplis“ das deutschlandpolitische Gewicht Frankreichs zu erhöhen[47].

Dieser Konfrontationskurs, der in der eigenmächtigen Besetzung des Aosta-Tals und in der „affaire de Stuttgart“ gipfelte, verärgerte den amerikanischen Verbündeten und bestärkte ihn in seiner Haltung, die Grenzziehung zwischen seiner und der französischen Zone nach rein logistischen Gesichtspunkten vorzunehmen: Um einen Transit durch französisches Gebiet zu vermeiden, bestand er auf der Autobahn Karlsruhe–Stuttgart–Ulm (München) als West-Ost- und der Bahnlinie Frankfurt a. M.–Bremen als Süd-Nord-Nachschublinie, so daß Frankreich lediglich Süd-Württemberg einschließlich der preußischen Enklave Hohenzollern, den bayerischen Landkreis Lindau als Brücke zum besetzten Vorarlberg und Tirol, Süd-Baden sowie die Regierungsbezirke (RBZe) Trier und Koblenz (preussische Rheinprovinz), vier rechtsrheinische Landkreise des Regierungsbezirkes Montabaur (Hessen-Nassau), den RBZ Mainz (Rhein-Hessen), die Pfalz (Bayern) und das Saargebiet zugewiesen bekam. Der ‚Flickenteppich‘ widersprach nicht nur dem zuvor von den Alliierten gehandhabten Grundsatz, bei der Demarkation ihrer Zonen vorgefundene Ländergrenzen oder zumindest verwaltungs- und/oder bevölkerungsgeschichtliche Traditionen möglichst zu berücksichtigen wie ihren (grundsätzlichen) Überlegungen hinsichtlich der zukünftigen föderativen Struktur eines demokratisierten Deutschlands, sondern auch den vorrangig aus sicherheitspolitischen Interessen viel weitergehenden territorialen Forderungen der provisorischen Regierung in Paris, die dieser am 2. Mai 1945 getroffenen Abmachung erst unter massivem amerikanischem Druck zustimmte, die schließlich am 10. Juli 1945 realiter vollzogen wurde[48].

---

[46] *Willis,* F. Roy, The French in Germany 1945 - 1949, Stanford 1962, zit. nach Springorum, a. a. O., S. 100.

[47] *Henke,* Klaus-Dietmar, 1980, a. a. O., S. 171. Die vereinbarte Übergabe von Stuttgart verweigerte General de Lettre de Tassigny auf Befehl de Gaulles mit dem Argument, „ . . . das Gouvernement Provisoire werde bis zur Festlegung der Grenzen der Besatzungszonen an der Besetzung der Stadt festhalten“ (*Henke,* Klaus-Dietmar, 1980, a. a. O., S. 173). Diese eigenmächtige Eroberungspolitik war ein Grund für die anderen beiden Westmächte, Frankreichs Wunsch nach einer Teilnahme an der Potsdamer Konferenz nicht weiter zu unterstützen.

[48] Vgl. *Springorum,* Ulrich, a. a. O., S. 101 f., und *Konstanzer,* a. a. O., S. 19 f.

Nach diesen konfliktreichen wie langwierigen Verhandlungen galt es für de Gaulle, seine deutschland- und wirtschaftspolitischen Zielvorstellungen durchzusetzen, die mit den Stichworten ‚extreme Dezentralisierung‘ und ‚intensive ökonomische Ausbeutung‘ grob umrissen werden können. Hieraus resultierte u. a. „Frankreichs Obstruktion deutscher Zentralbehörden“[49], mit der im Widerspruch zum Potsdamer Abkommen die Behandlung Deutschlands als wirtschaftliche Einheit erfolgreich torpediert, die Arbeit des Alliierten Kontrollrates, bevor sie richtig begonnen hatte, bereits gelähmt und jede Siegermacht gezwungen wurde, sich zunächst auf ihren Einflußbereich zu konzentrieren.

Für die so erreichte ‚Zonensouveränität‘ mußte allerdings erst eine administrative Basis geschaffen werden, was die Regierung in Paris vor eine schwierige Aufgabe stellte, da „... die Besetzung und Verwaltung deutschen Gebietes praktisch ohne materielle oder konzeptionelle Vorbereitung angetreten werden mußte“[50]. Sie errichtete eine neue Besatzungsverwaltung, die die u. a. durch ihr Planungsdefizit und die späte Einigung über ihre Zone entstandene „plus extraordinaire anarchie qui se puisse imaginer“[51] beseitigen sollte. Kernstück der ‚zivilen Militärregierung‘ war das Ende August 1945 eingesetzte „Gouvernement Militaire pour la Zone Française d'Occupation“, das von dem Generalverwalter Laffon geleitet wurde, der wiederum dem „Commandant en Chef en Allemagne“, General Koenig, als der obersten französischen Autorität in Deutschland unterstellt war. Diese Zentralbehörde in Baden-Baden bestand aus vier Generaldirektionen für Verwaltungsangelegenheiten, Wirtschaft und Finanzen, Justiz und für Abrüstung (später Schulangelegenheiten), die jeweils in mehrere Direktionen untergliedert waren, und die dem Leiter unmittelbar zugeordnete „Direction de la sûreté“.

Etwa zur gleichen Zeit war die französische Zone in folgende fünf Provinzen eingeteilt worden: Saargebiet, Hessen-Pfalz, Rheinland-Hessen-Nassau (beide wurden mit der Verordnung Nr. 57 vom 30.8.1946 zum Land Rheinland-Pfalz vereint), Süd-Baden und Württemberg-Hohenzollern; die Reihenfolge entspricht der besatzungspolitischen Prioritätensetzung Frankreichs. In jeder einzelnen Verwaltungseinheit wurde ein hierarchisch strukturiertes Delegiertensystem etabliert. Auf Provinzebene amtierte als Stellvertreter des Generalverwalters ein oberster Delegierter, dessen Behörde –

---

49 *Deuerlein,* Ernst, Frankreichs Obstruktion deutscher Zentralverwaltungen 1945, in: Deutschland-Archiv 4 (1971), S. 466–491; vgl. auch *Vogelsang,* Thilo, Die Bemühungen um eine Deutsche Zentralverwaltung 1945 / 46, in: VfZ, 18. Jg., 1970, S. 510–528.

50 *Henke,* Klaus-Dietmar, 1980, a. a. O., S. 169.

51 *Morin,* Edgar, Allemagne notre souci, Paris 1947, zit. nach *Henke,* Klaus-Dietmar, 1980, a. a. O., S. 180.

mit geringen Modifikationen – sich nach demselben Organisationsschema aufbaute wie die Zentrale in Baden-Baden, der weitere „Déléguées" nachgeordnete waren, deren Dienststellen – quasi ein verkleinertes Abbild der ‚Délégation Supérieure' – die Kontrolle auf Regierungsbezirks- bzw. Kreisebene ausübten[52].

Die nach dem zentralistisch-hierarchischen Strukturprinzip der französischen Staatsverwaltung aufgebaute MR, bei der die nachgeordneten Behörden als Überwachungsorgane ohne eigene politische Entscheidungsbefugnisse angelegt waren, konnte nur dann effizient funktionieren, wenn erstens ein klares, in sich abgestimmtes Zielsystem und zweitens die für die Ausführung der daraus abgeleiteten Konditionalprogramme notwendige Kompetenzhoheit vorhanden waren. Nach den Ergebnissen einer von der Nationalversammlung Ende Dezember 1945 eingesetzten parlamentarischen Untersuchungskommission muß beides verneint werden: Da „... die Regierung (es) bisher versäumt habe, eine einheitliche besatzungspolitische Richtlinie zu erlassen ..., (habe es) deswegen zu keiner ‚Politique Concerte' kommen können. In Baden-Baden sei die Rivalität und der Dualismus zwischen Armee und dem ‚Gouvernement Militaire' noch immer nicht beseitigt ... und (die Armee, d. Verf.)) mische sich regelmäßig und massiv in dessen Befugnisse (der MR, d. Verf.) ein"[53]. Letzteres personifizierte sich in dem Konflikt zwischen dem Oberbefehlshaber, dem Gaullisten-General Koenig, und dem Generalvertreter Laffon, der Mitglied der Resistance war und den Sozialisten nahestand, der schließlich Ende 1947 zugunsten seines Kontrahenten seinen Posten räumen mußte, bevor das Amt Mitte 1948 völlig abgeschafft wurde. Hinzu kam, daß dessen Zentralbehörde bei der Rekrutierung entsprechend qualifizierten Personals wenig Erfolg hatte und relativ stark von „Vichy-Kompromittierten" durchsetzt war, die angesichts der innerfranzösischen „épuration" in ihrem Heimatland kaum in Amt und Würde gekommen wären[54]. Der Mangel an fachlich versiertem Personal scheint für die Besatzungsverwaltung insgesamt ein Problem gewesen zu sein, betraf aber vor allem die Delegationen auf der mittleren und unteren Ebene, die aufgrund ihrer Unterbesetzung ihren umfangreichen Kontrollauftrag der ihnen zugeordneten deutschen Behörden nur unvollkommen erfüllen konnten.

---

[52] Vgl. *Springorum,* Ulrich, a. a. O., S. 102ff.

[53] Assemblée, Documents Annexe Nr. 959; zit. nach *Henke,* Klaus-Dietmar, 1980, a. a. O., S. 184f.

[54] Darunter die Generaldirektoren für Verwaltung, Wirtschaft und Finanzen und der Chef der Sûreté, die ihre Stellen räumen mußten; vgl. *Henke,* Klaus-Dietmar, 1980, a. a. O., S. 185. „Das Personal der Militärregierung rekrutierte sich im wesentlichen aus Truppenoffizieren aus dem Reservoir der teil-demobilisierten Streitkräfte, aus nach Deutschland abgestellten Beamten französischer Behörden und in Frankreich durch Vertrag verpflichteten Fachleuten; die Zivilbeamten wurden entsprechend ihrer Dienststellung den militärischen Rängen angeglichen und trugen eine uniformähnliche Dienstkleidung." (Ebenda, S. 182.)

Eine weitere strukturelle Diskrepanz resultierte aus dem Widerspruch zwischen der dezentralistischen deutschlandpolitischen Zielsetzung Frankreichs und der zu ihrer Erreichung eingesetzten zentralistischen Administration. Aus Gründen seines Sicherheitsbedürfnisses wie seiner dezidierten wirtschaftlichen Interessen wurde die französische Zone nicht nur nach außen völlig isoliert, sondern auch die einzelnen Verwaltungseinheiten weitgehend voneinander abgeschottet. Deutsche Zentralbehörden[55] wie in der englischen oder selbständige Koordinationsgremien wie in der amerikanischen Zone wurden bis auf wenige Ausnahmen kategorisch abgelehnt; ebenso wurden die Bestrebungen der Provinzregierungen, miteinander zu kooperieren, unterbunden, so daß ein Informationsaustausch als Voraussetzung einer verwaltungsmäßigen Abstimmung mehr oder weniger illegal nur über informelle Kanäle erfolgen konnte. Die notwendige Koordination lag ausschließlich bei der MR in Baden-Baden, die sie in Form von anberaumten Besprechungen mit den jeweiligen ‚Provinzchefs' durchführte. Daß sie hiermit überfordert war, dürfte nach dem eben Ausgeführten deutlich geworden sein.

Nutznießer dieser angedeuteten Konflikte, Koordinationsdefizite etc. waren u. a. die ‚Praktiker' der Delegationsverwaltungen, vorrangig die obersten Delegierten, die die Anweisungen der ‚Theoretiker' aus der Zentrale mit oder gegen die deutschen Behörden sozusagen vor Ort umsetzen mußten, wobei sie in Kenntnis der regionalen Besonderheiten und/oder aus Karrieremotiven nicht selten eine eigenständige Politik betrieben, „. . . als ob eine ‚autorité supérieure' nicht existiere"[56]. Ein Indikator für deren relatives Eigengewicht ist die von Provinz zu Provinz doch recht unterschiedliche Behandlung zentraler Probleme wie das Beamtenrecht oder die Entnazifizierung, die nicht allein durch die bereits erwähnte Konzeptionslosigkeit der französischen Regierung, ihrer länderspezifischen Prioritätensetzung und der künstlichen Zusammensetzung ihrer Zone, die sowohl zentripetale wie zentrifugale Kräfte in der deutschen Bevölkerung ausgelöst haben, erklärt werden können.

Hierbei dürften auch die jeweils in Tübingen, Freiburg, Neustadt a. d. H. und Koblenz eingesetzten deutschen Provinzadministrationen[57] eine gewisse Rolle gespielt haben. Zwar waren sie als streng kontrollierte Auftragsverwaltung konzipiert, jedoch ließen die Franzosen ihr bei der konkre-

---

[55] Ausgenommen apolitische, rein ‚technische' Serviceinstitutionen wie die „Leitstelle der Reichsbank für die französische Zone" und das Hauptversicherungsamt – beide mit Sitz in Speyer – als Rechtsnachfolger der Reichsbank bzw. Reichsversicherungsamtes; vgl. hierzu *Elmenau,* S. v., Die Gesetzgebung der französischen Militärregierung, in: Deutsche Rechtszeitung, H. 4, 1946, S. 107–113, S. 110.

[56] Zit. nach *Henke,* Klaus-Dietmar, 1980, a. a. O., S. 185, siehe FN 53.

[57] Das Saargebiet bleibt wegen seines Sonderstatus außerhalb der Betrachtungen.

ten Ausgestaltung ihrer bürokratischen Ordnung einen wesentlich größeren Handlungsspielraum als die Amerikaner. Zudem entwickelte sich durch die von oben verordnete Zwangspartnerschaft zweier ‚nicht souveräner' Bürokratien, die "Délégations Supérieures" als Kontroll- und die obersten Behörden als Ausführungsorgane, die die ihnen auferlegten Anweisungen der MR der Bevölkerung als von ihr initiierte Maßnahmen ‚verkaufen' mußten, trotz aller Animositäten durchaus ‚deutsch-französische' Zweckbündnisse von Verwaltungsexperten oder Interessenkoalitionen mehr persönlicher Art, die zumindest punktuell von letzteren für eine eigenständige Politik genutzt werden konnten.

Wie diese hier nur schemenhaft umrissene machtpolitische Konstellation von Akteuren beider Seiten, Besetzern wie Besetzten, taktisch geschickt genutzt werden konnte, zeigt der Institutionalisierungsprozeß des Rechnungsprüfungswesens in der französischen Zone, den man – polemisch überspitzt – frei nach Schiller unter das Motto „Kabalen und Karrieren" stellen könnte.

2.2. *Der Institutionalisierungsprozeß des Rechnungsprüfungswesens*

Nach der Konsolidierung der französischen Zone und der Etablierung der Besatzungsverwaltung drängte die Militärregierung in Baden-Baden relativ frühzeitig auf den Aufbau von deutschen Finanzkontrollorganen. Die rechtlichen Grundlagen hatte sie hierzu mit ihrer Proklamation Nr. 2 vom 20. 9. 1945 geschaffen, in der die Weitergeltung der Bestimmungen der Abschnitte IV und IV a der RHO verfügt wurde.

Der regionale Kristallisationspunkt für die Errichtung derartiger Kontrollbehörden war die Verwaltungseinheit Hessen-Pfalz, der personale der Oberregierungsrat Heinz-Maria Oeftering aus dem Reichsfinanzministerium. Dieser politisch völlig unbelastete Experte für Steuerfragen und Geldpolitik, der zuvor von den Amerikanern umworben worden war[58], erhielt bereits am 15.6.1945 vom „Commandant du Detachement de Gouvernement Militaire" in Speyer folgenden Auftrag: „Um ein einheitliches Finanzwesen der Pfalz[59] unter französischer Aufsicht aufzunehmen und um bessere Verwendung der Hilfsquellen betreffs Steuer und Kredit zu erreichen, wurde der Oberregierungsrat Oeftering beauftragt, mit Stadtverwaltungen und Finanzämtern in Verbindung zu treten"[60], wobei ihm das Ober-

[58] Information Heinz M. Oefterings an die Autoren am 22. Oktober 1985.

[59] Hierbei handelt es sich um vier in der Südpfalz gelegene Landkreise (Speyer, Germersheim, Bergzabern und Landau) und die Stadt Speyer, die die amerikanischen Streitkräfte Anfang April 1945 den Franzosen überließen; vgl. hierzu *Springorum,* Ulrich, a. a. O., S. 56f.

finanzpräsidium und der Reichsbankdirektor zur Seite stehen sollten. Diese frühen Funktionen ließen ihn wahrscheinlich für die inzwischen errichtete oberste Delegation in Neustadt a.d.H. und die zentrale Militärregierung (ZMR) prädestiniert erscheinen, den von der Militärregierung erlassenen ‚Ukas', eine Rechenkammer aufzubauen, zu realisieren. Obwohl er nach eigener Aussage von dieser Materie „keine Ahnung hatte"[61], nahm er die Aufgabe mit seiner Ernennung zum Behördenleiter am 12.10. 1945 in Angriff. Hierbei zeigte sich, daß sowohl auf französischer wie auf deutscher Seite widersprüchliche Vorstellungen über die Struktur des Rechnungsprüfungswesens herrschten. Aus einem Vermerk Oefterings über eine Besprechung mit dem zuständigen Finanzoffizier für Hessen-Pfalz, Oberleutnant de Kervenoel, und dem der ZMR, Capitaine Vincenot, am 24.10. 1945 in Baden-Baden geht hervor, daß die Rechnungskammer (RK) Speyer als ‚zonale Zentralbehörde' geplant war:

„Die Rechnungskammer ist dazu ausersehen, die ersten Schritte für eine Gleichschaltung (sic!) der Finanzverwaltung in der gesamten französisch besetzten Zone zu unternehmen. Sie soll zunächst das Rechnungsprüfungswesen in dieser Zone gleichschalten (harmoniser). Sie wird zu diesem Zwecke 1. das Gebiet Pfalz-Hessen, das Saargebiet und die Regierungsbezirke Trier und Koblenz unmittelbar prüfen, 2. für Süd-Baden in Freiburg und für Süd-Württemberg in Tübingen Außenabteilungen einrichten, die nach den Weisungen und Grundsätzen der Rechnungskammer in Speyer arbeiten"[62].

Auf wessen Initiative dieses sich eindeutig an den Organisationsprinzipien der Rechnungsprüfung im Dritten Reich orientierende zentralistische Modell, das dem besatzungspolitischen Primat, keine Zentralbehörde zuzulassen, widersprach, zurückging, kann aufgrund des vorliegenden Dokumentenmaterials nur spekuliert werden. Fest steht jedenfalls, daß Oeftering mit großer taktischer Raffinesse versuchte, bei den Provinzverwaltungen den Eindruck zu erwecken, daß ‚seine' Rechnungskammer als oberste Zonenkontrollbehörde beschlossene Sache sei, die er in einer Briefaktion vom 25.10. 1945 von dieser Tatsache informierte:

„Auf Befehl der Militärregierung Hessen-Pfalz ist eine Rechnungskammer mit dem vorläufigen Sitz in Speyer errichtet worden. Die Rechnungskammer soll die Aufgaben des früheren Rechnungshofes des Deutschen Reiches übernehmen ... Ein Herr Vertreter der Zentral-Militärregierung in Baden-Baden hat gelegentlich einer Besprechung am 24.10.45 befohlen, daß sich der Geschäftsbereich ... auf die gesamte französische Zone (Süd und Nord) erstrecken soll ... Ich gebe vorläufig von diesem Befehl Kenntnis und füge hinzu, daß ich beabsichtige, in den ersten Novembertagen bei Ihnen vorzusprechen, um die erforderlichen Verabredungen und Entschlüsse mit Ihnen zu treffen ..."[63].

---

60 Schreiben des Kommandanten der Militärregierung an den Oberbürgermeister der Stadt Speyer vom 15.6.1945, ZIK 9.6./15061945.

61 Siehe FN 58.

62 ZIK 8.9.1.5./25101945.

Daß sein Konzept bei diesen Adressaten nicht unbedingt auf Gegenliebe, sondern z. T. auf heftige Ablehnung stieß, geht aus einer Stellungnahme des Leiters des Finanz- und Wirtschaftsministeriums in Süd-Baden, Ministerialdirektor Alfred Bund, vom 4. 12. 1945 hervor, um die Oeftering brieflich am 9. 11. 1945 nachgesucht hatte[64]. Dieser – ohnehin kein Freund der Institution Rechnungshof – kommt darin zu dem abschließenden Ergebnis, „... daß mindestens vorerst vom Einsatz einer zentralen Rechnungskammer für das ganze französisch besetzte Gebiet abgesehen und die Einrichtung von einfacheren Rechnungsprüfungsbehörden in den einzelnen Landesgebieten zu gegebener Zeit und in Anpassung an die besonderen Bedürfnisse ins Auge gefaßt werden sollte", zumal die im Augenblick gebotene laufende Prüfung der staatlichen Kassen „... erfolgreich und am besten unmittelbar durch Beamte der obersten Finanzbehörde des Landes ausgeführt" werden könne. Des weiteren weist er auf die negativen Auswirkungen der Zentralisierung des Rechnungsprüfungswesens im Dritten Reich hin: „Schon die Einrichtung eines einzigen Rechnungshofes des Deutschen Reiches mit Außenstellen in der Nazi-Zeit ... hatte im ganzen eine erhebliche Verteuerung und Verschleppung der Rechnungsprüfung zur Folge"[65].

Zuvor hatte Oeftering das Oberregierungspräsidium in Neustadt a. d. H., Abteilung Finanzen und Forstwesen, mit seinem Schreiben vom 20. 11. 1945, dem ein Gutachten des Leiters des Rechnungshofs des Deutschen Reiches (brit. Zone), Franz Haaser, das dieser am 22. 7. 1945 im Auftrage des Kontrollrates, britischer Sektor, für die Potsdamer Konferenz erstellt hatte[66], beigelegt war, über die diesbezügliche Entwicklung in den beiden anderen Westzonen informiert. Mit den Hinweisen, daß in dem britischen Sektor mit Nachdruck an der Errichtung eines großen, die ganze englische Besatzungszone umfassenden Rechnungshofs gearbeitet werde und die ehemalige Außenabteilung des Reichsrechnungshofs in München als Rechnungshof für Bayern neu errichtet worden sei, dessen Zuständigkeit in irgendeiner Form auf die gesamte amerikanische Besatzungszone auszudehnen man bestrebt sei, verknüpfte er die Bitte, bei der MR eine Entscheidung darüber herbeizuführen, die Bezeichnung Rechnungskammer, „... bei der das Rechnungsprüfungswesen für die gesamte französische Besatzungszone zusammenge-

---

[63] Brief Oefterings vom 25. 10. 1945 an die Regierung Südbaden, Süd-Württemberg, jeweils Abteilung Finanzen; ZIK 8.9.1.5./25101945; modifizierte Briefe an Regierungspräsidenten in Koblenz und Trier; ZIK 8.9.1./25101945.

[64] Brief Oefterings an Alfred Bund vom 9. 11. 1945; ZIK 8.9.1.5./09111945.

[65] Antwortschreiben Bunds vom 4. 12. 1945; ZIK 9.7./04121945.

[66] Haasers zwei Modelle des Rechnungsprüfungswesens: Eines für das gesamte besetzte Deutschland mit einem zentralen Rechnungshof möglichst am Sitz des Kontrollrates und je einer Außenabteilung pro Zone; als Alternative eines für das britische Einflußgebiet, in dem die ehemalige Außenabteilung des Rechnungshofes des Deutschen Reiches als ‚zonales Zentralamt für Finanzkontrolle' vorgesehen war.

faßt werden soll ..."[67], durch die Bezeichnung Rechnungshof (RH) zu ersetzen.

Im Dezember 1945 muß wohl die endgültige Entscheidung in der ZMR gegen das Konzept eines zonalen Rechnungsprüfungswesens gefallen sein, das sowohl an dem besatzungspolitischen Primat, keine Zentralbehörden zuzulassen, als auch an den Widerständen der übrigen Provinzregierungen – insbesondere der Finanzverwaltungen – scheiterte. In seinem Tätigkeitsbericht vom 27.12. 1945 an den Oberregierungspräsidenten Eichenlaub berichtet Oeftering von einer Besprechung mit Vertretern der zentralen und regionalen MR vom 10. desselben Monats, in der festgelegt worden sei, daß er „ ... neben der Rechnungskammer noch ein besonderes ‚Bureau de Coordination' oder ‚Bureau de Centralisation' errichten und leiten soll, von dem aus die gemeinsamen Angelegenheiten der Rechnungskammern der einzelnen Provinzen in der französischen Besatzungszone betreut, Vorschläge für die personelle Besetzung dieser Kammern gemacht werden usw."[68]. In einem Organisationspapier werden konkrete Vorschläge „ ... über die Einrichtung und personelle Besetzung des Instituts für finanzielle Zusammenarbeit mit den Rechnungskammern ..." gemacht, wobei vorweg zu berücksichtigen sei, daß „der organisatorische Aufbau der Kammern ... von der Gestaltung des Instituts (abhänge; letzteres ergebe) sich im wesentlichen aus den dem Schreiben des Präsidenten Oeftering an Capitaine Verneuil vom 2. Januar 1946 beigefügten Geschäftsverteilungs- und Stellenplan"[68]. Hierin wird u. a. vorgeschlagen: Unter der Voraussetzung, daß das zonale Institut und die Kammer für Pfalz–Hessen–Rheinland ihren vorläufigen Sitz in Speyer haben, müßte aus wirtschaftlichen Gründen eine Bürogemeinschaft zwischen beiden Institutionen bestehen. Des weiteren sollte das Institut in zwei Abteilungen untergliedert werden, eine für das Finanzwesen und eine für das Rechnungsprüfungswesen, in der „ ... eine Anzahl fachlich spezialisierter hochqualifizierter Prüfungsbeamter zusammengefaßt (und) den Kammern für ihre Prüfungen der entsprechenden Verwaltungen zur Verfügung gestellt werden sollen", die sich hierdurch einen eigenen Stab von Spezialprüfern sparen könnten. Zudem sollten diese Beamten, „ ... um Doppelorganisation zu vermeiden und sie voll auszulasten"[69], die RK Speyer bei ihren fortlaufenden Prüfungen unterstützen. Neben einer Stellenbeschreibung für das Institut und die RK Hessen-Pfalz und sehr kurz gehaltenen Vorschlägen zur Errichtung einer RK für Württemberg-Baden (sic!) und das Saargebiet

---

[67] Schreiben vom 20.11.1945 an das Oberregierungspräsidium Pfalz-Hessen in Neustadt a. d. H., Abteilung Finanzen und Forstwesen, mit Abschrift an den Finanzoffizier; ZIK 8.9.1.5./20111945.

[68] ZIK 8.9.1.5./27121945. (Nach Vogel erhielt Oeftering den mündlichen Befehl zum Aufbau eines solchen Koordinierungsbüros am 22.12.1945; vgl. *Vogel,* Walter, Westdeutschland 1945 - 1950, Teil III, Boppard a. Rh., S. 15.)

[69] Ohne Datum, nach der archivarischen Einordnung im RH Rheinland-Pfalz Mitte Januar 1946; ZIK 8.9.1.2./00011946.

sowie zur Organisation der Vorprüfung enthält das Arbeitspapier auch Vorstellungen zur Zusammenarbeit zwischen Institut und Kammern, wobei empfohlen wird, „... daß bei den geplanten örtlichen Prüfungen der Kammern, sei es, daß sie mit deren eigenen oder vom Institut entsandten Kräften durchgeführt werden, grundsätzlich eine Beteiligung des Instituts ... festgelegt wird“[69]. Aus diesen Organisationsvorschlägen spricht ganz eindeutig die Absicht, das Konzept eines zentral gelenkten Finanz- und Rechnungsprüfungswesens für die gesamte Zone über das Vehikel eines Koordinationsbüros doch noch durchzusetzen, was allerdings am Veto der ZMR scheiterte. Diese hatte zwar den „Beratenden Finanzausschuß“ (BFA) – wie er später genannte wurde – mit dem Ziel initiiert, einen besseren Einblick in die finanzielle Leistungsfähigkeit des besetzten Gebietes im allgemeinen und die der Finanzministerien im besonderen zu gewinnen[70], hielt aber an dem ausschließlich beratenden Charakter fest, weshalb sich Oeftering erst nach einigem Zögern am 10. 2. 1946 zu dessen Leitung entschließen konnte. An diesem Status änderte sich bis zum Sommer 1949 trotz mehrfacher Versuche der Kompetenzausweitung nichts. Er blieb ein der ZMR direkt unterstellter „gemeinsamer Dienst“[71] der französischen Zone, der sich aus den Leitern der obersten Prüfungsbehörden zusammensetzte und deshalb seine Aufgaben erst nach deren Ernennung im Juli 1946 in Angriff nehmen konnte. Seine Aufgaben bestanden darin, „... in Aufbau, Arbeitsweise und Ergebnisauswertung eine Übereinstimmung der provinziellen Rechnungskammern zu sichern und der Militärregierung bei allen Maßnahmen mit finanzieller Auswirkung beratend zur Seite zu stehen“[72]. Über den Koordinationseffekt dieses Ausschusses werden in der Literatur unterschiedliche Einschätzungen gegeben[73]. Immerhin konnte Oeftering nach eigener Aussage seine Außenkontakte, die ihm als Vorsitzenden gestattet waren, dazu benutzen, daß sich das Steuersystem in der französischen Zone nicht völlig anders entwickelte als das der britischen bzw. amerikanischen[74].

Noch während die Auseinandersetzungen um die grundlegende Struktur des Rechnungsprüfungswesens schwelten, baute Oeftering seine RK zielstrebig auf. Obwohl er an keine Vorgängerbehörde anknüpfen konnte, gelang es ihm, in verhältnismäßig kurzer Zeit, die räumlichen und bürotech-

---

[70] Vgl. FN 58.

[71] Vgl. *Vogel,* Walter, a. a. O., S. 14ff.

[72] Denkschrift vom 24.2.1950 zu den Haushaltsrechnungen des Landes Württemberg-Hohenzollern für die Rechnungsjahre 1945, 1946 und 1947; ZIK 8.1.3.1./24021950.

[73] Vgl. *Vogel,* Walter, a. a. O., S. 16f.

[74] Siehe FN 58; zur unterschiedlichen Entwicklung im Finanzwesen innerhalb der französischen Zone wie zu den beiden anderen West-Zonen vgl. *Schweigert,* Eberhard, Die Finanzverwaltung Westdeutschlands in der Zeit vom 2. Weltkrieg bis zur Neuordnung durch das Grundgesetz, Schriftenreihe des Bundesministeriums der Finanzen, H. 12, Bonn 1970, insbesondere 3. Abschnitt.

nischen Probleme zu lösen und einen ausreichenden Personalstock aus qualifizierten, politisch nicht bzw. nur formal belasteten Beamten zu legen, d. h. die materielle wie immaterielle Infrastruktur zu schaffen. Bei der Erarbeitung einer Geschäftsordnung, eines Geschäftsverteilungsplanes und einer Rechnungsprüfungsordnung griffen er und seine ersten Mitarbeiter zum einen auf die entsprechenden Rechtsgrundlagen zurück wie z. B. die Reichshaushaltsordnung, die Reichskassenordnung, die Reichsrechnungslegungsordnung oder die Wirtschaftsbestimmungen für die Reichsbehörden des Deutschen Reiches und zum anderen auf die organisatorischen Grundprinzipien des Reichsrechnungshofes vor 1933[75]. Somit war die Rechnungskammer in Speyer die erste funktionierende RK in der französischen Zone, die ihre praktische Arbeit im Dezember 1945 mit der Prüfung der Besoldung der Beamten, Angestellten und Arbeiter beim Oberregierungspräsidium in Neustadt a. d. H. aufnahm[76].

Auch nach dem raschen Aufbau seiner Behörde versuchte Oeftering, die Entwicklung im Rechnungsprüfungswesen weiterhin maßgeblich zu beeinflussen und seinen Kompetenzbereich auszudehnen. Im Auftrage der ZMR arbeitete er Entwürfe der Geschäftsverteilungs- und Stellenpläne für die „Errichtung von Rechnungskammern in der französischen Nord- und französischen Süd-Zone und für das Saargebiet" aus, die er „ . . . ohne jede Fühlungnahme mit den zuständigen deutschen Stellen . . ." dem verantwortlichen Capitaine Verneuil in Baden-Baden zusandte, der inzwischen offensichtlich Vincenot abgelöst hatte, „ . . . , um nicht die Absichten und Wünsche der Militärregierung vorzeitig bekannt werden zu lassen"[77]. Hierin ging er „weisungsgemäß" davon aus, daß sich das Prüfungsgebiet der RK Hessen-Pfalz grundsätzlich auf das gesamte Besatzungsgebiet Nord mit Ausnahme des Saarlandes erstrecke, womit er deren vergleichsweise hohen Stellenpegel rechtfertigte. Die RKn in Süd-Baden und Süd-Württemberg sollten sich analog zu der in Speyer konstituieren, jedoch könnten sie in Anbetracht der kleineren geographischen Ausdehnung und der geringeren wirtschaftlichen und finanziellen Bedeutung mit weniger Personal auskommen. Zudem habe er darauf geachtet, daß durch eine möglichst niedrige Einstufung der Beamten („der Leiter soll nur ein Oberregierungsrat sein")[77] und eine starke Zusammenfassung der Prüfungsgebiete die verhältnismäßig hohen Kosten, die mit der Errichtung von Rechnungskammern für solche kleinen Gebiete verbunden sind, begrenzt werden.

Zur endgültigen Klärung der Modalitäten zur Errichtung der provinziellen Rechnungskammern führte Oeftering im Auftrage der MR vom 20. bis 22. 3. 1946 eine Dienstreise nach Freiburg und Tübingen durch. Bei den Ver-

---

[75] Siehe FN 58.

[76] Siehe FN 68.

[77] Schreiben Oefterings vom 22. 2. 1946 an Capitaine Verneuil in Baden-Baden; ZIK 8.9.1.5./22021946.

handlungen, die in den Räumen der jeweiligen obersten Delegationen mit den Leitern der Finanzministerien Süd-Badens und Württemberg-Hohenzollerns, Alfred Bund und Paul Binder, stattfanden, betonte der ihn begleitende Kapitän Verneuil einleitend, daß die entsprechenden Prüfbehörden rasch nach dem Vorbild Speyer aufzubauen und die Präsidenten umgehend zu bestellen seien, „... um so schnell als möglich den Beratenden Finanzausschuß für die Zwecke der Militärregierung bilden zu können. Dieser Ausschuß sei für die Durchleuchtung der nunmehr in Baden-Baden vorliegenden Haushaltsentwürfe der einzelnen Provinzen dringend nötig“[78]. Danach zogen sich die deutschen Beteiligten zu getrennten Beratungen zurück, in denen Oeftering nicht nur die von ihm für seine Behörde erlassene vorläufige Geschäftsordnung, Rechnungsprüfungsordnung und Dienstanweisungen übergab, sondern darüber hinaus konkrete Personallisten präsentierte. Als Präsidenten für die Tübinger und die Freiburger RK schlug er Ministerialrat Breuer aus dem Kultusministerium bzw. Ministerialrat Otto Oswald, ein ehemaliges Mitglied der Außenabteilung Karlsruhe, vor, der von den Amerikanern im Rahmen ihrer Entnazifizierung ohne Bezüge seines Postens in dem kurze Zeit bestehenden Rechnungshof für Württemberg-Baden enthoben worden war[79].

Damit waren die entscheidenden Weichen für die Institutionalisierung des Rechnungsprüfungswesens in der französischen Zone gestellt. Wie bereits erwähnt, erhielt die RK Hessen-Pfalz am 1.2. 1946 durch eine von der MR genehmigte Rundverfügung des Oberregierungspräsidiums in Neustadt a.d.H. ihre formalrechtliche Grundlage[80]. Darin wurde ihr der Status einer der Regierung gegenüber unabhängigen, lediglich dem Gesetz unterworfenen, kollegial verfaßten obersten Behörde zuerkannt, deren Mitglieder richterliche Unabhängigkeit genießen. Organisatorisch gliederte sie sich in eine Präsidialabteilung, die auch Gutachterfunktionen ausübte, und in eine in mehrere Gebiete unterteilte Prüfungsabteilung. Der innere Aufbau und die Arbeitsweise wurden durch eine Geschäftsordnung, einen Geschäftsverteilungsplan und eine Rechnungsprüfungsordnung geregelt, die bis zur Konstituierung einer demokratisch legitimierten Landesregierung als vorläufig betrachtet wurden. Ihre Prüfkompetenz erstreckte sich auf das gesamte Finanz-, Rechnungs- und Kassenwesen des Staates und der Gemeinden, da sich ihre Aufgabe – so Oeftering in seiner Eröffnungsrede –

---

[78] Vermerk Oefterings vom 26.3.1946; ZIK 8.9.1.5./26031946.

[79] Military Government, Hrsg. Landeskommissarbezirk Karlsruhe, US-Zone, Karlsruhe, Baden, vom 28.9.1945; ZIK 9.6./28091945.

[80] Vgl. u. a. *Springorum*, Ulrich, a. a. O., S. 126. Der Autor erwähnt den RH Hessen-Pfalz bzw. den RH Rheinland-Pfalz nur beiläufig, was bei seinem Thema angesichts des großen Einflusses dieser Prüfbehörde auf den Verwaltungsaufbau etwas verwundert. Zudem ist seine Behauptung, daß die RK Speyer für die gesamte Zone zuständig gewesen wäre, unrichtig.

in einem einzigen Begriff verdichten ließe, dem der Legalitätsüberwachung: „Es ist die oberste Aufgabe der Rechnungskammer, auf allen Gebieten des öffentlichen finanziellen Lebens darüber zu wachen, daß die Verwaltung unbedingt nach dem Gesetz verfährt“[81].

Am 31. 3. 1946 folgte durch einen Präsidialerlaß des Oberpräsidenten in Koblenz die Eröffnung der RK für Rheinland–Hessen–Nassau, die in der kurzen Zeit ihres Bestehens allerdings nur ein Mauerblümchendasein fristete. Denn bereits am 24. 10. 1946 erteilte die MR im Rahmen der durch ihre Verordnung vom 30. 8. desselben Jahres eingeleiteten Verschmelzung der beiden Provinzen zum Land Rheinland-Pfalz die Zustimmung, diese Prüfbehörde mit der in Speyer zu einem Landesrechnungshof (LRH) zusammenzulegen, ein Prozeß, der formal mit der Geschäftsübernahme der nunmehrigen Außenstelle Koblenz durch den Präsidenten Oeftering am 2. 4. 1947 abgeschlossen wurde[82]. Die rechtlichen Grundlagen für den neuen Landesrechnungshof in Speyer wurden mit der Landesverordnung vom 30. 4. 1947 geschaffen, in der die bislang praktizierte Prüf-, Gutachter- und Beratungstätigkeit der Vorläuferbehörde sowie deren Organisationsprinzipien mehr oder weniger bestätigt wurden; seine Unabhängigkeit wurde Mitte Mai im Artikel 120 der Verfassung garantiert.

Als nächste Provinzrechnungskammer folgte die für Württemberg-Hohenzollern, die durch eine Regierungsanordnung des Direktoriums des Staatsrates am 2. 7. 1946 in Tübingen errichtet wurde. Diese ebenfalls nur dem Gesetz unterworfene oberste Behörde, deren Mitglieder richterliche Unabhängigkeit besaßen, konnte ihre Arbeit erst im Oktober aufnehmen. Ihre konstitutionelle Verankerung erfuhr sie im Artikel 83 der Landesverfassung vom 20. 5. 1947; zu der hierin geforderten gesetzlichen Regelung der Rechnungsprüfung kam es nicht mehr, da nach der Bildung des Landes Baden-Württemberg in Karlsruhe ein neuer Landesrechnungshof errichtet wurde. Ihr Aufgabenbereich entsprach in etwa der der RK in Speyer, darüber hinaus hatte sie allerdings seit dem 22. 1. 1948 die Funktion eines Sparkommissars wahrzunehmen, die zuvor bei der Landesdirektion der Finanzen eingebunden war[83]. Anzumerken bleibt, daß nicht der von Oeftering vorgeschlagene Kandidat Breuer zum Präsidenten ernannt, vielmehr diese Kammer von dem des Rechnungshofes Württemberg-Baden, Hofmeister, in Personalunion geleitet wurde. Diese angesichts der französischen Besatzungspolitik erstaunliche Tatsache dürfte sich zum einen aus den Bestrebungen des Tübinger Staatssekretariats erklären, die verwaltungsmäßige

[81] Eröffnungsrede Oefterings vom 19. 2. 1946, S. 7; ZIK 8.9.1.4./19021946.

[82] Vgl. Tätigkeitsbericht der RK vom 18. 12. 1946/ZIK 8.9.3.1./18121946, und Tätigkeitsbericht des BFA an die Generaldirektion der Wirtschaft und Finanzen der ZMR in Baden-Baden, z. Hd. v. Direktor Mazodier vom 29. 8. 1947; ZIK 8.10./29081947.

[83] Siehe FN 72.

Einheit des geteilten Württemberg zu wahren, und zum anderen aus der noch lange Zeit gehegten Hoffnung der französischen Regierung, die Amerikaner doch noch zu einem Austausch Württemberg-Hohenzollerns gegen Nord-Baden bewegen zu können[84].

Im benachbarten Süd-Baden verzögerte sich die Etablierung einer Rechnungsprüfungsbehörde trotz Drängen der MR bis zum Spätsommer 1946, in dem sie am 29. 8. 1946 zwar feierlich in Freiburg eröffnet wurde, aber erst durch die Regierungsanordnung vom 11. 9. 1946 ihre formelle Basis erhielt. § 2, Absatz 1, dieser Anordnung bestimmte, daß die RK unmittelbar dem Präsidenten der badischen Landesverwaltung unterstehe und bei der Erfüllung ihrer Aufgaben unter Kontrolle der MR nur dem Gesetz unterworfen sei, womit sie nach Meinung des damaligen Leiters Oswald hinsichtlich ihrer staatsrechtlichen Stellung auf die landesherrliche Regelung von 1832 zurückgeworfen wurde. Ihre Unabhängigkeit wurde mit den Artikeln 77 und 100 der Verfassung vom 22. 5. 1947 wieder hergestellt; die sich hieraus notwendig ergebende Gesetzesregelung konnte trotz entsprechender Initiative insbesondere seitens der RK selbst vor der Gründung Baden-Württembergs nicht mehr erzielt werden[85]. Eine Erklärung für die verglichen mit den anderen Prüfbehörden doch recht gravierende Abweichung im Rechtsstatus ist nach den vorliegenden Dokumenten nur schwer möglich. Es spricht einiges dafür, daß der Leiter des Finanzministeriums und zeitweilige Präsident der Landesverwaltung Baden, Bund, der Institution RH insgesamt ablehnend gegenüberstand: „Für den Rechnungshof habe ich nie viel übrig gehabt; die Kassen- und Rechtsordnung habe ich nie gelesen, die Prüfungserinnerungen des Rechnungshofes, die in meiner Postmappe lagen, immer überschlagen“[86]. Aus dieser Geringschätzung entsprang wohl auch seine Meinung, daß das Gebot der Stunde, die laufende Prüfung der staatlichen Kassen, von den Beamten seiner Behörde wesentlich effektiver durchgeführt werden könne. Außerdem mußte er die Ernennung des Oeftering-Kandidaten Oswald, mit dem er im Sommer 1945 anscheinend mehrere persönliche Auseinandersetzungen gehabt hatte[87], zum Präsidenten der RK als Brüskierung empfinden. Inwieweit hierbei Befürchtungen eine Rolle gespielt haben, daß mit einem derartigen Kontrollorgan der ohnehin auf der Provinzverwaltung lastende enorme Druck seitens der MR noch verstärkt werden könnte, ist zwar naheliegend, kann aber noch nicht abschließend beurteilt werden.

---

[84] Vgl. hierzu *Schmid,* Carlo, a. a. O., S. 234, und *Konstanzer,* Eberhard, a. a. O., S. 92f.

[85] Vgl. hierzu Denkschrift des Präsidenten der Badischen Rechnungskammer über die Prüfung der Rechnungen des Landes Baden für die Rechnungsjahre 1945, 1946 und 1947 vom 2.4.1950, ZIK 8.1.1.1./02041950.

[86] Aktenbemerkung Oswalds vom 21. Juli 1945; ZIK 8.1.1.5./21071945.

[87] Vgl. FN 86 und Aktenbemerkung Oswalds vom 16.8.1945, ZIK 8.1.1.5./16081945.

Zusammenfassend bleibt festzuhalten, daß der Institutionalisierungsprozeß des Rechnungsprüfungswesens für die französische Zone im Herbst 1946 als abgeschlossen gelten kann. Die Rechnungskammern wurden bis auf die Freiburger Ausnahme als unabhängige, nur dem Gesetz unterworfene und kollegial verfaßte oberste Behörden errichtet, die die Rechtsnachfolge des Rechnungshofs des Deutschen Reiches bzw. der Preußischen Oberrechnungskammer antraten. Ihre Aufgabe lag in der Überwachung und Prüfung des Finanz- und Kassenwesens der Länder, der Bezirksverbände, der Kreise und Gemeinden wie den übrigen öffentlichen Einrichtungen bzw. Wirtschaftsunternehmen. Ziel ihrer Tätigkeit war, die öffentliche Haushalts- und Wirtschaftsführung mit den Verfügungen bzw. Anordnungen der MR wie der obersten Landesbehörden sowie mit den Geboten der Ordnungsmäßigkeit, Sparsamkeit und Wirtschaftlichkeit in Einklang zu bringen. Des weiteren wurden ihnen umfassende Gutachter- und Beraterfunktionen übertragen, die sie entweder aus eigener Initiative, auf Ersuchen der MR, der Exekutive und/oder der Legislative zu erfüllen hatten. Zudem unterlagen sie einer regelmäßigen dreifachen Berichtspflicht gegenüber der Landesregierung, der provinziellen MR und dem Beratenden Finanzausschuß. Dieses Koordinationsorgan wiederum hatte zusammenfassende Darstellungen über die Tätigkeit der RKn für die ZMR in Baden-Baden, Abteilung Finanzen, zu erstellen sowie Gutachten über Besatzungskosten und steuer- bzw. haushaltsrechtlichen Fragen.

2.3. Arbeitsschwerpunkte der Rechnungsprüfungsorgane in den ersten Nachkriegsjahren

Im folgenden soll kurz der Frage nachgegangen werden, unter welchen Bedingungen und mit welchen Schwerpunktsetzungen dieses umfangreiche Arbeitspaket erledigt wurde.

Am problemlosesten gestaltete sich der Aufbau der Kontrollinstitutionen dort, wo bis zum Kriegsende Prüfbehörden tätig gewesen waren, wie etwa die Außenabteilung des Reichsrechnungshofs in Hamburg, München und Karlsruhe, und auf eine mehr oder minder intakte Infrastruktur zurückgegriffen werden konnte. Dies trifft auf die französische Zone nicht zu, in der das Rechnungsprüfungswesen buchstäblich aus dem Nichts aus dem Boden gestampft werden mußte, woraus sich beinahe zwangsläufig schwerwiegende infrastrukturelle und personelle Probleme ergaben.

Zunächst mußten die materiellen Fragen der Raumbeschaffung und der bürotechnischen Ausrüstung geklärt werden, die vor allem in Freiburg und Tübingen sich noch lange Zeit hemmend auf die Arbeit auswirkten. Klagen über Raumnot und Ausstattungsengpässe, über fehlende Aktentaschen, Dienstfahrzeuge – vom Fahrrad angefangen bis hin zum begehrten Auto –

etc. waren Legion, dürften aber den Alltag der meisten Verwaltungen in den ersten Nachkriegsjahren geprägt haben.

Wesentlich gravierendere Auswirkungen hatte das fast völlige Fehlen der immateriellen Infrastruktur, d. h. von Gesetzestexten wie Kommentaren, Sammlungen grundlegender Erlasse, Fachbüchern, Prüfungsunterlagen usw., so daß zumindest in Hessen-Pfalz um jedes Buch, jedes Formular, jede Akte ein nervenaufreibender ‚Behördenkampf' entbrannte, zumal die RK in Speyer keine eindeutige Rechtsnachfolge einer entsprechenden früheren Dienststelle nachweisen konnte, wenn man von dem ehemaligen „Oberfinanzpräsidium Westmark, Zweigstelle für bayerische Angelegenheiten, Rechnungsamt", absieht, dessen noch spärlich vorhandene Akten ihr trotzdem nicht ausgehändigt wurden[88]. Verschärfend kam hinzu, daß die ZMR ihre Zone hermetisch abriegelte und somit eine ‚Amtshilfe' der ‚Schwesterbehörden' aus den anderen Sektoren, wenn überhaupt, nur äußerst sporadisch möglich war. Selbst die Unterlagen der Außenstelle Karlsruhe, die auf die Finanzverwaltung Süd-Baden übergegangen waren, blieben ihr trotz intensiver Bemühungen ihres Präsidenten mit der Begründung auf Eigenbedarf verschlossen.

Besonders plastisch schildert der Leiter der RK Freiburg diesen z. T. desolaten Zustand:

> „Als Diensträume standen der neuen Behörde in der sog. Nordkaserne (Sautierstr. 34) 5 Räume zur Verfügung, wovon aber am Tag der Eröffnung nur 2 (ohne Heizung und ohne Beleuchtung) benutzt werden konnten. In den weiteren 3 Räumen fehlten noch Fenster und Türen. Der knappe Raum genügte für das vorhandene Personal, das in den ersten Wochen lediglich aus dem Präsidenten und einem Prüfungsbeamten bestand, die eigene Schreibtische benutzten, da Büromöbel noch vollständig fehlten und nur mühsam Stück für Stück beigebracht werden konnten"[89].

Hiermit wird sogleich auf das wohl schwerwiegendste Problem beim (Wieder-)Aufbau des deutschen Verwaltungsapparates hingewiesen, das der Personalrekrutierung. Durch den kriegsbedingten Aderlaß – auch den Reichsrechnungsbehörden waren zunehmend entbehrliche und einsatzfähige Mitarbeiter für die Wehrmacht entzogen worden – und durch die Entnazifizierung der Alliierten war das Reservoir an fachlich versierten und politisch unbelasteten Beamten für diesen Verwaltungssektor beträchtlich geschrumpft. Da Oeftering in der französischen Zone als erster aus dem verbliebenen Fundus schöpfen konnte, hatte er allerdings weniger Mühe als seine späteren Kollegen, das erforderliche Personal zu gewinnen: „Durch zahlreiche Verhandlungen aller Art ist es gelungen, ausreichende Bewer-

---

[88] Vgl. u. a. Schreiben Oefterings an den Rechnungshof in Karlsruhe vom 15.11.1945; ZIK 8.9.1.5./15111945, und andere diesbezügliche Präsidialschreiben, z. B. ZIK 8.9.1.5./15071946//18061946.

[89] Siehe FN 85.

bungen auch von Angehörigen (Amtsräten, Ministerialräten und einem Direktor) des ehemaligen Rechnungshofs des Deutschen Reichs, insbesondere von dessen Amtsstellen in Metz und Karlsruhe zu erhalten"[90]. Daher konnte er aus den zahlreichen Bewerbern diejenigen mit der höchsten Qualifikation und mit der geringsten NS-Belastung auswählen. Diese günstige Ausgangssituation spiegelt sich in der Personalentwicklung der RK wider, die bereits im Juli 1946 über drei Prüfungsgebietsleiter, 21 Prüfungsbeamte und acht Hilfskräfte verfügte; zudem versuchte er, „durch Einrichtung von Ausbildungs- und Fortbildungskursen ... auch einige jüngere Nachwuchsbeamte an die Rechnungskammer zu berufen und sie mit ihren besonderen Aufgaben vertraut zu machen"[91].

Völlig anders hingegen waren die Bedingungen für die übrigen provinziellen Kontrollorgane. Zu Beginn ihrer Arbeitsaufnahme im Herbst 1946 bestand z. B. die württembergische RK lediglich aus zwei Prüfungsbeamten und dem Präsidenten, sein badischer Kollege mußte gar mit einem entsprechenden Bediensteten auskommen. Die desolate Personallage besserte sich nur langsam, wie aus dem Vergleich der nach dem Haushaltsplan 1947 vorgesehenen Sollplanstellen mit dem Ist-Stand vom 1. 7. 1947 deutlich wird (das Verhältnis Ist/Soll ist ein Indikator für die Besetzung: 0 Nicht-Existenz, 1 Vollbesetzung, über 1 Überbesetzung)[92].

Rechnungshöfe		Soll	Ist	Ist/Soll
Rheinland-Pfalz	Ltd. Beamte	8	5	0,6
	Prüfbeamte	41	34	0,8
Südbaden	Ltd. Beamte	3	1	0,3
	Prüfbeamte	25	7	0,3
Württemberg-Hohenzollern	Ltd. Beamte	3	1	0,3
	Prüfbeamte	16	8	0,5

Die Engpässe in der Personalausstattung der beiden süddeutschen Prüfungsbehörden konnten auch in den folgenden Jahren nur leicht wie in Tübingen oder überhaupt nicht wie in Freiburg beseitigt werden, so Originalton Oswald: „Zwei Jahre nach der feierlichen Eröffnung der Kammer (1. 9. 1948) waren erst acht Prüfungsbeamte eingestellt. Alle übrigen Bewerber waren nach zeitraubendem monatelangem, fruchtlosem Schriftwechsel

[90] Siehe FN 68.

[91] Tätigkeitsbericht der RK Hessen-Pfalz vom 18.12.1946 an die MR Pfalz, z. Hd. von Herrn Oberleutnant Bauzon; ZIK 8.10./29081947.

[92] Zusammengestellt nach den Angaben aus dem Tätigkeitsbericht des BFA vom 29.8.1947; ZIK 8.10./29081947.

in einer der drei Hürden (Spruchkammer, Wohnungsamt, Militärregierung) hoffnungslos hängen geblieben. Dabei wäre eine voll besetzte, leistungsfähige oberste Prüfbehörde unter den verfahrenen Verhältnissen des beginnenden Wiederaufbaus dringender nötig gewesen als je"[93]. Hiermit sind die entscheidenden hemmenden Faktoren bei der Personalgewinnung genannt.

Zur Entnazifizierung sei ergänzend angemerkt, daß die Franzosen vor allem in der ersten Zeit eine verglichen mit den Amerikanern relativ ‚lasche Linie' verfolgten. So konnten z. B. dringend benötigte Fachbeamte trotz politischer Belastungen weiter beschäftigt oder neu eingestellt werden, wenn sie unter der Kuratel eines bekanntermaßen antinationalsozialistisch gesinnten Leiters standen. Allerdings wurde der hiermit verbundene Ermessensspielraum von den mit der Durchführung der entsprechenden Maßnahmen beauftragten deutschen Gremien in den Provinzen recht unterschiedlich gehandhabt; ob er enger oder weiter ausgelegt wurde, hing z. T. entscheidend von der persönlichen und/oder politischen Einstellung der Mitglieder der regionalen wie zentralen Untersuchungskommissionen ab[94].

Die umrissenen behördeninternen Restriktionen behinderten in Verbindung mit den externen weitgehend zerstörten Kommunikations- und Verkehrsverhältnissen die Kammern beträchtlich bei der Erfüllung ihrer Aufgaben, wie sie ihnen in den inhaltlich weitgehend identischen Regierungsanordnungen bzw. Präsidialerlassen zugewiesen worden waren:

„1. die Führung des gesamten Landeshaushalts ... zu überwachen,

2. die Haushaltsrechnungen der Verwaltungen und Unternehmungen der Gemeinden, Kreisverbände und Zweckverbände ... zu prüfen,

3. weitere Aufgaben zu erfüllen, die ihr auf Grund eines Beschlusses des Direktorismus des Staatssekretariats zugewiesen werden,

4. alle die Finanzen betreffenden Untersuchungen im Rahmen des vom finanzwissenschaftlichen Zonenbeirats aufgestellten Arbeitsplans oder nach sonstiger Anordnung der Militärregierung für Württemberg-Hohenzollern vorzunehmen[95]."

Betrachtet man die konkreten Tätigkeiten der Rechnungskammern, so hätte die Reihenfolge umgekehrt lauten müssen: Nicht die nachgängige Rechnungsprüfung, sondern die Gutachten und Beratungen standen eindeutig im Vordergrund. So mußten z. B. alle Kontrollorgane sofort nach ihrer Errichtung auf Anweisung der MR die Organisations-, Personal- und Besoldungsverhältnisse der Provinzverwaltung, insbesondere der obersten

---

[93] Siehe FN 85, S. 13.

[94] Vgl. u. a. *Springorum,* Ulrich, a. a. O., S. 128–138; *Henke,* Klaus-Dietmar, Politische Säuberung unter französischer Besatzung. Die Entnazifizierung in Württemberg-Hohenzollern. Schriftenreihe der Vierteljahreshefte für Zeitgeschichte, Nr. 42, und die dort angegebene Literatur, Stuttgart 1981.

[95] Siehe FN 72.

Behörden, prüfen. Aus diesem umfassenden Auftrag gingen zahlreiche Einsparungen – so wurde über das Oberregierungspräsidium in Neustadt a. d. H. eine allgemeine Beförderungs- und Höhergruppierungssperre verhängt[96] – und Verbesserungsvorschläge hervor: So z. B. zur Beseitigung von Überschneidungen in der Organisation und in den Zuständigkeiten der Zentralbehörden, Übertragung von Arbeiten auf nachgeordnete Dienststellen, Zentralisierung von Beschaffungsstellen, Kanzleien und Registraturen, Einhaltung der haushaltsrechtlichen Bestimmungen über die Aufstellung und Ausführung der Haushaltspläne, die Einrichtung und Führung der Kassen und Rechnungslegung, um die wichtigsten zu nennen. Bei der Prüfung der Personal- und Besoldungsverhältnisse wurde zuvorderst die zu schnelle Beförderung von Beamten gerügt, die nicht gerechtfertigte Überführung der Angestellten in das Beamtenverhältnis sowie allgemein die vielen Verstöße gegen das Beamten- und Besoldungsgesetz und die hierzu ergangenen Ausführungsbestimmungen. Hauptgrund für all diese Beanstandungen war, „... daß das neu eingestellte Personal mit den bestehenden Vorschriften nicht vertraut war. Die geprüften Stellen sind durch die Rechnungskammern und den Rechnungshof an das Bestehen und die Einhaltung der einschlägigen Bestimmungen erinnert worden und wirken nun ihrerseits darauf hin, daß dies auch durch die ihnen unterstellten Dienststellen geschieht“[97].

Derartige Organisationsprüfungen vor Ort, teils von der MR, teils von den Provinzregierungen veranlaßt, teils von den RKn selbst und die hierauf gründende Beratungstätigkeit hatten nach den bislang ausgewerteten Unterlagen eindeutig Priorität:

> „Unabhängig von diesen Prüfungen haben die Rechnungskammern und der Rechnungshof Sonderaufträge der Herren Finanzoffiziere erledigt wie z. B. die Überwachung der Verwaltung des beschlagnahmten Vermögens, die Behörden des Landes in vielen Fällen durch Gutachten und Stellungnahmen unterstützt und den Verwaltungen vorübergehend Kräfte zur Verfügung gestellt, wenn besonders wichtige und dringliche Aufgaben zu erledigen waren (dies dürfte sich allerdings auf die RK Speyer beschränkt haben, d. Verf.). Die Beamten des Rechnungshofs von Rheinland-Pfalz waren in vielen Fällen für den Beratenden Finanzausschuß bei der Durchführung besonderer Aufträge der Militärregierung – wie z. B. der umfassenden Überprüfung des Requisitionswesens – tätig[98].“

Letzterem galt auch das besondere Augenmerk der beiden anderen Schwesterbehörden[99].

---

96 ZIK 8.10./29081947 (vgl. FN 82).

97 Ebenda; hierzu gehörte z. B. auch die örtliche Prüfung des Internierungslagers Diez/Lahn durch den RH Rheinland-Pfalz (ZIK 8.9.3./12071948), eine makabre Kontinuität zu der Tätigkeit des RRH in der Nazizeit, der ebenfalls Konzentrationslager überprüfte; vgl. hierzu den Beitrag von *Rainer Weinert* in diesem Band.

98 Vgl. ZIK 8.1.3./24021950 und ZIK 8.1.1.1./02041950.

99 Tätigkeitsbericht des BFA vom 15.4.1948; ZIK 8.10./15041948.

Die Dominanz dieses Aufgabenbereiches in den ersten Nachkriegsjahren ging eindeutig zu Lasten der nachgängigen Prüfung der Rechnungen der Jahre 1945 bis 1947, die mit einem beträchtlichen zeitlichen Abstand erfolgte. Dies ist nicht allein durch die damals herrschende Unter- und/oder Fehlbesetzung im Kassenwesen, die nur in Ansätzen vorhandene Vorprüfung, die mitten in den Rechnungsjahren 1945 bzw. 1946 liegenden Gründungen der RKn und die auf der geographischen Zusammenstückelung der französischen Zone beruhende Unübersichtlichkeit über die zu prüfenden Stellen zu erklären, sondern resultiert zu einem nicht geringen Teil aus der mit dieser Prioritätensetzung verbundenen Überforderung der personellen Kapazität, von der auch die Speyrer Prüfbehörde betroffen war. So konnte beispielsweise die württembergische RK ihre Prüfung der Rechnungen für 1945 nur stark eingeschränkt oder abgekürzt im Laufe des Jahres 1948 abschließen, wohingegen die badische „wegen ihres geringen Personalbestands und der Inanspruchnahme für die Organisations-, Personal- und Besoldungsprüfung dazu gezwungen (war), die Prüfung mit dem Ablauf des Monats September 1947 abzubrechen“. Der beträchtliche zeitliche Abstand bei der Erfüllung dieser ihrer klassischen Aufgabe, „ . . . ein Übel, mit dem Prüfungsbehörden von jeher zu kämpfen gehabt haben . . .“[100], konnte in den folgenden Jahren nicht entscheidend verkürzt werden, zumal sie im Rahmen der Währungsreform am 20.6.1948 mit weiteren zahlreichen Sonderaufträgen belastet wurden.

Diese bruchstückhaften Ausführungen zum Aufbau des Rechnungsprüfungswesens dürften dennoch gezeigt haben, daß die französische Siegermacht die Finanzkontrolle durchaus als ein wesentliches Instrument zur Durchsetzung ihrer wirtschaftlichen Interessen genutzt hat, wobei den Prüfbehörden die Rolle zugedacht war, die deutsche Administration unter dieser Zielsetzung zu effektivieren und zu kontrollieren. Die Bemühungen der ZMR, ein derartiges Kontrollsystem zentral zu organisieren, das ihre Stellung gegenüber den obersten Delegierten wie der der Kommandantur Koenigs erheblich gestärkt hätte, führten jedoch wegen der dezentralistischen Besatzungspolitik nur zu dem oben erwähnten Teilerfolg. Hingegen beruhten die gleichgerichteten engagierten und hartnäckigen Bestrebungen Oefterings auf anderen Motiven. Zwar war er wie seine französischen ‚Partner‘ darauf aus, daß angesichts der knappen Haushaltsmittel die sich teilweise noch in der Rekonstruktionsphase befindlichen Verwaltungen sich streng an den Kriterien der Ordnungsmäßigkeit, Sparsamkeit und Wirtschaftlichkeit orientierten. Aber sein Beharren auf einheitlich verfahrenden Prüfungsinstitutionen zielte nicht zuletzt darauf ab, quasi hinter deren Rücken, seinen Teil dazu beizutragen, die Gültigkeit des Verwaltungsrechtes des Deutschen Reiches in all seinen Facetten zu bewahren, um einer

[100] Ebenda.

administrativen Auseinanderentwicklung der Provinzen bzw. Länder und eine zu weitgehende Abkoppelung der französischen Zone von den beiden anderen westlichen Sektoren entgegenzuwirken. So wies er z. B. das Ansinnen der MR Rheinland-Pfalz, sich massiv in den Geschäftsgang des Finanzministeriums einzumischen, mit den Hinweis auf § 100 der RHO zurück[101], was seiner generellen Intention entsprach, seinen gewiß nicht zu unterschätzenden positionalen Einfluß dahingehend auszuüben, den Entscheidungsspielraum des deutschen Behördenapparates auszudehnen[102].

Bei diesem Spiel um die Macht sollte allerdings der allzu menschliche Faktor des persönlichen Eigennutzes nicht aus den Augen verloren werden, denn die Akteure auf beiden Seiten dürfte bei allen wohl zu unterstellenden sachpolitischen Kontroversen teilweise ein gemeinsamer Nenner verbunden haben: die Karriere.

3. Zusammenfassung

Betrachtet man den Institutionalisierungsprozeß der Rechnungsprüfungsorgane in den drei Westzonen, so können trotz aller regionalen Unterschiede folgende gemeinsame Bestimmungsgrößen festgehalten werden.

Über ein detailliertes besatzungspolitisches Konzept hinsichtlich der Finanzkontrollbehörden verfügte offenbar keine der westlichen Besatzungsmächte. Um so erstaunlicher ist dieser rasche Re-Institutionalisierungsprozeß in allen drei Zonen. Hierbei scheint sich die Möglichkeit, auf die Infrastruktur einer Vorgängerbehörde des Reichs zurückgreifen zu können, als der beschleunigende Faktor ausgewirkt zu haben. Eine Ausnahme stellt in dieser Hinsicht die frühzeitige Eröffnung der RK Hessen-Pfalz dar, was sich aus dem Versuch der französischen Militärregierung erklären dürfte, diese als ihr Kontrollorgan der deutschen Verwaltung zu instrumentalisieren, um ihren Sektor ökonomisch optimal ausbeuten zu können.

Der tradierte apolitische Nimbus der deutschen Rechnungsprüfungsorgane verstärkte die Haltung der amerikanischen und britischen Siegermächte, diese als eine verwaltungstechnische Serviceeinrichtung zu sehen, insbesondere bei der Kontrolle der immensen Besatzungskosten; des weiteren sollten sie zur Rationalisierung der deutschen Administration schon in der Aufbauphase beitragen, um den wirtschaftlichen Gesundungsprozeß der Länder und später der Bi-Zone voranzutreiben. Im Gegensatz zu den föderalistisch orientierten Amerikanern erhielt der Hamburger Rechnungshof

---

101 Vgl. Schreiben Oefterings an den Colonel Noury bei der Generaldirektion für die Militärregierung von Rheinland-Pfalz, Abt. Finanzen, in Koblenz, ZIK 8.9.3./ 30061947.

102 Vgl. FN 58.

im Rahmen des zentralistischen Verwaltungskonzeptes der Briten den Charakter eines ‚Zentralamtes für Finanzkontrolle', das die Einheitlichkeit der Rechnungsprüfung zonal sicherstellte.

Hemmend auf den Aufbau des Rechnungsprüfungswesens wirkte sich neben den infrastrukturellen und vor allem personellen Restriktionen die negative Einstellung der Landesregierungen, insbesondere der Finanzministerien, aus. Die hieraus resultierenden Konflikte, bei denen die Besatzungsmächte zumeist den Rechnungshöfen zur Seite standen, beruhte nicht nur auf der Denaturierung des Reichsrechnungshofs in der Nazizeit oder der allgemeinen Haltung, daß angesichts der völlig zerrütteten Ökonomie, der zerstörten Städte und des politischen Chaos es wahrscheinlich wichtigere Aufgaben gebe als die „Korinthenkackerei" einer Rechnungsprüfung, sondern es scheint sich dahinter eher die alte, schon lange schwelende grundlegende Auseinandersetzung um Macht und Kompetenz zwischen der Institution Rechnungshof und den obersten Finanzbehörden zu verbergen, die in dieser Phase der Vorgeschichte der Bundesrepublik Deutschland erneut und mit Vehemenz ausbrach.

Wie die kurzen Ausführungen über die Tätigkeiten der Rechnungsprüfungsorgane in den ersten Nachkriegsjahren zeigen, ergeben sich hierbei keine gravierenden zonalen Unterschiede: Die Gutachtungs- und Beratungsarbeit stand eindeutig im Vordergrund, die sie mit der Intention ausübten, der Gültigkeit des Verwaltungsrechts des Deutschen Reichs auch gegen den Willen der Siegermächte zu wahren:

> „Es konnte in den ersten Jahren nicht so sehr darauf ankommen, die Einnahmen und Ausgaben im einzelnen auf ihre Richtigkeit zu prüfen. Wichtiger war es, den Behörden bei dem Neuaufbau und der Wiedereinrichtung der Verwaltung jede nur erdenkliche Hilfe und Unterstützung zukommen zu lasen, dabei aber auch die Behörden mit dem Wesen der Finanzkontrolle vertraut zu machen und sie wieder daran zu gewöhnen, daß ihre Arbeitsweise und Wirtschaftsführung einer Prüfung unterliegt und sie für ihre Handlungen einzustehen haben[103].

In diesen Sätzen wird implizit der Reichsrechnungshof kritisiert, der während der Kriegsjahre seine Prüftätigkeit im Altreich mehr und mehr eingestellt hatte, die – wie Oeftering in seiner Eröffnungsrede betonte – „ . . . nicht viel mehr darstellte, als eine Sicherung gegen Unterschlagungen und Veruntreuungen, von einem wirklichen Einfluß auf die Finanzgebarung aber möglichst ausgeschlossen wurde"[104], eine teils richtige, teils aber polemisch überspitzte Einschätzung. In diesem Sinne entwickelten sie sich gera-

[103] Denkschrift zur Haushaltsrechnung des Landes Nordrhein-Westfalen für das Rechnungsjahr 1947 des LRH Nordrhein-Westfalen vom 6.3.1950, S. 9f.; ZIK 8.8.1./06031950.

[104] ZIK 8.9.1./19021946.

dezu zu Trutzburgen des Beamtenrechts und des Berufsbeamtentums, die die traditionellen Organisationsstrukturen nicht nur ihres eigenen Apparates, sondern der der staatlichen Bürokratie insgesamt unter dem Motto konservierten: „Verfassungsrecht vergeht, Verwaltungsrecht besteht"[105].

[105] *Mayer,* Otto, Deutsches Verwaltungsrecht, München 1924 (Vorwort zur dritten Auflage).

Vergleichende Übersicht über Funktions- und Organisationsmerkmale der obersten Finanzkontrollbehörden auf Zonen- bzw. Bundes- und Länderebene in der Nachkriegszeit (Westzonen bzw. Bundesrepublik)

Gebiet	Institution (Errichtung)	Status der Institution	Status der Mitglieder	organisat. Verfassung	organisat. Gliederung	Prüfbereich/ -ebene	Ausmaß Prüftätigkeit	Tätigkeitsschwerpunkte	formale Sanktionsmöglichkeiten	Adressat der Berichte	Zusatzfunktionen/ Sonderaufgaben	Kooperationsverhältnisse	andere FK-Institutionen
Britische Zone/ VWG	ZRH (1945)/ AbwSt (48)/ RHfS (49)/ RHiVWG (48/49)	unabh. zonale bzw. bizonale Zentralbeh./ MilReg. untergeordnet?	richterlich unabhängig ?	kollegialisch ?	Prüfabt./ Gutachtenabt./ Außenst./ (Aufsicht VPSt)	brit. Zone (einschl. Länder)/ VWG	stark eingeschränkt	Beratung/ Gutachten/ Prüfung	gemäß § 102 RHO ?	MilReg./ Wirtschaftsrat (VWG) ?	Gutachtenkommission/ Sparbeauftr./ Besatzungskosten	AGORP	regional/ kommunal
Bundesrepublik Deutschland	Bundesrechnungshof (1950)	selbständige oberste Bundesbehörde	richterlich unabhängig	kollegialisch	Prüfabt./ Präsidialabt./ Außenst./(Aufsicht VPSt)/ (BWV)	Bund	eingeschränkt	Prüfung/ Gutachten/ Beratung	gemäß § 102 RHO ? /(keine)	Parlament via Regierung	BWV/BPA/ BSA/Rev. Treuh. KG	AGORP (AGRHe bzw. PKRHe)	regional/ kommunal
Baden-Württemberg	Rechnungshof (1952)		richterlich unabhängig	kollegialisch	Prüfabt./temp. Außenst./(Aufsicht VPSt)	Land	eingeschränkt	Prüfung	gemäß § 102 RHO ?	Landtag/ Regierung		AGORP (AGRHe bzw. PKRHe)	kommunal
Baden	Rechnungskammer (1946)	Landesbehörde (Landes-u. Mil.-Reg. unterst.)	richterlich unabhängig	kollegialisch	Prüfabt.	Land/ Gemeinden	eingeschränkt	Prüfung/ Sonderaufgaben	gemäß § 102 RHO ?		Sonderaufgaben	BFA/ AGORP	keine
Württemberg-Hohenzollern	Rechnungskammer (1946)	selbständige Behörde (BFA/ MilReg. untergeordnet)	richterlich unabhängig	kollegialisch	Prüfabt.	Land/ Gemeinden/ (Reichsbehörden)	eingeschränkt	Prüfung/ Sonderaufgaben	gemäß § 102 RHO ?		Sonderaufgaben Sparkommissar/ Pers.-Union Präs. RHWB	BFA/ AGORP/ (RHWB) ?	keine
Württemberg-Baden	Rechnungshof (1945/46)	oberste Landesbehörde (unabhängig)	richterlich unabhängig	kollegialisch	Prüfabt./ Außenabt.	Land	eingeschränkt/ (Generalauftrag)	Prüfung	gemäß § 102 RHO ?		Pers.-Union Präs. RKWHz	AGORP/ (RKWHz) ?	kommunal
Bayern	RH in Bayern/ Oberster RH (1945)	selbständige oberste Staatsbehörde	unabhängig	kollegialisch (temp. beschr.)	Prüfabt./ Rechnungsämter	Land/ Reg.-Bez./ (Reichsbehörden)		Prüfung incl. Vorprüfung/ Gutachten	gemäß § 102 RHO ?	Landtag via Regierung		AGORP (AGRHe bzw. PKRHe)	kommunal
Berlin	Rechnungshof (51/52)/ (Vorl. ab 45 HPA)	selbst. oberste Landesbehörde (Dienstaufs. Bürgermeister)	unabhängig	kollegialisch	Prüfabt./ Präsidialabt./ Nebenabt. (vglb. VPSt)	Land/ Bezirke (vglb. Gemeinden)		Prüfung incl. Vorprüfung/ Gutachten		Abgeordnetenhaus		AGORP (AGRHe bzw. PKRHe)	keine

Gebiet	Institution (Errichtung)	Status der Institution	Status der Mitglieder	organisat. Verfassung	organisat. Gliederung	Prüfbereich/ -ebene	Ausmaß Prüftätigkeit	Tätigkeitsschwerpunkte	formale Sanktionsmöglichkeiten	Adressat der Berichte	Zusatzfunktionen/ Sonderaufgaben	Kooperationsverhältnisse	andere FK-Institutionen
Bremen	Rechnungshof (1949)	selbständige Behörde	unabhängig	kollegialisch	Prüfabt.	Land/ Gemeinden	eingeschr. (Generalauftrag)	Prüfung/ Beratung/ Gutachten	via Verwaltung	Bürgerschaft via Senat	Serviceaufgaben für Finanzdeputation	AGORP (AGRHe bzw.) PKRHe)	keine
Hamburg	Rechnungshof (1948)	selbständige oberste Landesbehörde	unabhängig (Weisungsrecht des Präs.)	kollegialisch	Prüfabt./ Präsidialabt.	Land/ Gemeinden	eingeschr. (Generalauftrag)	Gutachten/ Prüfung incl. Vorprüfung	gemäß § 102 RHO ?	Bürgerschaft via Senat		AGORP (AGRHe bzw. PKRHe)	keine
Hessen	Rechnungshof (1946)	selbständige oberste Landesbehörde	unabhängig	kollegialisch	Prüfabt./ (Aufsicht VPSt)	Land	eingeschränkt	Beratung/ Gutachten Prüfung	gemäß § 102 RHO ?	Landtag via Regierung	(Aufsicht Schuldenverwaltung)	AGORP (AGRHe bzw. (PKRHe)	kommunal
Niedersachsen	Landesrechnungshof (1948)	selbständige oberste Landesbehörde	unabhängig	kollegialisch	Prüfabt./ (Aufsicht VPSt)	Land	eingeschränkt	Prüfung/ Beratung	gemäß § 102 RHO ?	Landtag		AGORP (AGRHe bzw. PKRHe)	kommunal
Nordrhein-Westfalen	Landesrechnungshof (1948/49)	selbständige oberste Landesbehörde	unabhängig	kollegialisch	Prüfabt./ Präsidialabt./ (Aufsicht VPSt)	Land	eingeschränkt (Generalauftrag)	Prüfung/ Gutachten	gemäß § 102 RHO ?	Landtag via Regierung		AGORP (AGRHe bzw. PKRHe)	kommunal
Rheinland-Pfalz	Rechnungshof (1947)	selbständige oberste Landesbehörde	richterlich unabhängig	kollegialisch	Prüfabt./ Präsidialabt./ Außenst./ (Aufs. VPSt.)	Land/ Gemeinden	eingeschränkt	Prüfung/ Beratung/ Gutachten	gemäß § 102 RHO ?	Landtag via Regierung	Beratender Finanzausschuß (BFA)	BFA/ AGORP (AGRHe bzw. PKRHe)	keine
Hessen-Pfalz	Rechnungskammer (1945/46)	unabhängig/ (MilReg. untergeordnet)	richterlich unabhängig	kollegialisch	Prüfabt.	Provinz/ Gemeinden	Generalauftrag ?	Prüfung/ Beratung/ Gutachten	gemäß § 102 RHO ?		BFA/ Besatzungskosten	BFA	keine
Rheinland-Hessen-Nassau	Landesrechnungskammer (46)	Oberpräs. bzw. (MilReg. untergeordnet	richterlich unabhängig	kollegialisch	Prüfabt.	Provinz/ Gemeinden		Prüfung	gemäß § 102 RHO ?		Besatzungskosten	BFA	keine
Saarland	Generalfinanzkontrolle (1946)	unabhängig/ (Ministerpräs. unterstellt)	abhängig	Präfektursystem	Prüfabt.	Land	eingeschränkt	Prüfung	gemäß § 102 RHO ?	Landtag via Regierung ?		BFA/ AGORP (AGRHe bzw. PKRHe)	?
Schleswig-Holstein	Landesrechnungskammer (1947/48)	unabhängige oberste Landesbehörde	unabhängig	kollegialisch	Prüfabt./ (Aufsicht VPSt)	Land/ Gemeinden	eingeschränkt	Prüfung	gemäß § 102 RHO ?	Landtag via Regierung		AGORP (AGRHe bzw. PKRHe)	keine

(Erläuterungen vgl. Synopse S. 32 ff.).

Rechnungshöfe nach 1945 III

Die Gründungsgeschichte des Rechnungshofs von Berlin

Von Ulrich Müller

Die Gründungsgeschichte des Rechnungshofs von Berlin umfaßt die Zeitspanne von 1945 bis 1952.

Nach dem militärischen Zusammenbruch des Deutschen Reiches entwikkelte sich die Stadtgemeinde Berlin schnell zu einem Stadtstaat mit der Konsequenz der Bildung staatlicher Organe. Im Zuge dieses Prozesses kam es im Jahre 1952 zur Errichtung eines Rechnungshofs, der in seiner Organisation und Aufgabenstellung einem westdeutschen Landesrechnungshof entspricht. Der Ausgangspunkt und die politischen Rahmenbedingungen der Entwicklung des Rechnungsprüfungswesens in Berlin unterschieden sich jedoch wesentlich von der Situation in den westlichen Besatzungszonen.

1. Das kommunale Prüfungsorgan als Ausgangspunkt der Entwicklung

Keimzelle des Berliner Rechnungshofs ist nicht eine staatliche Institution, insbesondere nicht eine Außenabteilung des Rechnungshofs des Deutschen Reiches oder dessen Nebenstelle in Berlin, sondern das kommunale Prüfungsorgan. Es war in den 25 Jahren seit Bildung der Einheitsgemeinde Berlin im Jahre 1920 mehrfach beträchtlichen Wandlungen unterworfen. Diese betrafen sowohl seine Organisation als auch das Verhältnis der örtlichen Prüfung zur Staatsaufsicht. Ein spezielles Berliner Problem spielte zusätzlich eine Rolle: Das Verhältnis der Hauptverwaltung zu den Bezirksverwaltungen. Als im Jahre 1920 aus 8 Städten, 59 Landgemeinden und 27 Gutsbezirken die neue Stadtgemeinde Berlin mit fast 4 Millionen Einwohnern gebildet wurde[1], wurde gleichzeitig die relativ große Gemeinde im Interesse einer bürgernahen Verwaltung in 20 Bezirke mit gewissen Selbstverwaltungsbefugnissen gegliedert. Für die Kommunalpolitik erwuchs hieraus eine Tendenz zu Kompetenzkonflikten, die gelegentlich auch das Prüfungs-

[1] Gesetz über die Bildung einer neuen Stadtgemeinde Berlin vom 27.04.1920, PrGesS, S. 123.

wesen erfaßten. Nach 1945 spielten die Vorkriegserfahrungen bei der Neukonzeption des Prüfungswesens eine wichtige Rolle, so daß ein kurzer Rückblick angebracht ist.

Das erste Prüfungsorgan der neuen Stadt Berlin war die Stadtrechnungskammer. Sie wurde 1921[2] nach dem Vorbild der Preußischen Oberrechnungskammer geschaffen, war dementsprechend gekennzeichnet durch eine relativ große Unabhängigkeit und das Kollegialsystem. Sie war dem Magistrat unterstellt und hatte neben der Prüfung der Jahresrechnungen und Abschlüsse die gesamte Verwaltungsführung – auch unter den Gesichtspunkten der Zweckmäßigkeit und Wirtschaftlichkeit – zu prüfen. In den Bezirken wurde seit 1923 die förmliche Prüfung der Bücher und Belege durch eigene Finanzbüros vorgenommen, während die sachliche Prüfung der Stadtrechnungskammer vorbehalten blieb[3].

Die Arbeitsweise der Stadtrechnungskammer wurde von den Kommunalpolitikern schon nach kurzer Zeit als unzweckmäßig und wohl auch als unangenehm empfunden. Die Bezirke verlangten, ihnen neben der förmlichen auch die sachliche Prüfung zu überlassen. 1925 entschloß man sich deshalb zu einer Vereinfachung und Dezentralisierung des Prüfungswesens[4]. Die Bezirke erhielten eigene Bezirksprüfungsstellen, die dem jeweiligen Finanzdezernenten unterstellt und für die gesamte Prüfung der Jahresrechnungen der Bezirke einschließlich der kaufmännischen Bücherabschlüsse zuständig waren. In der Hauptverwaltung wurde anstelle der Stadtrechnungskammer die Hauptprüfungsstelle errichtet. Zu ihren Aufgaben gehörte einmal die Prüfung der Rechnungen und Abschlüsse der Hauptverwaltung, wofür eine besondere Organisationseinheit, die „Zentrale Prüfungsstelle", geschaffen wurde. Daneben hatte sie die Rechnungen und Abschlüsse der gesamten Verwaltung – einschließlich der Bezirke – ergänzend und abschließend zu prüfen. Die Stadtverordnetenversammlung, der Magistrat und bestimmte Magistratsmitglieder konnten ihr Prüfungsaufträge erteilen; Prüfungen aus eigener Initiative konnte sie nicht mehr durchführen. Sie unterstand dem Magistrat und wurde von einem Magistratskommissar geleitet; das Kollegialsystem wurde abgeschafft, die Unabhängigkeit reduziert.

Dieses System erwies sich allerdings schon nach kurzer Zeit als unzulänglich. 1932 wurde deshalb in der Berliner Verwaltung erwogen, zum System der Stadtrechnungskammer zurückzukehren. Oberbürgermeister Sahm unterbreitete der Stadtverordnetenversammlung eine entsprechende Vor-

---

[2] Ortsgesetz vom 11.03.1921, GemBl., S. 195.

[3] Richtlinien für die Wirtschaftsführung und Rechnungslegung vom 16.05.1923, DBl. I, Nr. 470.

[4] Ordnung für die Prüfung der Rechnungen und Kassen und der städtischen Wirtschaft vom 10.02.1925, DBl. I, Nr. 84.

lage, die auch wieder die Bildung eines Kollegiums vorsah[5]. Dieser Plan konnte jedoch nicht mehr verwirklicht werden.

Die politische Entwicklung in Deutschland seit 1933 führte statt dessen zu einer Stärkung der Staatsaufsicht. Nach der nationalsozialistischen Machtübernahme wurde die Hauptprüfungsstelle im April 1933 dem Preußischen Staatskommissar in der Hauptstadt Berlin unterstellt. Aufgrund des Gemeindefinanzgesetzes vom 15. Dezember 1933[6] und des Gesetzes über die Verfassung der Hauptstadt Berlin vom 29. Juni 1934[7] wurde dann ein Rechnungsprüfungsamt gebildet, das ungeachtet umfassender Aufgaben in seiner Bedeutung auf eine Vorprüfungseinrichtung herabsank. Die Entlastung des Oberbürgermeisters oblag, nationalsozialistischem Gedankengut entsprechend, dem Reichsminister des Innern, der aufgrund des Gesetzes über die Verfassung und Verwaltung der Reichshauptstadt Berlin vom 1. Dezember 1936[8] ein Gemeindeprüfungsamt für die überörtliche Prüfung errichtete. Ihm waren Rechnung und Bericht des Rechnungsprüfungsamtes zur abschließenden Prüfung vorzulegen.

Das Rechnungsprüfungsamt arbeitete bei Kriegsende nach einer Satzung vom 2. Mai/2. Juli 1936[9] und einer Vorläufigen Geschäftsordnung vom 30. August 1938[10]. Es war sowohl für die Hauptverwaltung wie für die Bezirke zuständig und gliederte sich in eine Allgemeine Hauptabteilung sowie in 21 Nebenabteilungen, von denen eine (Hauptprüfungsstelle) in der Zentralverwaltung und 20 in den Bezirken tätig waren. Die Allgemeine Hauptabteilung hatte die Nebenabteilungen auf die einheitliche und vollständige Durchführung der Prüfungen zu überwachen, ergänzende Prüfungen vorzunehmen, insbesondere zur Zweckmäßigkeit und Wirtschaftlichkeit der Verwaltung, und jährlich den Gesamtprüfungsbericht aufzustellen. Personalmäßig war das Rechnungsprüfungsamt relativ gut ausgestattet. Der Stellenplan 1939 sah 215 Bedienstete vor. Bei Kriegsbeginn hatte das Amt rund 200 Mitarbeiter, wovon etwa die Hälfte in den Nebenabteilungen beschäftigt war. Im Verlaufe des Krieges wurde der Personalkörper allerdings durch Einberufungen zum Wehrdienst und Abordnungen zu anderen Dienststellen stark verkleinert. Die Prüftätigkeit mußte immer stärker reduziert werden. Durch Runderlaß des Reichsministers des Innern vom 8. August 1944 wurde sie schließlich auf die Vornahme von Kassenprüfungen beschränkt.

---

[5] Drucksache Nr. 205.

[6] Gesetz über die Haushalts- u. Wirtschaftsführung der Gemeinden und Gemeindeverbände (Gemeindefinanzgesetz) vom 15.12.1933, PrGesS, S. 442.

[7] PrGesS, S. 319; durch § 16 dieses Gesetzes wurde die in § 145 des Gemeindefinanzgesetzes vorbehaltene besondere Regelung über die überörtliche Prüfung in Berlin getroffen. Die Übertragung der Prüfungsaufgabe auf die Preußische Oberrechnungskammer war nur eine kurzfristige Übergangsregelung.

[8] RGBl. I, S. 957.

[9] DBl. I, Nr. 191.

[10] DBl. I, Nr. 248.

2. Die politischen Rahmenbedingungen für die Entwicklung des Prüfungswesens nach Kriegsende

Berlin war in der Zeit vom 21. April bis zum 2. Mai 1945 von der Roten Armee erobert worden. Der sowjetische Stadtkommandant, der bereits während der Kampfhandlungen mit Befehl Nr. 1 vom 28. April 1945[11] die gesamte administrative und politische Macht übernommen hatte, billigte am 14. Mai 1945 den Aufbau einer städtischen Selbstverwaltung von Berlin unter der Leitung von Oberbürgermeister Arthur Werner, der am 17. Mai 1945 die Zusammensetzung des neuen Magistrats bekanntgab[12]. Von den 17 Magistratsmitgliedern gehörten 9 der KPD an, die damit das entscheidende politische Gewicht besaß[13].

Zum Leiter der Abteilung für Finanz- und Steuerwesen wurde Stadtrat Edmund Noortwyck (KPD) bestellt. Sein Stellvertreter wurde Stadtkämmerer Erich Siebert, dem im Frühjahr 1946 Haas nachfolgte. Leiter der Abteilung für Personalfragen und Verwaltung wurde Stadtrat Arthur Pieck (KPD), sein Stellvertreter Martin Schmidt. Die Verantwortung für die Organisation des Prüfungswesens fiel in den ersten Nachkriegsjahren im wesentlichen den Herren Schmidt und Haas zu.

In gut zwei Wochen wurden die Leitungsebenen sowohl der Hauptverwaltung wie der 20 Bezirksverwaltungen neu besetzt. Anschließend kam es zu einem erheblichen Personalwechsel innerhalb der Verwaltungen. Das Beamtentum wurde abgeschafft. 26 000 Mitarbeiter, die durch ihre nationalsozialistische Vergangenheit belastet waren, wurden entlassen und durch neue Kräfte ersetzt. Diese brachten – so der Rechenschaftsbericht des Magistrats von 1946 – „zumeist nur aufrechte Gesinnung und guten Willen mit, aber wenig oder überhaupt keine Erfahrungen oder Praxis in Verwaltungsdingen“[14].

Die Entwicklung der Gemeinde zum Stadtstaat begann direkt nach Kriegsende. Bereits im Mai 1945 war die Notwendigkeit, staatliche Aufgaben künftig durch die Berliner Verwaltung erfüllen zu lassen, deutlich geworden. Einem Magistratsmitglied war die Abteilung „Post- und Fernmeldewesen“ übertragen worden. Am 20. Mai 1945 „erlaubte“ die sowjetische Besatzungsmacht der Berliner Selbstverwaltung, die Stadtpolizei, das Gericht und die Staatsanwaltschaft zu organisieren, was angesichts der fak-

---

[11] Verordnungsblatt der Stadt Berlin (VOBl.), 1945, S. 2.

[12] Ebenda, S. 4.

[13] Berliner Gewerkschaftsgeschichte von 1945 - 1950, hrsg. vom DGB, Landesbezirk Berlin, 1971, S. 15.

[14] Berlin im Neuaufbau, Rechenschaftsbericht des Magistrats der Stadt Berlin, Berlin 1946, S. 16.

tischen Auflösung Preußens[15] und der Unfähigkeit des Reiches, durch deutsche Organe zu handeln, wohl zunächst unausweichlich war[16]. Den 2 Monaten alleiniger sowjetischer Besatzungsherrschaft folgte im Juli 1945 eine rund 3jährige Phase der Viermächte-Verwaltung.

Aufgrund der Londoner Vereinbarungen der Siegermächte vom 12. September und 14. November 1944, denen Frankreich am 26. Juli 1945 beigetreten ist, bildet Berlin ein besonderes, gemeinsames Besatzungsgebiet, dessen Verwaltung von den 4 Mächten durch eine interalliierte Kommandantur gemeinsam geleitet werden soll. Am 4. Juli 1945 rückten die amerikanischen und britischen Truppen in die vorgesehenen Sektoren ein, die französischen Truppen folgten am 12. August 1945. Die Alliierte Kommandantur tagte erstmals am 11. Juli 1945 und bestätigte hierbei förmlich alle früher vom Militärkommandanten der Roten Armee ausgegebenen Befehle[17]. Sie übernahm die Kontrolle der Berliner Verwaltung einschließlich des Haushalts- und Kassenwesens.

Die Grundlagen der Finanzwirtschaft hatten sich mit dem Kriegsende entscheidend verschlechtert. Die Stadtverwaltung konnte vom 1. Juni 1945 bis zum 31. März 1946 nur mit einem Viermonats-[18] und zwei Vierteljahres-Haushaltsplänen arbeiten. Die voraussichtlichen Einnahmen und Ausgaben waren anfänglich nur schwer zu übersehen. Beispielsweise waren für das Sozialwesen bei der Hauptverwaltung bis März 1946 insgesamt 6,8 Mio. RM veranschlagt worden, während das Rechnungs-Ist 56,3 Mio. RM betrug. Schwierigkeiten erwuchsen ferner aus der Notwendigkeit, die angegliederten staatlichen Verwaltungen in den ehemals rein kommunalen Haushalt aufnehmen sowie die finanziellen Ansprüche der 4 Besatzungsmächte befriedigen zu müssen. Haushaltspläne und alle Zahlungen waren jeweils von der Alliierten Kommandantur zu genehmigen. Deren Finanzkomitee ermächtigte den Kämmerer zwar am 15. August 1945 zur Leistung normaler Ausgaben; bei allen „außergewöhnlichen" Ausgaben hatte er jedoch um die vorherige Genehmigung nachzusuchen. Die Alliierten forderten mehrfach drastische Maßnahmen zur Erhöhung der Einnahmen und Senkung der Ausgaben – gelegentlich trafen sie ihre Entscheidungen ohne vorherige Konsultation der Berliner Verwaltung[19].

---

[15] Die rechtliche Auflösung erfolgte erst durch das Kontrollratsgesetz Nr. 46 vom 25.02.1947, VOBl., S. 68.

[16] Befehl des Militärkommandanten vom 25.05.1945, VOBl., S. 4.

[17] VOBl., 1945, S. 45.

[18] Vgl. die erste Bekanntmachung des Magistrats über die Aufstellung eines Haushaltsplans für Juni/September 1945 vom 22.06.1945, VOBl., S. 39.

[19] Berlin im Neuaufbau 1946, a.a.O., S. 43ff., und Berlin 1947, Jahresbericht des Magistrats, S. 177ff.

3. Die Wiederaufnahme der Rechnungsprüfung

Die Rechnungsprüfung wurde bereits Mitte Mai 1945 wieder aufgenommen, und zwar von den Mitarbeitern des alten Rechnungsprüfungsamtes. Nach Kriegsende hatten sich 19 Kräfte gemeldet, von denen wegen ihrer Mitgliedschaft in der NSDAP 9 nicht wieder eingestellt und 2 weitere im Juli entlassen wurden[20]. Die Tätigkeit der verbliebenen 8 Kräfte beschränkte sich zunächst – wie in den letzten Kriegsmonaten – auf Kassenprüfungen. Daneben wurde auch eine Reihe von Sonderaufträgen erledigt. Die Liste der bis Oktober 1945 durchgeführten Auftragsprüfungen zeigt, daß verschiedene Sektoren der Verwaltung einschließlich kultureller Institutionen erfaßt wurden, daß aber die Prüfung von Kassenbeständen und Zahlungsvorgängen überwog[21]:

1. Feststellung der Bestände der Stadtkassen Ende April und Mitte Mai 1945,
2. Erstattung der Kosten für Benutzung privater Autos zum Dienstgebrauch,
3. Geldeinzahlungen bei der Stadtkasse Friedrichshain,
4. Geldbewirtschaftung der Einnahmen der Ufakinos im Bezirk Tiergarten,
5. Status, Eröffnungsbilanz und Buchführung der „Berliner Zeitung“,
6. Lage des Steglitzer Orchesters,
7. Feststellungen über den Verbleib der von den früheren Bezirksbürgermeistern Wedding und Steglitz bei den Absetzbewegungen im April 1945 mitgeführten Bestände der Stadtkassen,
8. Status der Städtischen Feuersozietät,
9. Nachprüfung der Zahlungen auf die russischen Lebensmittellieferungen im Mai 1945,
10. Unvermutete Kassenprüfung in einigen Bezirken,
11. Kammer der Kulturschaffenden,
12. Buch- und Kassenführung bei der Städt. Oper und Gutachten über die Geschäftsführung ihres Verwaltungsdirektors,
13. Prüfung des Kontos für den An- und Verkauf von Benzin bei der Abteilung für Verkehr,
14. Prüfung der Kassen- und Wirtschaftsführung bei der Generalvertretung der Staatlichen Kunstsammlung im Pergamon-Museum.

Das Rechnungsprüfungsamt konnte seine Aufgaben einstweilen nur in wenigen Teilbereichen der Verwaltung erfüllen. Es litt in den Jahren 1945 und 1946 unter permanenter Personal- und Raumnot, die sich trotz ständiger Bemühungen zunächst nicht beheben ließ.

---

[20] Ebenda, S. 39.

[21] Vermerke des Rechnungsprüfungsamtes und des Hauptprüfungsamtes sowie Entwürfe und Vorlagen, auf die Bezug genommen wird, befinden sich in den Akten des Rechnungshofs von Berlin.

Der Leiter des Rechnungsprüfungsamtes, Fölsche, vermerkte am 17. September 1945:

„Die Stadt Berlin besitzt z. Z. praktisch kein aktionsfähiges Prüfungsorgan. Von dem im Kriege verbliebenen Restpersonal ist ein Teil, weil sie früher Parteigenossen gewesen waren, inzwischen ausgeschieden. Das Amt ist kaum in der Lage, die notwendigsten Kassenprüfungen mit der gebotenen Schnelligkeit durchzuführen. Andere Aufgaben kann das Rechnungsprüfungsamt bei seiner jetzigen Besetzung überhaupt kaum leisten[22]."

4. Die ersten Überlegungen zur Neuordnung des Prüfungswesens

Der Magistrat war sich im September 1945 bewußt geworden, daß die Neuorganisation der Verwaltung, insbesondere die Übernahme von Aufgaben Preußens und des Reiches, auch Auswirkungen auf das Prüfungswesen haben mußte. Er beauftragte Fölsche mit der Ausarbeitung eines Vorschlages für die Neuorganisation des Prüfungswesens. Gleichzeitig übertrug er die Verantwortung für das Prüfungswesen von der Finanzabteilung auf die Abteilung für Personalfragen und Verwaltung, deren Leiter, Stadtrat A. Pieck, am 6. September 1945 folgende Verfügung erließ:

„Das Rechnungsprüfungsamt führt künftig die Bezeichnung ‚Hauptprüfungsamt' und gehört organisatorisch zur Abteilung für Personalfragen und Verwaltung[23]."

Gemeint war mit diesem mißverständlichen und tatsächlich zunächst auch mißverstandenen Satz nicht, daß das bestehende Rechnungsprüfungsamt seine Bezeichnung sofort zu ändern hatte. Es sollte vielmehr die Absicht zum Ausdruck gebracht werden, das Rechnungsprüfungsamt, das einstweilen seine alte Bezeichnung behielt, zu einem Hauptprüfungsamt auszubauen. Ihm sollte insbesondere wieder die Prüfung von Unternehmen mit kaufmännischer Buchführung übertragen werden. Die Kommandantur hatte angeordnet, daß die städtischen Betriebe durch eine unabhängige Wirtschaftsprüfungsgesellschaft zu prüfen sind, worauf der Magistrat die Wirtschaftsberatungs-AG (Wibera) mit dieser Aufgabe betraut hatte. Der Magistrat sah dies jedoch als Übergangsregelung an. In einem Schreiben an das Rechnungsprüfungsamt vom 1. Oktober 1945 bezeichnete der stellvertretende Leiter der Abteilung für Personalfragen und Verwaltung, Schmidt, das künftige Hauptprüfungsamt als „die Zusammenfassung des Rechnungsprüfungsamtes als Prüfstelle für die behördlichen Verwaltungen und der im Aufbau befindlichen Dienststelle für die Prüfung der Eigenbetriebe". Tatsächlich ist eine besondere Dienststelle für die Prüfung der Betriebe jedoch nicht gebildet worden. Das Rechnungsprüfungsamt ging deshalb davon aus,

---

22 s. FN 21.
23 s. FN 21.

zumindest die Auswertung der Prüfungsberichte der Wibera übernehmen zu müssen.

Fölsche legte sein Konzept schon im September 1945 vor. Er ließ sich von der Erkenntnis leiten, daß die Zusammenfassung von staatlichen und kommunalen Aufgaben in der Berliner Nachkriegsverwaltung für das Prüfungswesen eine zweifache Konsequenz hatte. Einmal waren Prüfungsgegenstand künftig nicht nur kommunale, sondern auch staatliche Verwaltungen (Polizei, Justiz, Finanzämter, Arbeitsämter, Universitäten, Post usw.). Zum zweiten gab es nur ein Kontrollorgan; die Aufteilung der Prüfungsaufgaben auf besondere Ämter für die örtliche und die staatliche überörtliche Prüfung war entfallen, da das Gemeindeprüfungsamt beim Reichsminister des Innern nicht mehr bestand.

Die traditionelle Aufteilung der Prüfungsaufgaben hatte, wie Fölsche rückschauend feststellte, in der Vergangenheit dazu geführt, daß im Ergebnis alles dreimal geprüft wurde, und zwar in der Verwaltung zunächst durch die zuständige Nebenabteilung und bei den Unternehmen durch die Bilanzprüfer; hieran schlossen sich die Prüfungen durch die Hauptabteilung des Rechnungsprüfungsamtes und durch das Gemeindeprüfungsamt an. Dies bezeichnete er als eine Überspitzung des Revisionsgedankens, als eine unzumutbare Belastung der geprüften Einrichtungen durch Mehrfachkontrollen und eine Verwischung der Verantwortlichkeiten, weil sich jeder Prüfer auf den anderen verlassen würde.

Fölsche schlug vor, von dem Grundsatz einer einheitlichen Durchführung der Prüfung auszugehen, wie er am besten in der alten Stadtrechnungskammer verwirklicht gewesen sei. Den Bezirksverwaltungen sollte nach seiner Meinung lediglich die formelle Prüfung überlassen bleiben, während die materielle Prüfung ebenso wie die Prüfung der Hauptverwaltung allein dem Hauptprüfungsamt obliegen sollte, und zwar so, daß dort jeder Revisor einen bestimmten Verwaltungszweig in allen Bezirken und in der Hauptverwaltung zu prüfen hat. Die fruchtbarste Arbeit werde von Spezialisten im Prüfungsdienst geleistet, so argumentierte er, sie hätten zudem den Vorteil, auf ihrem Spezialgebiet die Arbeitsweise der Hauptverwaltung und der 20 Bezirksverwaltungen vergleichen zu können.

Wenn er im allgemeinen auch die Organisationsform der alten Stadtrechnungskammer befürwortete, wich Fölsche doch in einem wesentlichen Punkt davon ab, nämlich in der kollegialen Verfassung. Er schrieb:

> „Man mag diese zunächst als mehr der demokratischen Auffassung entsprechend ansehen und die Spitze in einem Leiter als eine Einrichtung nationalsozialistischen Führergrundsatzes. Aber abgesehen davon, daß man diese Verwaltungsform bereits 1925 vorgezogen hat, scheint mir die kollegiale Form zwar für politische Körperschaften richtig, in denen die verschiedenen politischen Strömungen zum Ausgleich kommen müssen. Hier handelt es sich aber um ein reines Verwaltungsorgan, das

technische Aufgaben hat. Der Leiter kann seine Verantwortung gegenüber dem Oberbürgermeister und dem zuständigen Magistratsmitglied nur tragen, wenn er nicht der Gefahr der Überstimmung durch seine Mitarbeiter ausgesetzt wird[24]."

Fölsche schlug deshalb vor, ein nichtkollegiales Hauptprüfungsamt ohne Nebenabteilungen zu bilden.

Bereits im Herbst 1945 empfahl das Rechnungsprüfungsamt den Erlaß einer neuen Satzung, nicht zuletzt weil es den Eindruck gewonnen hatte, in der Verwaltung nicht mehr hinreichend bekannt zu sein, und weil die Weitergeltung der Vorkriegsvorschriften nicht eindeutig geklärt schien. Es begann mit der Ausarbeitung eines Entwurfs für eine „Ordnung über das Prüfungswesen für die Verwaltung von Berlin". Hierbei wurden auch schon Überlegungen zur Stärkung der Unabhängigkeit und verwaltungsmäßigen Selbständigkeit des Hauptprüfungsamtes angestellt.

Den Anstoß gab der stellvertretende Amtsleiter Schöttler. Er vermerkte am 19. Dezember 1945, die vorgesehene Stellung des Hauptprüfungsamtes innerhalb der Abteilung für Personalfragen und Verwaltung werde der Bedeutung der obersten Prüfungsinstanz nicht gerecht und verleihe ihr nicht die unabhängige Stellung, die sie besitzen müsse, wenn sie ihre Aufgaben in vollstem Maße erfüllen solle. Er erinnerte daran, daß man bei der Errichtung der Stadtrechnungskammer vor 25 Jahren der Absicht entgegengetreten war, dieses Prüfungsorgan dem Stadtkämmerer zu unterstellen, weil es nicht nur Rechnungen, sondern auch die Verwaltungsführung zu prüfen habe, also auch dem Stadtkämmerer gegenüber unabhängig sein müsse. Was aber damals gegen die Unterstellung unter den Stadtkämmerer gesprochen habe, gelte auch heute noch, und zwar für jedes Mitglied des Magistrats. Jeder Stadtrat sei mehr oder weniger an der Führung der städtischen Wirtschaft beteiligt und unterliege damit der Prüfung.

Schöttler erinnerte ferner an die persönliche Unabhängigkeit der Beamten der Stadtrechnungskammer, die gegen ihren Willen nur im Wege des förmlichen Disziplinarverfahrens aus dem Amt hätten entfernt werden können. Er forderte für das Hauptprüfungsamt eine Sonderstellung und argumentierte, vor 1933 habe als Muster die Oberrechnungskammer gegolten, heute sei Berlin, losgelöst von staatlichen Bindungen, selbst ein Stadtstaat geworden. In diesem Rahmen ein aus der allgemeinen Verwaltung herausgehobenes Prüfungsorgan zu schaffen, sei mehr denn je am Platze. Das Hauptprüfungsamt solle deshalb den Charakter einer selbständigen Abteilung neben den 9 bestehenden Verwaltungsabteilungen erhalten, sein Leiter in die Reihe der Stadträte gestellt werden, ohne Mitglied des Magistrats zu werden.

---

24 s. FN 21.

Man kann ohne Übertreibung sagen, daß hiermit – bereits Ende 1945 – die Idee zur Entwicklung eines Prüfungsorgans, das einem Landesrechnungshof vergleichbar ist, geboren worden war.

Das Rechnungsprüfungsamt legte im Februar 1946 den Entwurf einer Ordnung für das Prüfungswesen vor, der dementsprechend die Lösung von der Abteilung für Personalfragen und Verwaltung vorsah. Das Hauptprüfungsamt sollte in seiner sachlichen Prüfungstätigkeit unabhängig sein und nur in verwaltungsmäßiger Hinsicht dem Magistrat unterstellt werden. Bei der Abstimmung des Entwurfs mit den beteiligten Magistratsverwaltungen zeigte sich jedoch bald, daß einige Detailregelungen von verfassungsrechtlichen Vorentscheidungen abhängig waren. Da bereits Verhandlungen zwischen dem Magistrat und der Kommandantur über eine Vorläufige Verfassung stattfanden, wurden die Arbeiten an der Ordnung für das Prüfungswesen zunächst zurückgestellt.

5. Neukonzeption aufgrund der Vorläufigen Verfassung von Berlin

Der von der sowjetischen Besatzungsmacht eingesetzte Magistrat hatte schon im Jahre 1945 die Schaffung einer deutschen Rechtsgrundlage für die Tätigkeit der Organe Berlins für notwendig gehalten. Am 30. Oktober 1945 beauftragte er Haas mit der Ausarbeitung eines Verfassungsentwurfs. Haas erkannte klar die faktisch vollzogene Entwicklung Berlins zum Stadtstaat. Bereits in der Magistratssitzung vom 30. Oktober 1945 führte er aus, der Entwurf müsse von der Tatsache ausgehen, daß Berlin zur Zeit nicht nur eine Stadt, sondern ein Land sei, etwa wie Bayern, Sachsen, Baden oder Württemberg. Der Grundsatz werde sein, daß Berlin vorerst als Stadtstaat, also Stadt und Land zugleich, die Gewalt haben müsse, in eigener Verantwortung die öffentlichen Angelegenheiten zu regeln und zu ordnen[25].

Haas legte seinen Verfassungsentwurf bereits am 8. November 1945 vor. Die Beratungen im Magistrat und die Verhandlungen mit der Alliierten Kommandantur, die einige Einwendungen erhoben hatte, wurden zügig durchgeführt. Am 6. Mai 1946 konnte Haas, der inzwischen mit der Wahrnehmung der Geschäfte des Kämmerers beauftragt worden war, einen überarbeiteten Entwurf der Kommandantur einreichen, die am 13. August 1946 ihre Genehmigung erteilte.

Artikel 30 Abs. 2 der Vorläufigen Verfassung lautete:

> „Die Rechnungen sind vom Hauptprüfungsamt auf Grund des Haushaltsplanes und der Haushaltsrechnung zu prüfen und zu bestätigen. Das Nähere wird durch eine Verordnung geregelt."

---

[25] *Haas,* Vorläufige Verfassung von Groß-Berlin, 3. erweiterte Auflage; Berlin 1947, S. 25.

Hiernach war der Erlaß einer Verordnung über das Hauptprüfungsamt geboten, in der nach Auffassung von Haas auch die Frage der Unabhängigkeit geregelt werden sollte. In seinem Kommentar zur Vorläufigen Verfassung von Groß-Berlin schrieb er[26]:

„Die Verordnung hat nicht nur die Aufgaben des Hauptprüfungsamts, sondern vor allem seine Stellung und seinen Aufbau zum Gegenstand. Angesichts der Aufgaben muß das Hauptprüfungsamt so unabhängig wie möglich als Ganzes wie in seinen einzelnen Angestellten gestellt werden. Das Hauptprüfungsamt ist die allein maßgebliche Prüfeinrichtung der Gebietskörperschaft Groß-Berlin. Sie gleicht insoweit der Oberrechnungskammer in Preußen oder dem Rechnungshof im Reich."

Man kann hieraus die Zielsetzung ablesen, das Hauptprüfungsamt zu einem unabhängigen Prüfungsorgan zu entwickeln, das in seiner Aufgabenstellung – wenn auch nicht unbedingt in seiner inneren Organisation – einem Rechnungshof vergleichbar gewesen wäre. Die Kongruenz zu den Überlegungen, die Ende 1945 im Rechnungsprüfungsamt angestellt worden waren, ist nicht zu übersehen.

Zu diesem Ziel stand die Realität des Jahres 1946 jedoch in einem deutlichen Kontrast. In tatsächlicher Hinsicht war das Hauptprüfungsamt weit davon entfernt, ein wirksames Instrument der Finanzkontrolle zu sein. Die Personalausstattung war im Herbst 1946 immer noch völlig unzulänglich. Die Kontrollen waren so unzureichend, daß nicht einmal die Kassensicherheit gewährleistet schien. Der erste politische Anstoß zur Besserung dieses Zustands ging von Haas aus. Er brachte im September 1946 eine förmliche Magistratsvorlage ein mit dem Beschlußentwurf:

„Die Kassenprüfungen und die Rechnungsprüfung sind so schnell wie möglich in einem Umfang aufzunehmen, der die Ordnungsmäßigkeit und Sicherheit der Geschäftsführung auf dem Gebiete des Kassen- und Rechnungswesens gewährleistet[27]."

In der Begründung erklärte er, daß der Kämmerer unter den jetzigen Verhältnissen nicht in der Lage sei, die Verantwortung für die ordnungsgemäße Geschäftsführung auf dem Gebiet des Kassen- und Rechnungswesens zu tragen. Das vorhandene Prüfungspersonal bestehe nur aus 18 Kräften, die in der Hauptverwaltung lediglich 8 von 136 Kassen und in den Bezirken 44 von 789 Kassen geprüft hätten. Die Rechnungsprüfung sei bisher nur in 3 Bezirken durchgeführt worden, in der Hauptverwaltung und in 17 Bezirken dagegen noch nicht. Haas bezeichnete die jetzigen Zustände auf dem Gebiet des Prüfungswesens als unhaltbar. Sie müßten unverzüglich beseitigt werden, wenn sich die Verantwortlichen nicht dem Vorwurf der Fahrlässigkeit aussetzen wollten.

---

[26] Ebenda, S. 25f.

[27] s. FN 21.

Der Magistrat stimmte der Vorlage am 7. September 1946 grundsätzlich zu. Der stellvertretende Leiter der Abteilung für Personalfragen und Verwaltung, Schmidt, machte dabei geltend, daß den Bezirksämtern gegenüber wieder eine größere Autorität der Stadtverwaltung geschaffen werden müsse. Der Magistrat beschloß, daß auch in jedem Bezirk wieder eine Prüfungsstelle mit 3 bis 4 Angestellten gebildet werden sollte, die aber organisatorisch nicht zur Bezirksverwaltung, sondern zum Hauptprüfungsamt gehören solle.

Am 20. Oktober 1946 fand aufgrund der Vorläufigen Verfassung die erste Nachkriegswahl in Berlin statt. Aus ihr ging als stärkste Fraktion die SPD hervor. Sie nominierte für das Amt des Oberbürgermeisters Ostrowski (SPD), der am 5. Dezember 1946 gewählt wurde. Stadtkämmerer wurde Haas (CDU), Stadtrat für Personalfragen und Verwaltung Otto Theuner (SPD). Diese Politiker verfügten über langjährige Verwaltungserfahrungen und wußten von der Notwendigkeit einer wirksamen Rechnungsprüfung. Der neue Magistrat befaßte sich schon am 11. Januar 1947 mit dem städtischen Prüfungswesen. Er beschloß, die Rechnungs- und Wirtschaftsprüfung aller Einrichtungen (Dienststellen, Eigenbetriebe, Anstalten, Gesellschaften und dergl.) solle möglichst bald durch das Hauptprüfungsamt erfolgen. Das Amt sei personell wie rechtlich so auszugestalten, daß es diesen Aufgaben als möglichst unabhängige Einrichtung, die lediglich dem Magistrat unterstehe, voll gerecht werden könne. Bis zu diesem Zeitpunkt könnten die bisher in Anspruch genommenen Wirtschaftsprüfungseinrichtungen, wie die Wirtschaftsberatungs-AG, weiterhin beauftragt werden.

Im Geschäftsverteilungsplan des Magistrats vom 8. Januar 1947 wurde bereits vorgesehen, das Hauptprüfungsamt nach Beendigung seines Aufbaus dem Oberbürgermeister zu unterstellen.

Die politischen Anstöße zeigten bald ihre Wirkung.

Nach der Verstärkung des Personalkörpers und der Einstellung geeigneter Kräfte konnte das Hauptprüfungsamt im April 1947 wieder die sog. Bilanzprüfungen aufnehmen. Es prüfte innerhalb eines Jahres die Abschlüsse der Berliner Sparkasse (1945 und 1946), des Berliner Stadtkontors (1945 bis 1947), der Berliner Pfandleihanstalt (1945 und 1946), einiger Wohnungsbaugesellschaften und der Wohnungsbau-Kreditanstalt, einer Verwaltungsdruckerei, mehrerer Werkstattbetriebe, der Müllabfuhr u. a. Daneben nahm es 731 Kassenprüfungen und zahlreiche Bestandsprüfungen vor. Am 1. Januar 1948 verfügte es über 156 Angestellte, im Haushaltsjahr 1948 wurden ihm 192 Stellen bewilligt, wovon es 182 besetzen konnte. Die Zahl der unvermuteten Kassenprüfungen stieg 1948 auf 1194, die der Bilanzprüfungen auf 49, der Wirtschafts- und Wirtschaftlichkeitsprüfungen auf 20. Daneben wurden 121 Sonderaufträge erledigt. Bei den Prüfungen wurden 37 Betrugs- und Veruntreuungsfälle festgestellt[28].

Oberbürgermeister Ostrowski hatte sein Amt in einer Zeit antreten müssen, in der sich bereits der Ost-West-Konflikt bemerkbar machte und in der die ihn politisch tragende SPD heftige Kontroversen über das Verhältnis zu den Kommunisten und der sowjetischen Besatzungsmacht austrug. Hierbei verlor Ostrowski schon 4 Monate nach seiner Wahl das Vertrauen der SPD-Fraktion und erklärte am 18. April 1947 seinen Rücktritt. Zu seinem Nachfolger wurde am 24. Juni 1947 Ernst Reuter gewählt, dem die Alliierte Kommandantur indessen zunächst ihre Bestätigung verweigerte.

Ostrowski hatte trotz seines politischen Scheiterns sein Ansehen als Verwaltungsfachmann nicht verloren. Er war in der Zeit der Weimarer Republik Bezirksbürgermeister gewesen und 1933 von den Nationalsozialisten aus dem Amt gedrängt worden. Er galt sowohl als sachkundig wie als politisch integer. Im Oktober 1947 bestellte ihn der Magistrat zum neuen Leiter des Hauptprüfungsamtes.

Dort wurde in dieser Zeit intensiv an dem Entwurf einer Verordnung über das Hauptprüfungsamt gearbeitet. Dabei wurde der erste Plan, eine Verordnung zur Durchführung des Art. 30 Abs. 2 der Vorläufigen Verfassung zu schaffen, bald fallengelassen. Die Vorläufige Verfassung war von der Alliierten Kommandantur erlassen worden, ohne daß gewählte Vertreter der Bevölkerung dabei hätten mitwirken können. Die Alliierten hatten deshalb in Art. 35 Abs. 2 der Vorläufigen Verfassung die Stadtverordnetenversammlung verpflichtet, den Entwurf einer neuen Verfassung auszuarbeiten und bis zum 1. Mai 1948 zur Genehmigung vorzulegen. Das Hauptprüfungsamt entschloß sich folgerichtig für eine Konzeption, die auch unter der neuen Verfassung Bestand haben würde. Ostrowski verwandte hierbei – erstmals im Dezember 1947 – für die Berliner Prüfungsinstitution die Bezeichnung „Rechnungs- und Prüfungshof von Groß-Berlin“. Der Magistrat sprach in seinem Jahresbericht 1947 dann bereits vom „Rechungshof von Groß-Berlin“, der in „nächster Zeit“ aus dem Hauptprüfungsamt hervorgehen und eine selbständige Stellung erhalten werde[29]. Über Aufgaben und Organisation bestanden jedoch erhebliche Meinungsverschiedenheiten.

Ostrowski schlug eine starke Annäherung des Kontrollorgans an die Volksvertretung vor, er wollte den Rechnungshof nach britischem Vorbild zu einem Hilfsorgan des Parlaments machen. Er argumentierte, daß im Gegensatz zur klassischen Drei-Gewalten-Lehre der Schwerpunkt der politischen Tätigkeit der (Landes-)Volksvertretung nicht bei der Gesetzgebung, sondern bei der Verwaltungskontrolle liege, wofür das Parlament die Hilfe einer fachlich geschulten Instanz benötige; man spreche hier, so schrieb er

---

[28] Jahresberichte des Magistrats, Berlin 1947, S. 158; Berlin 1948, Berlin 1950, S. 134.

[29] Ebenda.

in der Begründung zu seinem Vorschlag, von der „Vierten Gewalt". Aufgabe der Behörde solle es u. a. sein, „die Stadtverordnetenversammlung und den Magistrat bei der Überwachung der Verwaltung zu unterstützen". Der Präsident sollte nach seinem Vorschlag allein von der Stadtverordnetenversammlung auf die Dauer von 5 Jahren gewählt werden und ihr unmittelbar verantwortlich sein. Für die Prüfbehörde und ihre Mitarbeiter sollte die sachliche und persönliche Unabhängigkeit gewährleistet sein. Auch das Prinzip der verwaltungsmäßigen Selbständigkeit sollte verwirklicht werden. Für den Rechnungs- und Prüfungshof sollte ein besonderer Plan im Rahmen des Gesamthaushalts geschaffen werden; der Präsident sollte im Rahmen dieses Planes alle Mitarbeiter eigenverantwortlich bestellen können. Die Frage der Inkompatibilität, die später Bedeutung erlangen sollte, wurde von ihm ebenfalls angesprochen: Wer im Prüfungsdienst tätig ist, sollte nicht Mitglied der gesetzgebenden Körperschaft sein dürfen. Die in § 123 der Reichshaushaltsordnung für Rechnungshofmitglieder vorgesehene Unvereinbarkeitsklausel sollte für alle Mitarbeiter des Prüfdienstes gelten.

Trotz der erstmaligen Verwendung der Bezeichnung „Hof" hielt Ostrowski aber an der Ablehnung des Kollegialsystems fest, und zwar mit einer bemerkenswerten „Berliner" Begründung:

> „Die Verwaltungen des Reichs und der vom Rechnungshof überprüften Länder waren überwiegend Spezialverwaltungen mit einem im wesentlichen gleichförmigen und ruhigen Geschäftsbereich. Berlin dagegen ist, gleichviel ob Land oder nicht, eine Weltstadt, eine Zusammenballung riesiger Menschenmassen auf engstem Raum. Diese kann sich die vergleichsweise gemächliche Tätigkeit der früheren staatlichen Behörden nicht leisten, am wenigsten heute. In ihrer Verwaltung tauchen die verschiedensten Bedürfnisse auf, sie müssen rasch befriedigt und ebenso schnell müssen ihre Erfahrungen ausgewertet werden . . .
>
> Die Schwerfälligkeiten des Kollegialsystems sind abzulehnen, die in ihm liegenden Vorzüge selbständiger Arbeit der Prüfer sind zu übernehmen, nur in einer anderen Form, als sie beim Rechnungshof des Reiches üblich war. Es ist dafür zu sorgen, daß tunlichst derjenige zu Wort kommt und die Schreiben der Behörde zeichnet, der für die sachliche Arbeit der Behörde die Verantwortung trägt[30]."

Der Entwurf des Hauptprüfungsamtes löste naturgemäß Bedenken im Magistrat aus. Er wurde deshalb einem Magistratsausschuß zur Beratung überwiesen. Bevor die Beratung abgeschlossen werden konnte, zeichnete sich der Erlaß der neuen Verfassung ab.

---

[30] s. FN 21.

6. Die Verfassung vom 1. September 1950 und das Gesetz über den Rechnungshof

Die Stadtverordnetenversammlung war dem Auftrag der Alliierten termingerecht nachgekommen und hatte am 22. April 1948 die neue Verfassung beschlossen, die in ihrem Artikel 83 die Rechnungsprüfung wie folgt regelte:

„(1) Ein bei der Durchführung seiner Aufgaben unabhängiger Rechnungshof hat die Rechnungslegung aufgrund des Haushaltsplanes und der Haushaltsführung zu prüfen und das Prüfungsergebnis alljährlich dem Abgeordnetenhaus vorzulegen. Das Abgeordnetenhaus und der Senat können dem Rechnungshof besondere Prüfungsaufträge erteilen.

(2) Der Rechnungshof wird von einem Präsidenten geleitet. Dieser wird auf Vorschlag des Senats vom Abgeordnetenhaus auf die Dauer von sechs Jahren gewählt. Der Präsident des Rechnungshofs untersteht der Dienstaufsicht des Regierenden Bürgermeisters.

(3) Alles Nähere wird durch ein Gesetz geregelt[31]."

Die Wahl des Präsidenten auf 6 Jahre entsprach der für die höchsten Richter Berlins vorgesehenen Regelung.

Bei den Verfassungsberatungen war die von Ostrowski angestrebte Annäherung des Rechnungshofs an das Parlament nur teilweise akzeptiert worden. Der Präsident sollte zwar vom Parlament gewählt werden, aber nur auf Vorschlag des Senats. Auch wurde er der Dienstaufsicht des Regierenden Bürgermeisters unterstellt. Jedoch hatte der Verfassungsausschuß beschlossen, dem Abgeordnetenhaus wie dem Senat das Recht zur Erteilung von Prüfungsaufträgen einzuräumen[32]. Unmittelbar nach der Beschlußfassung über die Verfassung, die der Alliierten Kommandantur zur Genehmigung zuging, begann der vom Magistrat eingesetzte Ausschuß mit der Ausarbeitung eines Gesetzentwurfs zur Ausführung des Art. 83 Abs. 3 der Verfassung. Er lehnte die vom Hauptprüfungsamt unter Verwendung des Begriffs der „Vierten Gewalt" geforderte Verantwortlichkeit des Präsidenten des Rechnungshofs gegenüber dem Parlament nachdrücklich ab und billigte dem Präsidenten auch nicht das Recht zu, die Dezernenten des Rechnungshofs selbst zu ernennen; ihm wurde insoweit lediglich ein Anhörungsrecht zugestanden. Die Garantie der persönlichen Unabhängigkeit wurde gegenüber dem Entwurf des Hauptprüfungsamtes erheblich abgeschwächt. Präsident und Dezernenten sollten ohne weiteres ihrer Stellung enthoben werden können bei „Verletzung des Diensteides", aus einem „in der Person liegenden wichtigen Grund" oder bei Verletzung oder Vernachlässigung der Dienstpflichten, „insbesondere der Schweigepflicht". Die vom Hauptprü-

[31] s. FN 21.

[32] Vgl. hierzu Berichterstatter Suhr, Stenographischer Bericht über die 65. (Ordentliche) Sitzung der Stadtverordnetenversammlung von Groß-Berlin am 22.04.1948, S. 104f.

fungsamt vorgeschlagene Klausel über die Unvereinbarkeit von Prüfdienst und parlamentarischem Mandat lehnte der Magistratsausschuß mit der Begründung ab, daß sie in der neuen Verfassung keine Stütze fände.

Der vom Magistratsausschuß erarbeitete Gesetzentwurf wurde vom Magistrat am 9. Juni 1948 gebilligt. Die politischen Verhältnisse ließen jedoch eine weitere Behandlung der Gesetzesvorlage nicht mehr zu. Die Inkraftsetzung der Verfassung sowie alle Gesetzesberatungen in der Stadtverordnetenversammlung scheiterten an der Zuspitzung des Ost-West-Konfliktes. Die Sowjets verließen am 20. März 1948 den Kontrollrat und am 16. Juni 1948 die Kommandantur, die damit als Viermächteorgane nicht mehr beschlußfähig waren. Die Währungsreformen in West und Ost verschärften die Spannungen. Im Juni begann die Sowjetunion mit der Blockade West-Berlins. Das Zerbrechen der Viermächteverwaltung zeigte bald seine Wirkungen auf die Berliner Verwaltung. Im November erklärte der sowjetische Militärkommandant einseitig zwei Stadträte für abgesetzt, eine Maßnahme, die die westlichen Kommandanten als für ihre Sektoren ungültig bezeichneten. In Ostberlin wurde schließlich am 30. November 1948 unter Billigung der Sowjetbehörden in einer Versammlung von Parteifunktionären, Vertretern von Massenorganisationen und Delegierten aus Betrieben der Magistrat für „abgesetzt“ erklärt. Durch diesen eindeutig verfassungswidrigen Akt war die Berliner Verwaltung am 1. Dezember 1948 gespalten. Die vorgesehenen Neuwahlen konnten am 5. Dezember 1948 nur in West-Berlin stattfinden[33].

Der neugebildete Magistrat – faktisch auf West-Berlin beschränkt – nahm die Arbeit für die Neuorganisation des Prüfungswesens relativ schnell wieder auf. Als ersten Schritt unterstellte er das Hauptprüfungsamt am 1. April 1949 entsprechend der früheren Zielsetzung dem Oberbürgermeister. Der Verfassungsausschuß der Stadtverordnetenversammlung beriet schon am 21. April 1949 das neueingebrachte Gesetz über den „Rechnungshof von Groß-Berlin“, wobei er weitgehend dem Magistratsentwurf folgte, jedoch die persönliche Unabhängigkeit des Präsidenten und der Dezernenten stärkte, indem er die Entscheidung über die Enthebung dieser Personen aus ihrer Stellung einem Disziplinargericht zuwies. Der Vorschlag von Ostrowski, den Rechnungshof nach britischem Beispiel zu einem Hilfsorgan des Parlaments zu machen und seinen Präsidenten der Dienstaufsicht des Präsidenten des Abgeordnetenhauses zu unterstellen, wurde mit der Begründung abgelehnt, „daß es doch richtiger wäre, bei der Art zu bleiben, wie es nun einmal dem deutschen Verfassungs- und Verwaltungsrecht entspricht“[34].

---

[33] Vgl. „Berliner Schicksal 1945 - 1952“, zusammengestellt vom Büro für Gesamtberliner Fragen im Auftrage des Senats von Berlin, 1952, S. 43-89.

[34] Berichterstatter Landsberg in der 16. (Ordentlichen) Sitzung der Stadtverordnetenversammlung von Groß-Berlin am 02. 06. 1949, Stenographischer Bericht S. 38.

Am 2. Juni 1949 erfolgte die Beschlußfassung in der Stadtverordnetenversammlung, wobei die Ausschußempfehlungen gebilligt wurden. Man ging davon aus, den Rechnungshof noch 1949 errichten zu können und hatte im Haushaltsplan 1949 bereits einen Unterabschnitt mit der Bezeichnung „Rechnungshof (Hauptprüfungsamt)" gebildet.

Nach der Beschlußfassung in der Stadtverordnetenversammlung und der Zustimmung des Magistrats ging der Gesetzentwurf routinemäßig der Alliierten Kommandantur zu, die jedoch unerwartet ihre Genehmigung verweigerte. Mit BK/O (49) 145 vom 9. Juli 1949 begründete sie die Ablehnung damit, daß der Entwurf „im Gegensatz zu dem ehemaligen Reichsgesetz und den seitens der Westländer kürzlich genehmigten Gesetzen" die folgenden 5 Forderungen nicht erfülle:

„1. Die Unabhängigkeit des Rechnungshofs,

2. daß seine Mitglieder entsprechend qualifiziert sind und die zur Erhaltung ihrer Unabhängigkeit erforderliche Immunität genießen,

3. daß die Mitglieder und das Personal des Rechnungshofs von aktiver Teilnahme an politischer Tätigkeit ausgeschlossen sind,

4. daß der Rechnungshof seine Entscheidung trifft und seine Vorschläge unterbreitet durch einen Senat, wovon der Präsident nur der Vorsitzende ist,

5. daß der Hof dem Gesetz und nicht den Exekutiven gegenüber verantwortlich ist[35]."

Die Kommandantur begrüßte ungeachtet ihrer Vorbehalte ausdrücklich den Vorschlag zur Gründung eines Rechnungshofs und legte dem Magistrat nahe, unter Berücksichtigung ihrer Einwendungen einen neuen Gesetzentwurf auszuarbeiten.

Oberbürgermeister Reuter glaubte nach längeren persönlichen Sondierungen zunächst, die Bedenken der Alliierten mit einer Durchführungsverordnung zum Rechnungshofgesetz ausräumen zu können. Der Magistrat hatte inzwischen jedoch den Beschluß der Bundesregierung vom 21. April 1950 zum Entwurf eines Gesetzes über Errichtung und Aufgaben des Bundesrechnungshofs[36] zur Kenntnis erhalten. Er beschloß deshalb, zunächst die Arbeiten für das Berliner Rechnungshofgesetz zurückzustellen, um es dem Bundesgesetz später angleichen zu können[37].

In der Folgezeit wurde die Entwicklung in den westdeutschen Ländern wie beim Bund beobachtet, gleichzeitig wurden die von der Alliierten Kommandantur aufgeworfenen Probleme eingehend zwischen den beteiligten Magistratsverwaltungen erörtert und neue Entwürfe erarbeitet. Zu einer

[35] s. FN 21.

[36] Bundesrats-Drucksache Nr. 279/50.

[37] Mitteilung – zur Kenntnisnahme – Nr. 301 vom 31. 10. 1950, Abgeordnetenhaus-Drucksache Nr. 47.

Beschlußfassung im Magistrat kam es jedoch wegen des Ablaufs der Legislaturperiode nicht mehr.

Die Verfassungsberatung war – nach der Spaltung Berlins – im November 1949 wieder aufgenommen worden. Am 4. August 1950 beschloß die Stadtverordnetenversammlung die neue Verfassung von Berlin, die von der Alliierten Kommandantur genehmigt wurde und am 1. Oktober 1950 in Kraft trat. Artikel 83, der die Rechnungsprüfung regelt, behielt die bereits am 22. April 1948 beschlossene Fassung.

Die Neuwahlen zum Abgeordnetenhaus fanden am 3. Dezember 1950 statt. Der neue Senat übertrug am 19. Februar 1951 die Bearbeitung von Rechnungshofsangelegenheiten dem Bürgermeister Schreiber, der sich alsbald intensiv um die Ausarbeitung eines neuen Rechnungshofgesetzes bemühte. Den von Oberbürgermeister Reuter geäußerten Gedanken, die alliierten Bedenken durch eine Durchführungsverordnung auszuräumen, hielt er angesichts des Umfangs der notwendigen Änderungen für „nicht tunlich". Schon nach einem Monat übermittelte er einen neuen Gesetzesvorschlag den beteiligten Senatsverwaltungen und dem Hauptprüfungsamt. Letzteres hatte zwischenzeitlich einen eigenen Gesetzentwurf erstellt und versuchte, seine Auffassungen bei den anschließenden Erörterungen so weit wie möglich durchzusetzen. Es drängte insbesondere auf eine stärkere Anpassung der Berliner Regelungen an das zwischenzeitlich erlassene Gesetz über den Bundesrechnungshof vom 27. November 1950[38]. Ostrowski verwies in diesem Zusammenhang auf die den Rechnungshöfen in § 6 des Bundesgesetzes eröffnete Möglichkeit zur gegenseitigen Übertragung von Prüfungsaufgaben. Diese Möglichkeit, so argumentierte er, werde der Bundesrechnungshof in Berlin nur nutzen, „wenn er die Stellung des Berliner Rechnungshofs als der seinen angeglichen betrachtet". Des weiteren bezog er sich auf das aus § 10 des Bundesrechnungshofgesetzes ersichtliche Vorhaben, einen Vereinigten Senat aus Mitgliedern des Bundesrechnungshofs und der obersten Rechnungsprüfungsbehörden der Länder zu bilden (was allerdings nicht verwirklicht wurde). In diesem Senat, so formulierte er, würde das Berliner Mitglied „zweitrangig" erscheinen, wenn das Berliner Rechnungshofgesetz nicht dem des Bundes angeglichen würde.

Zur Ausräumung von Unklarheiten und zur Vereinheitlichung des Prüfungswesens regte das Hauptprüfungsamt an, in dem Berliner Gesetz nicht nur die Organisation des Rechnungshofs und die Verpflichtungen der Verwaltungsbehörden gegenüber dem Rechnungshof zu regeln, sondern auch die Durchführung der Prüfungsaufgaben. Die Zusammenfassung von kommunalen und staatlichen Verwaltungen unter der Leitung des Magistrats

---

[38] Gesetz über Errichtung und Aufgaben des Bundesrechnungshofs vom 27.11.1950, BGBl., S. 765.

hatte zur Folge gehabt, daß in Berlin nach verschiedenen haushaltsrechtlichen Vorschriften gearbeitet wurde. Die früheren Reichs- und Staatsbehörden arbeiteten nach der Reichshaushaltsordnung und den sonstigen Reichsbestimmungen, die übrige Verwaltung hingegen nach der Gemeindehaushaltsverordnung und den für die kommunale Verwaltung geltenden Vorschriften. Der Anregung des Hauptprüfungsamtes wurde in der Weise gefolgt, daß einige wesentliche Bestimmungen aus der Reichshaushaltsordnung in den Gesetzentwurf aufgenommen wurden und Teile der Reichshaushaltsordnung für sinngemäß anwendbar erklärt wurden.

Bürgermeister Schreiber unterbreitete seinen Entwurf am 11. Juni 1951 dem Senat, der ihn eingehend diskutierte. Dabei ergaben sich zu einigen Punkten, insbesondere in der Frage der Beteiligung von Wirtschaftsprüfern bei der Prüfung der Jahresabschlüsse öffentlicher Unternehmen, Meinungsverschiedenheiten, die in der Sitzung nicht beigelegt werden konnten. Der Senat setzte deshalb einen Ausschuß ein, dem Bürgermeister Schreiber als Vorsitzender, mehrere Senatoren und Ostrowski angehörten. Dieser erarbeitete zu den strittigen Punkten eine Neufassung, die er am 9. Juli 1951 dem Magistrat zur Beschlußfassung vorlegte. In dieser Sitzung wurde der Gesetzentwurf endlich gebilligt und noch im selben Monat dem Abgeordnetenhaus zugeleitet[39]. Das Hauptprüfungsamt versuchte während der Ausschußberatungen noch einige Änderungen durchzusetzen, was ihm teilweise auch gelang.

Bei den Beratungen ging es im wesentlichen um folgende Punkte:

1. Status des Rechnungshofs

Das Hauptprüfungsamt hatte in Anlehnung an § 1 des Bundesrechnungshofgesetzes vorgeschlagen, den Rechnungshof als nur dem Gesetz unterworfene „oberste Landesbehörde" zu bezeichnen, der Senat akzeptierte lediglich „Behörde". Das Hauptprüfungsamt konnte sich aber mit seiner Auffassung bei den anschließenden parlamentarischen Ausschußberatungen durchsetzen[40].

2. Erteilung von Prüfaufträgen

In Art. 83 der Berliner Verfassung ist dem Abgeordnetenhaus und dem Senat das Recht zur Erteilung von Prüfaufträgen zugestanden. Bei den Gesetzesberatungen bestand Übereinstimmung, daß dieses Recht den Bezirken zwar nicht eingeräumt werden kann, sie aber die Befugnis für Prüfungsanregungen erhalten sollten.

Der Senatsentwurf gestand nur den Bezirksämtern das Recht zu, Prüfungsanträge zu stellen, denen der Rechnungshof zu entsprechen hatte,

---

[39] Abgeordnetenhaus-Drucksache 427, I. Wahlperiode.
[40] Abgeordnetenhaus-Drucksache 577, I. Wahlperiode.

wenn es die Geschäftslage gestattete und die Bedeutung der Angelegenheit eine Prüfung rechtfertigte. Das Hauptprüfungsamt sprach sich im Interesse einer Stärkung der Kontrollrechte der Volksvertretungen dafür aus, den Bezirksverordnetenversammlungen ebenfalls ein Antragsrecht zuzugestehen, was im Verlauf der parlamentarischen Beratung beschlossen wurde.

3. *Kollegialsystem*

Nach der Anordnung der Alliierten Kommandantur sollte der Rechnungshof seine Entscheidungen durch einen Senat treffen, in dem der Präsident nur der Vorsitzende ist. Zwischen dem Hauptprüfungsamt, in dem weiterhin erhebliche Vorbehalte gegen das Kollegialsystem bestanden, und den beteiligten Senatsverwaltungen wurde relativ schnell eine Verständigung über eine restriktive Interpretation der alliierten Anordnung erreicht. Dem Kollegium sollten vorbehalten bleiben „alle Angelegenheiten von grundsätzlicher oder sonst erheblicher Bedeutung". Im übrigen sollten die Mitglieder in ihrem Geschäftsbereich selbständig und in eigener Verantwortung entscheiden. Aufgrund dieser – Gesetz gewordenen – Regelung wird in Berlin der normale Prüfungsschriftwechsel bis in die Gegenwart von dem zuständigen Mitglied des Rechnungshofs in eigener Verantwortung geführt.

4. *Dienstaufsicht des Regierenden Bürgermeisters über den Präsidenten des Rechnungshofs*

Die Berliner Verfassung überträgt dem Regierenden Bürgermeister die Dienstaufsicht über den Präsidenten des Rechnungshofs. Der Senat sah in seinem Entwurf zum Rechnungshofgesetz eine Wiederholung dieser Bestimmung vor.

Hierin erblickte das Hauptprüfungsamt eine Gefährdung der Unabhängigkeit des Rechnungshofs. Auch sah es einen Widerspruch zu dem gleichfalls im Gesetz formulierten Grundsatz, daß auf den Präsidenten die für Richter geltenden Vorschriften anzuwenden sind. Dabei berief es sich auch auf die Alliierten, die in einem konkreten Fall ähnliche Bedenken geäußert hatten. Das Finanzkomitee der Alliierten Kommandantur hatte die Gewährung eines Zuschusses für die Berliner Festwochen 1951 von der Prüfung seiner Verwendung abhängig gemacht und in einer Besprechung am 5. Juli 1951 das Hauptprüfungsamt bzw. den Rechnungshof als dafür ungeeignet bezeichnet, da sie den Weisungen des Regierenden Bürgermeisters unterstünden und nicht „völlig unabhängig" seien. Die deutsche Seite war diesem Einwand sofort entgegengetreten unter Darlegung des Unterschiedes zwischen Dienst- und Fachaufsicht. Bei den parlamentarischen Beratungen konnte sich das Hauptprüfungsamt mit seinen Bedenken ebenfalls nicht durchsetzen.

Wenn auch der Begriff der Dienstaufsicht nicht eindeutig definiert ist, bestand bei der Beratung doch Übereinstimmung darin, daß er keine fachlichen Weisungsrechte einschließt. In der Plenarsitzung am 18. Oktober 1951 erläuterte der Abg. Fischer als Berichterstatter unwidersprochen den Unterschied zwischen Dienst- und Fachaufsicht. Dienstaufsicht bedeute, „daß der Regierende Bürgermeister auf die ordnungsgemäße Führung der Geschäfte, auf die Innehaltung der Gesetze und darauf zu achten hat, daß der Herr Präsident nicht seinen Urlaub überzieht und pünktlich im Dienst ist". Sie bedeute nicht ein materielles Eingriffsrecht in die Apparatur des Rechnungshofs und in die Entscheidungs- und Prüfungsbefugnisse[41].

5. *Qualifikation der Mitglieder*

Die Alliierte Kommandantur hatte gefordert, daß die Mitglieder des Rechnungshofs „entsprechend qualifiziert" sind. Die beteiligten Senatsverwaltungen verständigten sich in Anlehnung an § 120 der Reichshaushaltsordnung auf die Formulierung, daß zum Präsidenten oder zu Mitgliedern des Rechnungshofs nur Personen ernannt werden können, die das 35. Lebensjahr überschritten haben und die eine umfassende Fachausbildung und Erfahrung auf den Gebieten der öffentlichen Verwaltung, der Technik oder der Wirtschaft besitzen. Ferner wurde in das Gesetz aufgenommen, daß sie in der Regel die Befähigung zum Richteramt oder zum höheren Verwaltungs- oder höheren technischen Dienst oder ein abgeschlossenes volks- oder betriebswirtschaftliches Studium haben sollen und daß ein Drittel der Mitglieder die Befähigung zum Richteramt haben soll.

6. *Politische Betätigung von Mitarbeitern des Rechnungshofs*

Die Alliierte Kommandantur hatte gefordert, daß die Mitglieder des Rechnungshofs und das Personal von „aktiver Teilnahme an politischer Tätigkeit" ausgeschlossen sind.

Der Senat hielt es für ausreichend, die Inkompatibilitätsregelung auf die Volksvertretungen zu begrenzen. Sein Gesetzentwurf sah vor, daß der Präsident, die Mitglieder und Prüfer des Rechnungshofs weder dem Abgeordnetenhaus noch einer Bezirksverordnetenversammlung angehören dürfen. Im Hauptprüfungsamt bezweifelte man, daß den alliierten Forderungen damit voll entsprochen werde und schlug folgende Ergänzung vor: „Sie haben sich jeder politischen Tätigkeit zu enthalten, die über die bloße Mitgliedschaft in einer politischen Partei hinausgeht." Diese Anregung wurde weder vom Senat noch vom Abgeordnetenhaus aufgegriffen. Beide gingen aufgrund der Entwicklung in Westdeutschland davon aus, daß die Alliierten eine so weitgehende Forderung nicht geltend machen wollten. Die Inkompatibilität wurde lediglich auf „Bürgerdeputierte" ausgedehnt, die gemäß Art. 57

---

41 Stenographischer Bericht über die 26. (Ordentliche) Sitzung des Abgeordnetenhauses von Berlin am 18.10.1951, S. 730ff.

Abs. 2 der Verfassung von Berlin zu Ausschüssen der Bezirksverordnetenversammlungen hinzugezogen werden können.

7. *Beteiligung von Wirtschaftsprüfern*

Nach dem Vorschlag des Hauptprüfungsamtes sollte der Rechnungshof Bilanzprüfer im Sinne der Durchführungsverordnung vom 30. März 1933 zur Notverordnung vom 6. Oktober 1931 über die Prüfungspflicht der Wirtschaftsbetriebe der öffentlichen Hand sein. Dabei war klar, daß er die Abschlußprüfungen nicht vollständig mit eigenen Kräften durchführen konnte. Deshalb sollte gesagt werden, der Rechnungshof „kann" hierfür Wirtschaftsprüfer heranziehen. Der Entwurf Schreibers vom 11. Juni 1951 sah hingegen vor, daß der Rechnungshof seine Aufgabe als Bilanzprüfer wie als Prüfer der Wirtschaftlichkeit öffentlicher Betriebe auf Wirtschaftsprüfer „zu übertragen hat". Dem Rechnungshof sollte es lediglich obliegen, zu den Berichten der Wirtschaftsprüfer Stellung zu nehmen. Das Hauptprüfungsamt sah eine derartige Regelung als durch die staatsrechtliche Entwicklung überholt an. Mit diesem Argument konnte es bereits im Senatsausschuß einen Teilerfolg erringen. Aus der „Muß"vorschrift wurde eine „Soll"vorschrift. Bei der parlamentarischen Beratung wurde aus der „Soll"-vorschrift die vom Hauptprüfungsamt erstrebte „Kann"vorschrift. Die „Sollklausel" wurde – wie der Berichterstatter Fischer in der Abgeordnetenhaussitzung vom 18. Oktober 1951 ausführte – als Verstoß gegen die Gesetzesvorschrift empfunden, daß die Prüftätigkeit nicht durch Weisungen eingeschränkt werden darf.

Nachdem das Abgeordnetenhaus das Gesetz über den Rechnungshof von Berlin am 18. Oktober 1951 verabschiedet und die Alliierte Kommandantur keine Einwendungen erhoben hatte, wurde es mit Datum vom 25. Oktober 1951 verkündet[42].

7. Der Aufbau des Berliner Rechnungshofs

Erster Schritt für die Bildung des Rechnungshofs war die Bestellung des Präsidenten. Er war auf Vorschlag des Senats vom Abgeordnetenhaus zu wählen. Der Senat entschied sich im Dezember 1951 für den Leiter des Hauptamts für Besatzungslasten, Erich Lange[43]. Nach seiner Nominierung führte der Hauptausschuß des Abgeordnetenhauses am 15. Januar 1952 zunächst eine Anhörung von Sachverständigen zu den Aufgaben des Rechnungshofs durch. Ostrowski berichtete über die Arbeiten, die er im Aufbau des Hauptprüfungsamts vorbereitend für den Rechnungshof geleistet hatte. Lange erhielt die Gelegenheit, seine Auffassungen über die Aufgaben des

[42] GVBl. I, S. 983.

[43] Abgeordnetenhaus-Drucksache Nr. 832, I. Wahlperiode.

Rechnungshofs darzulegen. Mit seinen Ausführungen vermochte er die Abgeordneten offensichtlich zu überzeugen. Am 17. Januar 1952 wurde er vom Abgeordnetenhaus gewählt und am 31. Januar 1952 von dessen Präsidenten während einer Plenarsitzung vereidigt. Am Tage darauf übergab ihm Ostrowski die Führung der Dienstgeschäfte. Die Bestellung erfolgte für eine Amtszeit von 6 Jahren. Erst 1957 wurde für die Präsidenten der obersten Landesgerichte und des Rechnungshofs die Bestellung auf Lebenszeit in Angleichung an die Rechtslage im übrigen Bundesgebiet eingeführt, wobei der Berliner Gesetzgeber – soweit es den Rechnungshof betraf – gleichzeitig die Verpflichtung nach § 134 Abs. 2 des Beamtenrechtsrahmengesetzes[44] erfüllte.

Lange hatte nach der Amtsübernahme dem Senat Vorschläge für die Bestellung der weiteren 6 Mitglieder des Kollegiums zu unterbreiten. Als seinen ständigen Vertreter schlug er Erich Frank vor, der zuvor Finanzreferent in der Senatsverwaltung für Bundesangelegenheiten war. Ferner empfahl er die Bestellung von 2 Hauptdezernenten beim Hauptprüfungsamt, und zwar des Regierungsbaumeisters a. D. Dipl.-Ing. Karl Schmidt und des Dipl.-Kaufmanns Werner Hanisch. Sie wurden am 19. Mai 1952 vom Senat zu Mitgliedern des Rechnungshofs auf Lebenszeit berufen und am 31. Mai 1952 vom Regierenden Bürgermeister vereidigt.

Mit der Bestellung von 4 Mitgliedern war das Kollegium gemäß § 16 des Rechnungshofgesetzes beschlußfähig. Am 5. Juni 1952 trat es zu seiner ersten Sitzung zusammen. Es faßte dabei den förmlichen Beschluß, daß mit seinem Zusammentritt die Tätigkeit des Hauptprüfungsamtes beendet ist und die Tätigkeit des Rechnungshofs gemäß dem Gesetz vom 25. Oktober 1951 beginnt.

Die Vervollständigung des Kollegiums nahm noch einige Monate in Anspruch. Die 3 weiteren Mitglieder, Oberregierungsrat Erich Bode vom Bundesrechnungshof, Abteilungsleiter Kurt Teufert von der Senatsverwaltung für Inneres, Landgerichtsdirektor Erich Knüppel von der Senatsverwaltung für Justiz, wurden im September und Oktober 1952 bestellt. Das Kollegium vereinigte damit Personen mit Erfahrungen aus verschiedenen Bereichen der öffentlichen Verwaltung.

Die verwaltungsmäßige Selbständigkeit des Rechnungshofs wurde 1952 ebenfalls eingeführt. Nach § 20 des Rechnungshofgesetzes sind Einnahmen und Ausgaben des Rechnungshofs durch einen besonderen Plan im Rahmen des Gesamthaushalts festzusetzen und vom Rechnungshof zu bewirtschaften. Besondere Pläne waren schon seit 1949 gebildet worden, ihre Bewirtschaftung oblag bis 1950 jedoch der Abteilung Personal und Verwaltung

---

[44] Rahmengesetz zur Vereinheitlichung des Beamtenrechts vom 01. 07. 1957, BGBl. I, S. 667.

und im Jahre 1951 dem Bürgermeister von Berlin. Der Haushaltsplan 1952 übertrug die Bewirtschaftungsbefugnis erstmals dem Präsidenten des Rechnungshofs. Die Stellenzahl, die nach der Teilung der Stadt zunächst auf 133 reduziert worden war, wurde auf 214 erhöht. Präsident Lange bemühte sich nach seiner Amtsübernahme sogleich um eine zügige Stellenbesetzung. Im Jahre 1952 wurden über 50 Mitarbeiter neu eingestellt. Am 5. Juni 1952 – dem Tag der konstituierenden Sitzung des Rechnungshofs – hatte die Behörde 139 Bedienstete, bis zum Jahresende stieg die Zahl auf 191. Die Personalverstärkung hatte naturgemäß einen größeren Raumbedarf zur Folge, der im letzten Dienstgebäude des Hauptprüfungsamtes in Berlin-Charlottenburg, Heerstr. 18-20, nicht mehr gedeckt werden konnte. Aus diesem Grunde wurde der Dienstsitz des Rechnungshofs am 1. August 1952 in das neu angemietete Gebäude in Berlin-Wilmersdorf, Mecklenburgische Straße 57, verlegt.

Präsident Lange bemühte sich frühzeitig um die Aufnahme des Kontaktes zu den westdeutschen Rechnungshöfen. Bereits im Mai 1952 nahm er an einer Arbeitstagung in Düsseldorf teil. Seit dieser Zeit wirkt der Berliner Rechnungshof in der Arbeitsgemeinschaft der obersten Rechnungsprüfungsbehörden des Bundes und der Länder mit.

Man kann zur Entstehungsgeschichte des Berliner Rechnungshofs zusammenfassend sagen, daß für seine Aufgabenbeschreibung und seine Organisation neben der Wahrung bewährter Prinzipien der kommunalen Vorgängerinstitutionen, neben der Forderung der Alliierten Kommandantur nach einer unabhängigen, nur dem Gesetz unterworfenen und fachlich qualifizierten Prüfeinrichtung vor allem die Nachkriegsentwicklung in der Bundesrepublik Deutschland von Bedeutung war. Alle politischen Kräfte in Berlin (West) haben sich nach der Spaltung Deutschlands und Berlins immer mit größtem Nachdruck zur Verbundenheit ihrer Stadt mit der Bundesrepublik bekannt. Im Zuge dieser generellen Politik ist für den Berliner Gesetzgeber auch bei rein landesrechtlichen Entscheidungen das westdeutsche Beispiel immer ein wichtiger Orientierungspunkt gewesen.

Aktuelle Probleme der Finanzkontrolle I

Das Bundesrechnungshofgesetz im Lichte historischer Rückblende

Von Karl Wittrock

Seit dem 20. Juli 1985 gibt es ein neues Gesetz über den Bundesrechnungshof[1]. Es bestätigt die besondere Stellung dieser Behörde im System der Staatsorgane. Weiterhin regelt es die Ernennung seiner Mitglieder, den Rahmen der internen Zuständigkeitsverteilung, die Zusammensetzung der Entscheidungsträger und die Verfahrensabläufe innerhalb des Bundesrechnungshofes. Es unterstreicht die seit 1969 bestehenden unmittelbaren Beziehungen der gesetzgebenden Körperschaften zum Bundesrechnungshof dadurch, daß für die Ernennung des Präsidenten und des Vizepräsidenten eine Wahlhandlung des Bundestages und des Bundesrates erforderlich ist. Die Wahl durch den Bundestag kommt nur dann zustande, wenn dem Wahlvorschlag die Mehrheit der gesetzlichen Zahl der Mitglieder des Bundestages in geheimer Abstimmung zustimmt.

Bevor es zu dem Gesetzesbeschluß kam, gab es eingehende Erörterungen über das Verhältnis des Bundesrechnungshofes zu den gesetzgebenden Körperschaften, vor allem zum Bundestag. Äußerungen von Wissenschaftlern, aus der Mitte des Bundesrechnungshofes und von Abgeordneten des Bundestages zeigten Lösungsmöglichkeiten, aber auch die verfassungsrechtlichen Grenzen[2]. Die Entschließung des Haushaltsausschusses vom 14. April 1984, die sich der Bundestag in seinem Beschluß vom 6. Juni 1984 zu eigen machte[3], legte den Rahmen des Inhalts des Gesetzentwurfes fest. Hiernach sollte die Mitwirkung des Parlaments bei der Wahl der Präsidenten und die vorrangige Berücksichtigung der Wünsche des Bundestages sichergestellt werden. Der vom Großen Senat des Bundesrechnungshofes beschlossene Vorentwurf, dessen wesentlichen Inhalt dann der Bundesminister der

---

1 BGBl. I, S. 1445.

2 *Arnim,* Hans H. v., Grundprobleme der Finanzkontrolle, in: DVBl. 1983, S 664 ff.; *Wittrock,* Karl, Über Grundprobleme der Finanzkontrolle – Anmerkungen zu dem Aufsatz von Hans H. von Arnim zum gleichen Thema, in: DVBl. 1983, S. 883 ff.; *ders.,* Auf dem Weg zu einem neuen Rechnungshof-Gesetz – Probleme einer notwendigen Gesetzgebung, in: DÖV 1984, S. 649 ff.

3 Bericht des Haushaltsausschusses des Deutschen Bundestages, BT-Drs. 10/3323.

Finanzen in seine Kabinettsvorlage übernahm, trug diesen Erwartungen Rechnung[4].

Der Gedanke, dem Parlament das Recht zu unmittelbaren Kontakten zum Rechnungshof zu geben, ist nicht neu. Bereits im 19. Jahrhundert hatten liberale Abgeordnete zunächst im Preußischen Abgeordnetenhaus, der 2. Kammer des damaligen Landtags, dann auch im Reichstag, derartige Vorstellungen entwickelt. In Preußen war es das konservative Herrenhaus, das die alte ständische Ordnung des Adels und des Grundbesitzes repräsentierte, welches die liberale Mehrheit des Abgeordnetenhauses bremste. Im Reichstag bremste die Regierung.

Mit dem Eintritt in die historische Phase der konstitutionellen Monarchie, also seit Beginn der modernen Parlamentsgeschichte, waren viele Mitglieder der parlamentarischen Körperschaften bestrebt, Zugang zu den Ergebnissen der Rechnungsprüfung zu erhalten und die Möglichkeiten des Zugangs beharrlich zu verbessern. Die Mitglieder des preußischen Abgeordnetenhauses, deren Namen uns übrigens oft auch in den Reichstagsprotokollen jener Jahre begegnen, hatten als Vertreter des liberalen Bürgertums die gleichen parlamentarischen Interessen wie Jahrzehnte später die Mandatsträger in der parlamentarischen Demokratie. Es war ihr Bestreben, die Stellung des Parlaments im Verhältnis zur Exekutive zu stärken, um ihrer Arbeit größere Effizienz zu geben. Wenn heute von der größeren Nähe des Rechnungshofes die Rede ist, dann bedeutet dies praktisch, durch bessere Informationen das Übergewicht der Exekutive zu reduzieren und die Position des Parlaments zu verbessern. So ist es heute, und so war es bereits im 19. Jahrhundert.

Wenn wir uns der damaligen Auseinandersetzungen erinnern und in diesem Zusammenhang unseren Blick auf die Geschichte der Rechnungsprüfung lenken, dann wird deutlich, daß das moderne Bundesrechnungshofgesetz der – mindestens vorläufige – Abschluß einer Entwicklung ist, die durch Tradition und Kontinuität bestimmt ist. Aus diesem Grunde ist es angemessen, sich des historischen Hintergrundes des modernen Gesetzes zu erinnern.

1. Die Entwicklung in Preußen nach 1848

Die politisch-parlamentarischen Auseinandersetzungen begannen in Preußen mit dem Eintritt in die Zeit der konstitutionellen Monarchie im Jahre 1848. Die aufgrund der Beratungen in der Nationalversammlung am 5. Dezember 1848 von Friedrich Wilhelm IV. erlassene Verfassung enthielt eine Regelung, die eine unmittelbare Berichtspflicht der Oberrechnungs-

---

[4] Regierungsentwurf, BT-Drs. 10/3323.

kammer im Verhältnis zu den beiden Häusern des Landtages begründete[5]. Dies entsprach den politischen Vorstellungen der damaligen Linken, die grundsätzlich meinten, dem Parlament müsse gegenüber der Oberrechnungskammer die gleiche Rechtsposition eingeräumt werden, wie sie bisher allein dem König zustand. In den weiteren Auseinandersetzungen bewegte sich das Pendel schließlich zurück in die Richtung zur konservativen Seite, die dem Landtag nur das verfassungsrechtliche Minimum an Rechten gewähren wollte.

Die Verfassung wurde aufgrund eines Revisionsvorbehaltes geändert. Immerhin enthielt dann die Verfassung vom 31. Januar 1850 eine bedeutsame Neuerung. Artikel 104 bestimmte, daß dem Landtag die Haushaltsrechnung mit den Bemerkungen der Oberrechnungskammer vorzulegen ist. Ein besonderes Gesetz sollte die Einrichtung und die Befugnisse der Oberrechnungskammer bestimmen[6].

Obgleich über die Dringlichkeit, dem Landtag den Entwurf eines solchen Gesetzes vorzulegen, kein Zweifel bestehen konnte, blieb die preußische Staatsregierung untätig. Die Oberrechnungskammer, die nach dem damals geltenden preußischen Recht dem König einen Jahresbericht vorzulegen hatte, lehnte es ab, Bemerkungen aufzustellen, die nach der Verfassung von der Staatsregierung dann dem Landtag vorzulegen gewesen wären. Sie begründete ihre Ablehnung damit, daß ihr hierfür die in der Verfassung vorgesehene gesetzliche Basis fehle. Es bedürfe einer gesetzlichen Definition, was Inhalt von Bemerkungen sein kann.

Die Abgeordneten reagierten ungehalten. So verweigerten sie im Jahre 1862 der Staatsregierung den Entlastungsbeschluß. Die dann aufgrund des Drängens des Landtages von der Staatsregierung vorgelegten Bemerkungen der Oberrechnungskammer wurden von den Abgeordneten als unzureichend empfunden, weil sie sich allein auf formale Feststellungen beschränkten[7].

Es kam dann der Verfassungskonflikt Bismarcks mit dem Landtag. Zur weiteren Verzögerung der Vorlage eines Gesetzentwurfes hat sicherlich auch die Tatsache beigetragen, daß Preußen die Kriege von 1864, 1866 und schließlich 1870/71 führte. Erst im Jahre 1872 konnte der Landtag den Entwurf eines Gesetzes über die Oberrechnungskammer beraten.

Die Beratungen wurden mit großer Sorgfalt durchgeführt. Sie erstreckten sich allein im Abgeordnetenhaus über fünf Sitzungstage. Meinungsverschie-

---

[5] Verfassungsurkunde vom 5. Dezember 1848, Preußische Gesetzessammlung (GS) 1848, S. 325.

[6] Verfassungsurkunde vom 31. Januar 1850, GS 1850, S. 17.

[7] *Pfuhlstein,* Friedrich v., Von der Generalrechenkammer zum Bundesrechnungshof, in: 250 Jahre Rechnungsprüfung (Festschrift), hrsg. v. Bundesrechnungshof, Frankfurt a. M. 1946, S. 53.

denheiten gab es vor allem über die Frage, ob und in welchem Umfang die Oberrechnungskammer dem Landtag unmittelbar berichten sollte. Bedenken wurden nachdrücklich von konservativer Seite geäußert. Dies wurde besonders deutlich in dem Bericht eines Ausschusses des Herrenhauses vom 5. März 1872. In diesem Bericht heißt es, durch „Zuführung von Stoff könnten die Angriffe gegen die Regierung und damit die Macht des Abgeordnetenhauses erweitert werden“[8].

Im Abgeordnetenhaus meinte ein konservativer Abgeordneter, wenn der alte Zustand erhalten bliebe, wenn also kein Gesetz zustande komme, dann sei dies für die Staatsregierung viel günstiger als wenn es das Gesetz gäbe. Wenn die Bemerkungen der Oberrechnungskammer ausführlich dem Abgeordnetenhaus mitgeteilt würden, dann könnten die Erfahrungen und Eindrücke dazu benutzt werden, sie in dem nächsten Etat zu Geltung zu bringen. Die Majorität des Abgeordnetenhauses werde immer geneigt sein, ein der Staatsregierung entgegenstehendes Interesse zu äußern. Dies sei völlig unannehmbar. Die Entwicklung der konstitutionellen Monarchie führe Schritt für Schritt dahin, daß durch den Etat die Gewalt über die ganze Verwaltung in die Hände des Abgeordnetenhauses gelange. Hierzu gebe die Verfassung keinen Anlaß. Die Oberrechnungskammer sei nämlich eine Behörde des Königs, und sie habe deshalb nur mit dem König und mit der Staatsregierung zu verkehren[9]. Soweit die konservative Argumentation.

Anderer Meinung war in der Debatte des Abgeordnetenhauses als Berichterstatter vor allem der liberale Abgeordnete Eduard Lasker. Er meinte, nach der Verfassungslage sei die Oberrechnungskammer auch ein Kontrollorgan für den Landtag. Es müsse deshalb dem Landtag möglich sein, Rückfragen an die Oberrechnungskammer zu richten. Sie habe sowohl der Exekutive als auch dem Landtag zu dienen. Die bisherige Verpflichtung, dem Souverän, nämlich dem König, zu berichten, bestehe jetzt auch gegenüber dem Landtag[10].

Damit sind erstmals in der deutschen Parlamentsgeschichte Vorstellungen entwickelt worden, die parlamentarische Arbeit dadurch effektiver zu gestalten, daß dem Parlament die Erkenntnisse und Ergebnisse der Rechnungsprüfung umfassend zur Verfügung gestellt werden.

In den damaligen Debatten wurde übrigens auch angeregt, dem Landtag ein Mitwirkungsrecht bei der Ernennung der Mitglieder der Oberrechnungskammer einzuräumen. Es war vor allem der Zentrumsabgeordnete Ludwig Windthorst, der diese Auffassung vertreten hat. Er war auch der Meinung, an Stelle der behördlich organisierten Oberrechnungskammer

---

8 *Hertel,* Karl Th., Die Preußische Oberrechnungskammer, Berlin 1884, S. 473.

9 Ebenda, S. 491, 494.

10 Ebenda, S. 298 ff.

müsse auf der Ebene des Landtages ein eigenes Prüfungsorgan geschaffen werden, welches aus Mitgliedern des Abgeordnetenhauses und des Herrenhauses bestehen sollte. Die überwiegende Mehrzahl der Abgeordneten schloß sich diesen Vorstellungen nicht an. Sie meinten, die Existenz eines eigenständigen behördlichen Prüfungsorganes wie die Oberrechnungskammer habe sich bewährt[11].

Trotz der erheblichen Meinungsverschiedenheiten kam es zu dem Gesetzesbeschluß. Zwischen allen damaligen politischen Kräften gab es Einvernehmen, Artikel 104 der Preußischen Verfassung mit Leben zu erfüllen. Die Einigung kam dadurch zustande, daß die Liberalen auf gesetzliche Regelungen verzichteten, die der Oberrechnungskammer unmittelbare Berichts- und Auskunftspflichten gegenüber dem Parlament auferlegt hätten. Entscheidend war, daß es nun ein Gesetz gab, das die Einordnung der Oberrechnungskammer in das System der Staatsorgane der konstitutionellen Monarchie regelte.

Unbestritten war in den Gesetzesberatungen, daß die Unabhängigkeit der Oberrechnungskammer nicht in Frage gestellt werden dürfe. Aus diesem Grunde wurde die dienstrechtliche Stellung der Mitglieder nach den für die Richter geltenden Vorschriften geregelt. Weiterhin wurde – in Übereinstimmung mit der bisherigen Tradition – der kollegiale Charakter der Behörde gesichert. Dies entspricht auch der heutigen Gesetzeslage.

Es ist festzustellen, daß die Versuche, die Parlamentsnähe der Oberrechnungskammer durchzusetzen, ohne Ergebnis blieben. Die Vollendung blieb erst unserer Zeit vorbehalten. Dennoch verdient es der Respekt vor den Abgeordneten der damaligen Zeit, daß wir uns der Versuche erinnern.

2. Die vergeblichen Versuche der Reichsgesetzgebung

Bereits in der Zeit des Norddeutschen Bundes, also nach 1866, dann aber auch nach der Reichsgründung, gab es im Reichstag Übereinstimmung, daß es ein Reichsrechnungshofgesetz geben müsse. Ein solches Gesetz kam jedoch trotz wiederholter Anläufe nicht zustande.

Die Prüfung der Rechnungen des Norddeutschen Bundes wurde durch eine besondere gesetzliche Regelung für zunächst drei Jahre der Preußischen Oberrechnungskammer übertragen. Nach Gründung des Deutschen Reiches gab es eine entsprechende Regelung, zunächst für das Jahr 1871. Die Oberrechnungskammer hatte die Prüfungsaufgaben unter der Bezeichnung „Rechnungshof für das Deutsche Reich" zu erfüllen. Die Geltung dieser Regelung wurde Jahr für Jahr erneuert, und zwar bis zum Jahre 1910.

---

[11] Ebenda, S. 254, 308.

Schließlich gab es eine Verlängerung bis zum Jahre 1919. Ein Reichsrechnungshofgesetz ist damals und dann auch in den Jahren der Weimarer Republik nicht zustande gekommen[12].

Das Scheitern der wiederholten Bemühungen in den siebziger Jahren des vergangenen Jahrhunderts wurde durch die außerordentlich kurzen Arbeitsperioden des Reichstags begünstigt. Die kurzen Arbeitsperioden, mit deren Ablauf alle bisherigen Arbeitsergebnisse hinfällig wurden, erforderten nach Neubeginn der Parlamentsarbeit jeweils neue Gesetzesinitiativen. So kam es zu Gesetzesvorlagen im Jahre 1872, 1874 und schließlich 1877. Die Vorlagen der Regierung stimmten mit dem im Jahre 1872 in Kraft getretenem Preußischen Gesetz überein. Sie entsprachen also voll den herkömmlichen konservativen Vorstellungen.

In eingehenden Beratungen, die allein im Jahre 1872 in sechs Plenarsitzungen stattfanden, bestand die Reichstagsmehrheit darauf, daß durch eine besondere gesetzliche Vorschrift der Reichsrechnungshof verpflichtet werden sollte, dem Reichstag auf Rückfragen Auskünfte zu erteilen oder Gutachten zu erstatten. In den Debatten wurde auch der Gedanke geäußert, der jährliche Bericht der Oberrechnungskammer an den König, der dem Monarchen einen Überblick über Mängel in der Verwaltung gebe, müsse dem Parlament vorgelegt werden.

So weit wollte jedoch die damalige Reichstagsmehrheit nicht gehen. Das Vorrecht der Krone sollte gewahrt bleiben, ein Prinzip, das auch in den folgenden Jahrzehnten gewahrt blieb[13].

Immerhin kam es zu Gesetzesbeschlüssen, die dem Reichstag wenigstens das Recht zu Rückfragen an den Rechnungshof gaben. Die Regierung lehnte jedoch diese und alle weiteren wesentlichen Änderungen des Gesetzentwurfes ab. Das Gesetz scheiterte, weil dem Reichstag keine unmittelbaren Rechte im Verhältnis zum Rechnungshof eingeräumt werden sollten.

Während in Frankreich bereits seit 1832 die Berichte des Cour des Comptes unmittelbar dem Parlament vorzulegen waren[14], sollten bei uns noch Jahrzehnte vergehen, bis dies durchgesetzt werden konnte.

3. Die weitere Entwicklung des Verhältnisses des Rechnungshofes zum Parlament vor 1918

Eine systematische Untersuchung, in welcher Weise und mit welcher Intensität der Reichstag oder das Preußische Abgeordnetenhaus die Bemer-

---

12 *Pfuhlstein,* F. v., 1964, a.a.O., S. 66.

13 Ebenda, S. 67.

14 Histoire de l'Administration Française. La Court des Comptes, S. 448.

kungen des Rechnungshofes oder der Oberrechnungskammer genutzt haben, liegt nicht vor. Die Durchsicht der Parlamentsprotokolle und der Drucksachen aus jener Zeit wäre sicherlich wertvoll.

Nach dem Scheitern weitergehender gesetzlicher Regelungen mußte das wechselseitige Verhältnis distanziert sein. Die Regierung achtete darauf, daß dies so blieb. Aus einem Beitrag Friedrich von Pfuhlsteins zu der im Jahre 1964 veröffentlichten Festschrift „250 Jahre Rechnungsprüfung“ wissen wir, daß in den 80er Jahren der Rechnungshof seine Bemerkungen zur Rechnungsführung der Reichsverwaltung dem Reichstag unmittelbar zugeleitet hat. Hiergegen wandte sich im Jahre 1885 Bismarck. Er beklagte, das Verfahren der direkten Vorlage der Bemerkungen an den Reichstag leiste dessem Streben nach Erweiterung der parlamentarischen Macht und der Einschränkung der Regierungsbefugnisse Vorschub und lasse den Rechnungshof zu einem Hilfsorgan der parlamentarischen Opposition werden. Daraufhin entschied Kaiser Wilhelm I. mit Erlaß vom 10. Juni 1885, daß der Rechnungshof die Bemerkungen zunächst den zuständigen Reichsbehörden und nicht dem Reichstag unmittelbar zuzuleiten habe[15].

Es dauerte noch bis zum Jahre 1909, bis erstmals ein Vertreter des Reichsrechnungshofes an einer Sitzung der Budgetkommission des Reichstages – im Sinne unserer Terminologie der Haushaltsausschuß – teilnahm. Anlaß war die Erörterung der Problematik, die sich aus dem zunehmenden Mißverhältnis zwischen dem enormen Anstieg des Etatvolumens und der nur mäßig verstärkten Prüfungskapazität ergab. Die Budgetkommission akzeptierte die Anregungen des Vertreters des Rechnungshofes. Dies gab den Anstoß zu einer vom Reichstag am 24. Februar 1909 beschlossenen Resolution, welcher der Bundesrat am 21. Mai 1909 zustimmte.

Die Resolution forderte eine Vereinfachung der Rechnungsprüfung, die durch das Reichskontrollgesetz vom 21. März 1910 realisiert wurde. Erstmals hatte damit das Zusammenwirken von Vertretern des Rechnungshofes und Abgeordneten des Reichstages den Anstoß zu einer Modernisierung des Rechtes der Rechnungsprüfung gegeben. Jetzt war die gesetzliche Möglichkeit zur Auswahl des Prüfungsstoffes und zu einer wenigstens zeitweiligen Beschränkung auf Stichproben gegeben[16].

Es sei erwähnt, daß es in den damaligen Parlamentsdebatten gelegentlich durchaus kritische Äußerungen über den Inhalt und Ergebnis der Rechnungsprüfung gab. So meinte ein Abgeordneter, je schwieriger die Materie sei, desto weniger komme die Oberrechnungskammer zu Beanstandungen. Mindestens zur Hälfte befasse sie sich mit finanziell unerheblichen Vorgän-

---

[15] *Pfuhlstein,* F. v., 1964, a.a.O., S. 67.
[16] Ebenda, S. 70.

gen. Aber trotz aller Kritik kann den Prokollen der damaligen Reichstagssitzungen entnommen werden, daß im ganzen die Einschätzung der Rechnungsprüfung positiv war[17].

Dies läßt sich auch aus den Niederschriften der Sitzungen des Preußischen Abgeordnetenhauses entnehmen. So hatte bereits am 19. Mai 1874 der liberale Abgeordnete Rudolf Virchow im Abgeordnetenhaus erklärt, durch das im Jahre 1872 beschlossene Gesetz über die Oberrechnungskammer habe die Arbeit des Abgeordnetenhauses „eine ungleich größere Ernsthaftigkeit gewonnen". Durch die nun vorgelegten Bemerkungen sei es möglich geworden, Vorgängen entgegenzutreten, die nach der früheren Praxis dem Parlament entzogen waren[18].

Die Beziehung der Oberrechnungskammer zum Landtag entwickelte sich in der Praxis offenbar problemlos. Aus Ausschußberichten ist erkennbar, daß die Oberrechnungskammer auf Wünsche und Anregungen einging, die der Landtag bei der Beratung der Bemerkungen geäußert hatte. Der Regierung wurde nichts geschenkt. Als der Kultusminister die Auskunft über die Verwendung bestimmter Mittel verweigert hatte, wurde er durch Beschluß des Landtages zur Auskunftserteilung gezwungen. Der Minister hatte unter Mißachtung früherer Beschlüsse zusätzliche Gehaltszahlungen geleistet, obgleich der Landtag zuvor ausdrücklich derartige Gehaltsverbesserungen verweigert hatte[19]. Auch die Debatten in den späteren Jahren zeigen, daß die Abgeordneten die Bemerkungen der Oberrechnungskammer als eine wertvolle Grundlage zur Ausübung parlamentarischer Kontrolle ansahen. Aus einzelnen Vorgängen ist zu erkennen, daß in der Praxis der Alltagsarbeit die Oberrechnungskammer bereitwillig Auskunftsersuchen bei der Beratung der Bemerkungen erfüllte[20].

4. Reichstag und Rechnungshof in der Weimarer Republik

Der Rechnungshof des Deutschen Reiches rückte erst durch die Reichshaushaltsordnung vom 31. Dezember 1922[21] einen Schritt näher zum Reichstag. Es kann hier keine Würdigung dieses bedeutenden Werkes vorgenommen werden. Als fortgeltendes Reichsrecht überstand die Reichshaus-

---

[17] Plenarsitzung des Deutschen Reichstages vom 23.02.1910, Stenographische Berichte Band 259, S. 1450ff.

[18] Plenarsitzung des Preußischen Abgeordnetenhauses vom 19.05.1874, Stenographische Berichte S. 1832.

[19] Plenarsitzungen des Preußischen Abgeordnetenhauses vom 21.03.1873, Stenographische Berichte S. 1807 und vom 13.05.1873, Stenographische Berichte S. 1905.

[20] Haus der Abgeordneten (Preußen), 13. Legislaturperiode, Drs. Nr. 161 vom 08.01.1878, S. 10.

[21] RGBl. 1923, II, S. 17.

haltsordnung (RHO) das Ende des Reichsrechnungshofes und den Untergang der damaligen staatlichen Ordnung. Dadurch hat sie nach 1945 in den Ländern der späteren Bundesrepublik und dann in unserem bundesstaatlichen System dem Haushaltswesen und dem Recht der Finanzkontrolle eine einheitliche Grundlage gegeben.

Neu und wichtig war, daß nun der Rechnungshof nicht nur auf Ersuchen der Reichsminister, sondern auch auf Ersuchen des Reichstages gutachtliche Äußerungen abzugeben hatte. Dieses Anliegen, welches im 19. Jahrhundert im Reichstag und im Landtag nicht durchsetzbar gewesen war, wurde nicht etwa deshalb erfüllt, weil es jetzt von der Reichsregierung vorgeschlagen worden war. Es war vielmehr der Haushaltsausschuß des Reichstages, der den Entwurf entsprechend ergänzte (§ 101).

In gleicher Weise hatte es auf der Initiative des Haushaltsausschusses beruht, daß der Rechnungshof nach § 109 legitimiert wurde, über Mängel in der Verwaltung und über Vorschläge zur Behebung dieser Mängel sowie zu Abänderungen von Rechtsvorschriften zu berichten und die Übermittlung derartiger Hinweise an den Reichstag zu verlangen.

Bemerkenswert ist auch, daß erst in den Beratungen des Reichstages auf Initiative der Abgeordneten des Haushaltsausschusses die Rechtsstellung des Präsidenten des Rechnungshofes bei der Behandlung seines Budgetentwurfes verbessert worden ist. Bei Meinungsverschiedenheiten mit dem Finanzminister konnte er nun ebenso wie der Reichstagspräsident nach § 21 Abs. 2 RHO eine Entscheidung der Reichsregierung über seine Haushaltsanforderungen verlangen[22].

Während die Bestimmungen über die unmittelbaren Beziehungen des Reichstages zum Reichsrechnungshof in den §§ 101 und 109 RHO die Position des Parlaments gegenüber der Exekutive gestärkt haben, handelte es sich in § 21 um eine Regelung, die allein dazu diente, die Stellung des Rechnungshofes zu stärken. Bei Etatbewilligungen soll der Rechnungshof nicht vom Finanzminister abhängig sein. Der Reichstag hat dies durchgesetzt.

In den Jahren der Weimarer Republik nahm das Interesse der Abgeordneten an der Arbeit des Rechnungshofes deutlich zu. So zeigte sich der damalige Rechnungsprüfungsausschuß beunruhigt, daß der Rechnungshof mit seiner knappen Personalbemessung, die sogar dem allgemeinen Personalabbau unterworfen worden war, einige Einzelpläne des Reichshaushaltes nicht genügend prüfen konnte. Die zunehmende Inanspruchnahme des Rechnungshofes, nicht nur durch die Reichsregierung, sondern auch durch den

[22] *Schulze,* R./*Wagner,* E., Kommentar zur Reichshaushaltsordnung, Berlin 1924, Nr. 4 zum § 21.

Reichstag, war bei der Beratung des Haushaltsplanes 1929 Anlaß, daß der Haushaltsausschuß eine Verstärkung des Rechnungshofes beschloß[23].

Ein bemerkenswertes Zeichen für die positive Entwicklung des Verhältnisses des Parlaments zum Rechnungshof ist die Tatsache, daß der Abgeordnete Georg Simon (Schwaben) am 28. Januar 1928 im Reichstag erwähnte, zum ersten Mal seit Bestehen des Reichsrechnungshofes habe der Rechnungsprüfungsausschuß des Reichstages Gelegenheit gehabt, den Rechnungshof aus eigener Anschauung, nämlich durch einen Besuch seines Dienstgebäudes, kennenzulernen[24].

Übrigens meinte der Abgeordnete Simon noch sehr zurückhaltend in der gleichen Debatte, der Rechnungshof sei vornehmlich ein Hilfsorgan der Exekutive, das nicht in den Bereich der Legislative hineinwirken dürfe. Aber bereits zwei Jahre später, am 26. Februar 1930, stellte der langjährige Vorsitzende des Haushaltsausschusses, der Abgeordnete Hugo Heimann, fest: „Heute wird es kein Mitglied des Haushaltsausschusses mehr geben, das nicht davon überzeugt ist, daß zur wirksamen Ausübung des Budgetrechtes die Rechnungskontrolle genauso wichtig ist wie die Aufstellung der Haushaltspläne für die kommenden Jahre.“ Das eigene Verständnis des Rechnungshofes vom Inhalt seiner Aufgabe ging allerdings bereits im Jahre 1927 wesentlich weiter. In dem grundsätzlichen Teil der damals vorgelegten Denkschrift wird es als ein erstrebenswertes Ziel bezeichnet, die Prüfungstätigkeit und Erfahrungen des Rechnungshofes für die Haushaltsberatungen und für die Vorbereitung von Gesetzen auszuwerten[25].

Positiv äußerte sich am 13. Januar 1933 der Berichterstatter des Haushaltsausschusses, Kurt Heinig, bei der Vorlage seines Berichtes über die Prüfung der Reichshaushaltsrechnung für die Jahre 1927, 1928 und 1929. Er betonte, die Situation erhöhe zwingend die Bedeutung der Arbeit des Rechnungshofes des Deutschen Reiches und verlange dessen gesteigerte Aufmerksamkeit als der Reichsregierung gegenüber selbständiger, nur dem Gesetz unterworfener Hüter des Haushaltsrechtes[26].

Bemerkenswert ist auch, daß der Reichstag am 5. Februar 1931 einer Entschließung des Haushaltsausschusses zustimmte, die auf eine Beschleunigung der Rechnungslegung und eine frühzeitige Vorlage der Bemerkungen des Rechnungshofes hinwirken sollte. Bereits am 22. Juni 1931 teilte die

---

[23] Denkschrift und Bemerkungen des Rechnungshofes des Deutschen Reiches zur Reichshaushaltsrechnung 1926, Deutscher Reichstag, 4. Wahlperiode 1928, Drs. Nr. 1053, S. 23.

[24] Stenographische Berichte des Deutschen Reichstages, 3. Wahlperiode, 370. Sitzung, Band 394, S. 12486 D.

[25] Denkschrift und Bemerkungen des Rechnungshofes des Deutschen Reichstages zur Reichshaushaltsrechnung 1920 bis 1923, 3. Wahlperiode 1924/27, Drs. Nr. 3374, S. 7.

[26] *Pfuhlstein,* F. v., 1964, a. a. O., S. 82.

Reichsregierung dem Reichstag mit, daß nach den schwebenden Verhandlungen ab 1933 eine Beschleunigung des Verfahrens ermöglicht werde[27].

Die Ereignisse des Jahres 1933 überrollten die Ansätze einer positiven Entwicklung. Positiv entwickelte sich das Verhältnis übrigens nicht nur deshalb, weil alle Beteiligten übereinstimmend eine Beschleunigung des Verfahrens der Rechnungsprüfung für notwendig hielten. Auch der Inhalt der Berichte zeigte, daß der Haushaltsausschuß des Reichstages und der Rechnungshof bestrebt waren, aufeinander zuzugehen. So enthalten Denkschrift und Bemerkungen des Rechnungshofes zur Reichshaushaltsrechnung 1929, die der Reichsfinanzminister am 23. Januar 1932 dem Reichstag vorlegte, zahlreiche Beispiele, die zeigen, daß der Haushaltsausschuß erkannt hatte, in welchem Umfang die Prüfungstätigkeit und die Erfahrungen des Rechnungshofes für die parlamentarische Arbeit nutzbar gemacht werden konnte[28]. Gleichzeitig zeigt die Denkschrift, daß der Rechnungshof bestrebt war, den Anliegen des Reichstages mit großer Sorgfalt zu entsprechen. Es sollten nach der Ausschaltung des Reichstages im Jahre 1933 mehr als zwei Jahrzehnte tiefster Erschütterungen vergehen, bis nach der Katastrophe ein neuer Anfang gemacht werden konnte.

5. Die Entwicklung in der Bundesrepublik Deutschland

Bereits die Reichshaushaltsordnung hatte durch die Erleichterung des Zuganges zu den Erkenntnissen des Rechnungshofes die Position des Reichstages im Verhältnis zur Exkutiven wesentlich verstärkt. Nach der Gründung der Bundesrepublik konnte hieran angeknüpft werden. Bereits in der ersten Bundestagsdebatte über die Entlastung der Bundesregierung nach Art. 114 des Grundgesetzes am 30. Oktober 1952 hatte der Abgeordnete Theodor Blank die Rechnungsprüfung durch den Bundesrechnungshof als die unerläßliche Grundlage der zu treffenden Entscheidungen bezeichnet[29], und in der Haushaltsdebatte am 6. Mai 1954 erklärte der Abgeordnete Wilhelm Gülich, von der Rechnungsprüfung hänge „die gesamte Kontrolle der öffentlichen Verwaltung“ ab[30].

Der Durchbruch, der die Unmittelbarkeit der Beziehung zwischen Bundesrechnungshof und den gesetzgebenden Körperschaften verfassungs-

---

[27] Bericht des Haushaltausschusses des Deutschen Reichstages, 5. Wahlperiode, Drs. Nr. 655, Schreiben des Reichsministers des Innern vom 22.06.1931, RT-Drs., 5. Wahlperiode, Nr. 1069, Ziff. 12.

[28] Denkschrift und Bemerkungen des Rechnungshofes des Deutschen Reiches zur Haushaltsrechnung 1929. RT.-Drs., 5. Wahlperiode 1930, Nr. 1302.

[29] Stenographische Berichte des Deutschen Bundestages, 1. Wahlperiode, 236. Sitzung, S. 10847 C.

[30] Stenographische Berichte des Deutschen Bundestages, 2. Wahlperiode, 28. Sitzung, S. 1217 C.

rechtlich ausdrücklich herstellte und ihr eine präzise gesetzliche Grundlage gab, erfolgte mit der Haushaltsrechtsreform des Jahres 1969.

Die Bundesregierung hatte in ihrem Vorschlag zur Novellierung des Artikels 114 Grundgesetz keine Änderung des Verhältnisses zwischen Rechnungshof und den legislativen Organen vorgesehen. Erst aufgrund der Initiative des für die Beratung der Verfassungsänderung federführenden Rechtsausschusses wurde in Art. 114 Abs. 2 neben der institutionellen Garantie der Existenz des Bundesrechnungshofes und seines lückenlosen Prüfungsrechtes auch eine unmittelbare Berichtspflicht gegenüber dem Parlament in dem Rang einer Verfassungsnorm festgelegt[31]. Auch die dann beschlossene Bundeshaushaltsordnung (BHO) gibt den legislativen Organen die Möglichkeit, die Erkenntnisse der Rechnungsprüfung unmittelbar zu nutzen.

So wurde als neue gesetzliche Aufgabe die zunächst umstrittene Realisierung des naheliegenden Gedankens festgelegt, die durch die Prüfungstätigkeit gewonnenen Erfahrungen für die Beratung der Organe der Legislative und der Exekutive zu nutzen. Mit dem so entstandenen § 88 Abs. 2 BHO hat die Tätigkeit des Bundesrechnungshofes – entsprechendes gilt wegen der gleichartigen landesrechtlichen Regelungen für die Landesrechnungshöfe – eine neue zusätzliche Qualität erhalten. Allein bis zur Sommerpause 1985 haben in der 10. Wahlperiode des Bundestages, die nach der Bundestagswahl 1983 begonnen hat, Haushaltsausschuß und Rechnungsprüfungsausschuß bereits 25 Berichte zu unterschiedlichen Beratungsgegenständen erbeten und erhalten. Dabei waren so vielschichtige Themen zu behandeln wie die Ermittlung der unterschiedlichen Kosten bei Verwendung von Beamten, Angestellten und Arbeitern im Bundesdienst oder wie die Beratung des Haushaltsausschusses bei der Beurteilung der Breitbandverkabelung durch die Deutsche Bundespost[32].

Die zunächst geäußerten Bedenken gegen die gesetzliche Normierung der Beratungsaufgabe haben sich als unbegründet erwiesen. Die geäußerte Sorge, ein erteilter Rat binde die Prüfungs- und Entscheidungsgremien des Bundesrechnungshofes in künftigen Verfahren oder nehme ihnen die notwendige Unbefangenheit, ist durch die Erfahrung nicht bestätigt worden. Praktisch gibt es kaum eine Identität des Beratungsgegenstandes und des Sachverhaltes, der Gegenstand eines späteren Prüfungsverfahrens und der dann zu treffenden Entscheidung ist.

Der Bundestag hat im Jahre 1969 durch eine weitere gesetzliche Regelung in der Bundeshaushaltsordnung den Beratungseffekt der Tätigkeit des Bun-

---

[31] BT-Drs. V / 3605.

[32] *Eickenboom,* Peter / *Heuer,* Ernst, Das neue Bundesrechnungshofgesetz, in: DÖV 1985, S. 898.

desrechnungshofes noch zusätzlich verstärkt. Es war nicht von der Bundesregierung in ihrem Entwurf der BHO vorgeschlagen, sondern erst vom Haushaltausschuß bei seinen Beratungen in den Gesetzesentwurf aufgenommen worden, daß der Bundesrechnungshof in seinen Bemerkungen auch angeben kann, welche Maßnahmen für die Zukunft empfohlen werden (§ 97 Abs. 2 Ziff. 4 – im Bericht des Ausschusses, Drucksache V/4378; § 96). Die Berichtspraxis des Bundesrechnungshofes zeigt, daß zu den Maßnahmen, die für die Zukunft empfohlen werden, auch die Änderung von Gesetzesvorschriften oder von Verwaltungsregelungen gehören kann. Damit gewinnt die Tätigkeit des Bundesrechnungshofes zusätzlich zu der naturgemäß vergangenheitsbezogenen Kontroll- und Prüfungsfunktion eine ausdrücklich zukunftsorientierte Dimension.

Für den Bundesrechnungshof und seine Mitarbeiter ergeben sich hieraus leistungsfördernde Impulse. Bei den in den letzten Jahren vorgelegten Bemerkungen ist deren Zeitnähe deutlich erkennbar. Überwiegend beschränken sie sich nicht auf Beanstandungen, sondern sie geben den politischen Entscheidungsträgern die Möglichkeit, noch nicht abgeschlossene Vorgänge zu ändern oder in anderer Weise positiv zu beeinflussen. Dies konnte von den im Herbst 1984 vorgelegten 113 Beiträgen bei 91 Sachverhalten festgestellt werden. Von den 118 Beiträgen des Jahresberichtes 1985 befaßten sich 83 Beiträge mit Sachverhalten, bei denen Mängel oder Problemlagen weiter bestehen und deshalb noch Entscheidungen erforderlich sind. Dabei ging es in 22 Beiträgen um die Überprüfung von Regelwerken (Gesetze, Verwaltungsvorschriften, Programme). Im Jahresbericht 1984 wurden 19 Beiträge behandelt, in denen die Überprüfung derartiger Regelwerke vorgeschlagen wurde[33].

Ohne die traditionelle und notwendige Rechnungsprüfung zu vernachlässigen, zeigt diese Praxis der Finanzkontrolle, daß sie sich Schwerpunkte gesetzt hat, die geeignet sind, den Erfolg und die Ergebnisse parlamentarischer Arbeit zu verbessern. Damit erhöht der Rechnungshof die Effizienz der Tätigkeit des Haushaltsausschusses, seines Rechnungsprüfungsausschusses und somit des Bundestages im ganzen. Dies ist das Ergebnis einer Entwicklung, die den Parlamentariern des 19. Jahrhunderts als Zielvorstellung vorgeschwebt haben mag, ohne diesem Ziel jemals nahezukommen. Auch die Anfänge in der Weimarer Republik blieben unvollendet. Es ist unserer Zeit vorbehalten geblieben, den Rechnungshof vor allem dem Parlament so nahe zu rücken, daß damit die Position des Parlaments im Verhältnis zur Exekutive entscheidend gestärkt werden konnte.

---

33 Bemerkungen des Bundesrechnungshofes 1984, BT-Drs. 10/2223; Bemerkungen des Bundesrechnungshofes 1985, BT-Drs. 10/4367; dazu die Erläuterungen des Präsidenten in Bulletin Nr. 139 vom 15.11.1984, S. 1231 und in Bulletin Nr. 137 vom 05.12.1985, S. 1201.

6. Das Bundesrechnungshofgesetz von 1985

Der bisher letzte Schritt auf einem Weg, der im Jahre 1713 mit der Ernennung des Wirklichen Geheimen Etat- und Kriegsrates von Creutz zum Präsidenten der Preußischen Generalrechenkammer, Vorläufer der Oberrechnungskammer und schließlich des Rechnungshofes, begann, ist das neue BRH-Gesetz. Die Haushaltsrechtsreform von 1969 hatte die verfassungsrechtlichen Grundlagen für die Tätigkeit des Bundesrechnungshofes (BRH) neu geregelt. Offen blieb die Regelung über die Organisation und die innere Verfassung des BRH. Hier galten weiter die Vorschriften der Reichshaushaltsordnung vom 31. Dezember 1922 und das Bundesrechnungshofsgesetz vom 22. November 1950[34].

Wenn auch der Bundesrechnungshof seine Aufgaben auf dieser rechtlichen Grundlage voll erfüllen konnte, war die Modernisierung des Organisationsrechtes überfällig. Die Bundesregierung – die heutige ebenso wie ihre Vorgänger – hatte dennoch lange gezögert, die Initiative zur Gesetzgebung auszuüben. In Übereinstimmung mit der vorherrschenden Meinung im Bundestag hielt sie andere legislative Aufgaben für vordringlich.

Das neue Gesetz ist vor allem auf Drängen des Haushaltsausschusses des Bundestages zustande gekommen. Seine Vorstellungen ergaben sich aus dem bereits erwähnten Bericht, den er dem Plenum des Bundestages vorgelegt hatte. Inhaltlich ging es um folgende Punkte:

1. Der Bundestag bedürfe in stärkerem Maße der Unterstützung durch den unabhängigen BRH. Das dort vorhandene Wissen müsse genutzt werden.
2. Der Präsident solle künftig vom Bundestag gewählt, mindestens aber mitberufen werden.
3. Die organisatorische Struktur des BRH solle die Möglichkeit geben, ad hoc Prüfungsgruppen einzusetzen.
4. Der BRH solle im Rahmen seiner Aufgabenstellung die Prüfungs- und Beratungsinteressen des Parlamentes beachten[35].

In den Beratungen der gesetzgebenden Körperschaften war unbestritten, daß der Inhalt des Verfassungsauftrages nach Artikel 114 GG, nämlich die Prüfung der Haushalts- und Wirtschaftsführung des Bundes und die Berichterstattung an die Gesetzgebungsorgane, nicht in Frage gestellt werden dürfe. Es kam darauf an, die Erfüllbarkeit dieses Verfassungsauftrages sicherzustellen und gleichzeitig zu gewährleisten, die in den Prüfungsver-

---

[34] Gesetz über Errichtung und Aufgaben des Bundesrechnungshofes vom 27. November 1950, BGBl. S. 765.

[35] s. FN 3.

fahren gewonnenen Erkenntnisse den zuständigen politischen Institutionen zur Erfüllung ihrer Aufgaben optimal nutzbar zu machen.

Hieraus ergab sich die Leitlinie für die Gesetzgebungsarbeit. Der Große Senat des BRH beschloß nach eingehenden Beratungen eine Arbeitsgrundlage, die er zu dem Text eines Gesetzentwurfes verdichtete. Diesen Text stellte der Präsident des Bundesrechnungshofes dem Bundesminister der Finanzen im Frühsommer 1984 für die notwendigen Ressortberatungen zur Vorbereitung des Kabinettsbeschlusses zur Verfügung. Der zunächst erstellte Referentenentwurf wurde vorab im Rechnungsprüfungsausschuß des Bundestages eingehend erörtert. So konnten die Abgeordneten ihre konkreten Erwartungen äußern, bevor die Regierung ihren Entwurf formell beschloß.

Der Regierungsentwurf wich in einem wichtigen Punkt von der BRH-Vorlage ab. Der BRH wollte den Vorstellungen der Parlamentarier dadurch voll entsprechen, daß das künftige Gesetz ausdrücklich die vorrangige Unterstützung des Bundestages durch den BRH festlegte. Er war der Meinung, daß beim Bundestag im Vergleich mit der Bundesregierung und dem Bundesrat ein Informationsdefizit bestehe. Deshalb sei es verfassungspolitisch gerechtfertigt, ihm einen Vorrang einzuräumen. Der Regierungsentwurf folgte dem nicht. Er sprach – so wie dann das Gesetz – von der gleichrangigen Unterstützung des Bundestages, des Bundesrates und der Bundesregierung. Dabei ging man von der rechtlichen Gleichstellung der Adressaten der BRH-Berichte nach Artikel 114 GG aus. Dies entspricht auch der Auffassung des Bundesrates.

Die organisatorischen Vorschriften des Gesetzentwurfes wurden im weiteren Verfahren in keinem wesentlichen Punkt verändert. Insoweit entspricht das beschlossene Gesetz voll den Beratungsergebnissen des Bundesrechnungshofes. Dabei war es dem BRH und seinen Mitgliedern darauf angekommen, die durch das Grundgesetz garantierte Unabhängigkeit der Mitglieder des Bundesrechnungshofes auch innerhalb seiner Organisation durch geeignete Vorschriften, soweit möglich, abzusichern. Dies mußte dazu führen, daß das Kollegialitätsprinzip nicht nur im Bereich der Rechnungsprüfung rechtlich zu sichern war, sondern auch bei wesentlichen organisatorischen und personalwirtschaftlichen Entscheidungen. Hierzu gehört vor allem die Geschäftsverteilung. Während sie bisher nach § 124 RHO allein in die Zuständigkeit des Präsidenten fiel, benötigt jetzt der Präsident für die zu treffenden Entscheidungen das Einvernehmen mit einem Ausschuß des Großen Senats, dem der Vizepräsident angehört.

Die Unabhängigkeit der Mitglieder des BRH entspricht der Tradition. Zunächst nicht lückenlos, so war dann doch im Laufe der Geschichte der Rechnungsprüfung ihre Unabhängigkeit von Einwirkungen der Exekutive als ein unverzichtbares Gebot anerkannt.

Heute ist die Unabhängigkeit der Mitglieder des BRH durch Verfassungsnorm geschützt. Dies ist verfassungspolitisch gerechtfertigt, weil nur so die Prüfungs- und Berichtstätigkeit frei von äußeren Einflüssen umfassend und sinnvoll vollzogen werden kann. Der Umfang des gesamten Prüfungsstoffes verlangt, die Arbeit systematisch zu planen und zu organisieren. Dies ist nur möglich, wenn Einflüsse anderer Staatsorgane als unzulässig abgewehrt werden können.

Auch für das Parlament ergeben sich hieraus Grenzen und Schranken. Der BRH ist rechtlich in der Lage, auch mittelbare Einflüsse politischer Institutionen auf den Ablauf seiner Arbeit abzuwehren. Dazu kann eine außergewöhnliche Belastung des Arbeitspotentials des BRH durch eine Massierung von Aufträgen und Ersuchen des Parlamentes gehören. Sie könnte nämlich dazu führen, daß die dem BRH von der Verfassung aufgegebene Prüfung der Haushalts- und Wirtschaftsführung erschwert oder unmöglich gemacht wird. Hierdurch könnte die präventive Wirkung, die mögliche, jedenfalls aber nicht auszuschließende Prüfungen innerhalb der Exekutive haben, beeinträchtigt werden. Es wäre dann zu befürchten, daß die Haushaltsdisziplin nachläßt und daß lässiger Umgang mit Steuergeldern erfolgt. Festzustellen bleibt:

Nach dem verfassungspolitischen Verständnis des BRH für die Belange der gesetzgebenden Körperschaften erfüllt er im Rahmen seiner Möglichkeiten Wünsche und Anregungen des Bundestages und insbesondere seines Haushaltsausschusses. Selbstverständlich werden dabei die verfassungsrechtlichen Grenzen respektiert, die sich für den BRH aus seiner Pflicht ergeben, den Auftrag nach Artikel 114 GG zu erfüllen. Im übrigen sind umfassende Prüfungserfahrungen die Basis solider Beratung und Information des Parlaments. Deshalb entspricht es nicht nur einem Verfassungsgebot, sondern es entspricht dem vitalen Interesse des Parlaments, die Unabhängigkeit des BRH nicht ins Zwielicht zu rücken.

Im Zusammenhang mit der Unabhängigkeit des BRH ist das Kollegialitätsprinzip zu sehen. Es entspricht der preußischen Tradition. Friedrich Wilhelm I. hatte es bereits für die von ihm gegründete Generalrechenkammer eingeführt. Die Motive des Entwurfes des Gesetzes über die Oberrechnungskammer bezeichnen die kollegiale Entscheidung, also den von mehreren Personen gefaßten Beschluß, als Bürgschaft gegen Einseitigkeit der Auffassung und der Entscheidung[36]. Damit ist die kollegiale Entscheidung im Rahmen dessen, was möglich ist, auch ein Schutz gegen politisch einseitige Einflüsse und Entscheidungen. Es ist eine gesetzlich festgelegte Ausnahme, wenn der Präsident des BRH ermächtigt ist, allein zu prüfen und über die Ergebnisse zu entscheiden. Dabei geht es um die Verwendung der Mittel aus

---

[36] *Hertel,* K., 1884, a.a.O., S. 233.

jeweils einem Haushaltstitel des Bundeskanzlers und des Außenministers, die traditionell als geheimhaltungsbedürftig gelten und früher jeder Prüfung entzogen wurden. Alles andere unterliegt der Prüfungs- und Entscheidungskompetenz der Zweier- oder Dreierkollegien, der Senate und schließlich des Großen Senats. Dies alles regelt das neue Gesetz.

7. Die Wahl des Präsidenten

Besonders intensiv diskutiert wurde die Beteiligung des Bundestages und des Bundesrates an der Ernennung des Präsidenten und des Vizepräsidenten. Die Diskussion ist in der Öffentlichkeit mit dem Argument geführt worden, es dürfe nicht länger hingenommen werden, daß die Bundesregierung ihren „obersten Prüfer" selbst auswählt und dann dem Bundespräsidenten zur Ernennung vorschlägt[37].

Dieses Argument zeigt vielfältige Mißverständnisse. Niemals prüft der Präsident selbst die Regierung und ihre Tätigkeit. Wie bereits erwähnt, liegen alle wesentlichen Aktivitäten auf dem Gebiet der Rechnungsprüfung in der Verantwortung von Kollegien. Zu bemerken ist auch, daß es nicht die Tätigkeit der Regierung ist, die als Prüfungsgegenstand anzusehen ist, sondern die Haushalts- und Wirtschaftsprüfung des Bundes. Im übrigen waren die nach bisheriger Gesetzeslage ernannten Präsidenten auch im Verhältnis zur Regierung Inhaber des Status der richterlichen Unabhängigkeit. Es gibt keinerlei Anlaß zu der Annahme, daß zu irgendeinem Zeitpunkt eine Bundesregierung diesen verfassungsrechtlich geschützten Status verletzt oder daß der jeweilige Präsident des Bundesrechnungshofes diesen Status preisgegeben hätte.

Nicht die sachlich unzutreffenden Argumente, sondern verfassungspolitische Gesichtspunkte waren Anlaß, den Bundestag und den Bundesrat an dem Ernennungsvorgang zu beteiligen. Im Zusammenhang mit der Rechnungsprüfung und der Berichterstattung gab es bisher eine unmittelbare Beziehung allein zur Exekutive. Seit 1969 war die Unmittelbarkeit der Beziehungen zu den Organen der Legislative hinzugekommen. Die rechtliche Gleichgewichtigkeit dieser Beziehungen führte zu dem Gedanken, daß an dem Ernennungsvorgang gleichgewichtig alle hier in Betracht kommenden Staatsorgane zu beteiligen sind. Deshalb ist es verfassungspolitisch konsequent, daß die Bundesregierung das Vorschlagsrecht und daß Bundestag und Bundesrat ein qualitativ gleichgewichtiges Wahlrecht erhalten haben. Dies symbolisiert Aequidistanz des BRH zu den Staatsorganen.

Die getroffene Entscheidung hat Kompromißcharakter. Meinungsverschiedenheiten gab es zunächst darüber, ob die Beteiligung des Bundesrates

---

[37] So der Bund der Steuerzahler, Der Steuerzahler, 1985, Heft 3, S. 55.

an dem Ernennungsvorgang verfassungsrechtlich geboten sei. Hierzu äußerte der Bundesrat in einem Plenarbeschluß sein politisches Selbstverständnis und seinen Rechtsstandpunkt so eindeutig, daß die Bundesregierung und, nicht ohne Widerstreben, der Bundestag dem verfassungspolitischen Standpunkt des Bundesrates Referenz erwiesen[38].

Meinungsverschiedenheiten gab es auch über den Grad des Mehrheitserfordernisses im Bundestag. Die beschlossene Regelung, daß der Wahlvorschlag der Bundesregierung im Bundestag in geheimer Wahl die Kanzlermehrheit, also die Mehrheit der gesetzlichen Mitgliederzahl, benötigt, ist für den Wahlvorschlag eine Hürde, die nur nach sorgfältiger Konsultation überwunden werden kann.

Die Konsultationen im Vorfeld der formellen Entscheidungen sind sicherlich zeitraubend. Die Wahlhandlung, die der Bundestag im Herbst 1985 zu treffen hatte, rechtfertigt die Feststellung, daß die neue gesetzliche Regelung ihre erste Bewährungsprobe bestanden hat.

Dies mag daran gelegen haben, daß die fachliche Qualität derer, die für das Amt des Präsidenten und des Vizepräsidenten vorgeschlagen wurden, nämlich Vizepräsident Zavelberg und Direktor Heuer, beide seit langem Mitglied des BRH, eindeutig gegeben war. Es kam hinzu, daß die Wahl des bisherigen Vizepräsidenten zum Präsidenten dessen Stelle verfügbar machte. Damit wurde es für die Opposition erleichtert, die Mehrheitsfähigkeit des Vorschlags für das Amt des Präsidenten anzuerkennen. In gleicher Weise war die Mehrheitsfähigkeit des Vorschlags für das Amt des Vizepräsidenten gesichert. Die Wahl des einen ermöglichte die Wahl des anderen.

Es mag für die weitere Entwicklung als glücklich angesehen werden, daß die Konstellation in der neuen Leitung des Bundesrechnungshofes auf diese Weise eine besondere kollegiale Facette erhalten hat. Jeder der beiden Präsidenten weiß, daß seine Wahl nur durch die Wahl des anderen möglich war. Dies trägt mit dazu bei, daß Kollegialität und Kooperation vom Leitungsbereich in die Gesamtbehörde auszustrahlen.

8. Die Zukunftsperspektive

Das neue Gesetz gibt Impulse, die bisherige Entwicklung zur Qualitätsverbesserung fortzusetzen. Bedeutsame Schritte auf diesem Weg waren bisher die Richtlinien zur Arbeitsplanung im Bundesrechnungshof vom 23. September 1980 sowie die Richtlinien zur jährlichen Berichterstattung vom 26. Januar 1983[39]. Sie zielen darauf hin, als Arbeitshilfen die Tätigkeit

[38] Bundesrats-Drs. 187/84.

[39] *Heuer,* Ernst / *Dommach,* Hermann A., Handbuch der Finanzkontrolle, Frankfurt a.M. 1986, Abschnitt VIII, Entscheidungen, VIII/5 und VIII/7.

sowohl bei den Prüfungsverfahren wie auch bei der Berichterstattung zu organisieren und zu strukturieren. Dabei geht es vor allem darum, den Blick für das Wesentliche zu schärfen, und, insbesondere bei der Berichterstattung, auf die Belange des Bundestages zu achten.

Alle diese Arbeitshilfen, zu denen bisher nicht veröffentlichte Richtlinien zur Vorbereitung und Einleitung von Prüfungsverfahren, zur Durchführung von Prüfungsverfahren und zur Behandlung der Prüfungsergebnisse gehören, beruhen auf der Ausübung einer Richtlinienkompetenz, die der Große Senat des Bundesrechnungshofes seit Jahren in Anspruch genommen hat. Das neue Gesetz gibt dieser Kompetenz eine feste Grundlage. Nach § 14 Abs. 1 Nr. 5 entscheidet der Große Senat über das Verfahren und die Grundsätze der Arbeitsplanung, der Prüfung, der Beratung und der Berichterstattung. Damit ist es möglich, den Prozeß der Integration der 48 Zweier-Kollegien mit dem Ziel eines methodischen Gleichklanges des Bundesrechnungshofes fortzusetzen und die Qualität der Arbeit zu steigern. Sorgfalt bei der Auswahl und bei der Auswertung der Stoffes trägt dazu bei, mit relativ geringem Aufwand, auch mit zahlenmäßig bescheidener Arbeitskapazität, ein umfangreiches Prüfungsvolumen zu durchdringen. Zur Qualitätsverbesserung trägt auch bei, daß nach § 10 des neuen Gesetzes für die Bearbeitung komplexer Prüfungsvorgaben besondere Prüfungsgruppen gebildet werden können. Damit ist es leichter als bisher möglich, neue Prüfungsschwerpunkte, deren Bearbeitung die Zuständigkeit mehrerer Prüfungsgebiete berührt, aufzugreifen. Durch den konzentrierten Einsatz des Fachwissens, welches im Bundesrechnungshof breit gestreut vorhanden ist, können auf diese Weise schnell optimale Arbeitsergebnisse erzielt werden. Dies sicherzustellen, gehörte zu den besonderen Anliegen der Abgeordneten des Haushaltsausschusses des Bundestages.

Damit sind alle Voraussetzungen zu einem positiven Leistungsbild der Rechnungsprüfung und Finanzkontrolle gegeben. Dies wird auch der parlamentarischen Arbeit wichtige Impulse geben, sei es auf dem Gebiete der politischen Finanzkontrolle oder bei der Vorbereitung von Entscheidungen, die haushaltsmäßige Konsequenzen haben. Das Vertrauensverhältnis zwischen Parlament und Rechnungshof wird sich so weiter vertiefen können.

Wenn die neuen gesetzlichen Regelungen Anlaß gegeben haben, die Aufmerksamkeit vor allem auf das Verhältnis des Rechnungshofes zum Parlament zu lenken, so hat dies seinen besonderen Grund in dem gesteigerten Interesse der Abgeordneten, das bei der Vorbereitung der Gesetzgebungsarbeit und dann auch während der Beratungen immer wieder geäußert worden ist. Das bedeutet aber nicht, daß es zur Exekutive kein unmittelbares Verhältnis gibt. Der Bundesrechnungshof ist nicht – wie der Wehrbeauftragte – ein Hilfsorgan des Bundestages. Er ist der Exekutive und der Legislative in gleicher Weise zugewandt. Es liegt in der Natur der Prüfungsverfahren, daß der erste Adressat stets die Exekutive ist. In jedem Prüfungsverfahren geben die Träger der Prüfungsarbeit den Verantwortungsträgern im Bereich der Verwaltung zunächst den Anstoß, selbst alles zu tun, um die Integrität und die Wirtschaftlichkeit in der Verwaltung zu sichern. Hier gibt es in aller Regel ein durchaus kooperatives Verhältnis. Denn jeder Verantwortliche, sei es der Minister oder sei es ein Behördenleiter, ist selbst interessiert, sein Personal sowie die Sach- und Geldmittel ordnungsgemäß und wirtschaftlich einzusetzen. Deshalb führt die Mehrzahl der Prüfungsverfahren innerhalb der Verwaltung bereits frühzeitig zu positiven Konsequenzen. Weil dies in den öffentlichen Diskussionen über die Wirksamkeit der Arbeit des Bundesrechnungshofes nicht immer ausreichend wahrgenommen worden ist, hat er in den letzten Jahren in seinem Jahresbericht auch Vorgänge erwähnt, bei denen die positiven Konsequenzen der Exekutive keinen Anlaß geboten haben, in der herkömmlichen Form einer Bemerkung zu berichten[40].

Wenn darüber hinaus die Belange des Bundestages und des Bundesrates, insbesondere die Belange des Haushaltsausschusses des Bundestages, betont und gezielt beachtet werden sollen, dann hat dies seinen Grund in dem gesteigerten Informationsbedürfnis der Abgeordneten. Wir haben gesehen, daß bereits im 19. Jahrhundert Abgeordnete verlangt haben, umfassend über Prüfungserkenntnisse informiert zu werden, um auf diese Weise ihre parlamentarischen Aufgaben besser erfüllen zu können. In einer Zeit, in der Umfang und Komplexität der Staatsaufgaben der parlamentarischen Kontrolle Schwierigkeiten bereiten, die nur durch optimale Informationen überwindbar sind, mußte das Interesse der Abgeordneten an dem erleichterten Zugang zu den Erkenntnissen des Rechnungshofes wachsen. Nur so hat das Parlament eine Chance, als Träger der politischen Kontrolle der Exekutive auf der Basis der Ebenbürtigkeit entgegenzutreten.

Es waren immer parlamentarische Initiativen, die der Tätigkeit der Organe der Rechnungsprüfung fortschrittliche Gesetzesnormen gegeben haben. So war es im 19. Jahrhundert, so war es 1969 bei der Beratung der Haushaltsrechtsreform, und so war es 1985. Die jeweiligen Regierungen haben gezögert, aber die Parlamente haben erkannt, damals und jetzt, daß so haushaltsmäßige Gestaltungsmöglichkeiten zu gewinnen sind, die – ohne Rechnungshof – bei dem durch zahllose Bindungen erstarrten Haushaltsvolumen schwer zu erwirken wären. Bei politischen Entscheidungen mit haushaltsmäßigen Auswirkungen kann immer weniger darauf verzichtet werden, die Erfahrungen des Rechnungshofes zu erschließen.

Die Anforderungen an Qualität und Solidität wachsen. Das notwendige Instrumentarium ist vorhanden. Eines der Instrumente ist das neue BRH-Gesetz. Es gilt, die vorhandenen Chancen zu nutzen.

---

40 Vgl. in den Bemerkungen 1984 (BT-Drs. 10/2223) und Bemerkungen 1985 (BT-Drs. 10/4367) die Textziffern 1-3.

Aktuelle Probleme der Finanzkontrolle II

Die Institution Rechnungshof im Lichte der Wissenschaft — Defizite und Perspektiven[1]

Von Franz-O. Gilles / Gerhard Otto / Rainer Weinert

Im Mittelpunkt der Aktivitäten der Rechnungshöfe steht die Durchsetzung der Verfahrensnormen Ordnungsmäßigkeit, Sparsamkeit und Wirtschaftlichkeit; dies bedeutet die Kontrolle ihrer Befolgung und die Ahndung ihrer Verletzungen. Die Gesamtfunktion der Institution Rechnungshof ist jedoch umfassender und läßt sich in etwa mit der recht unspezifischen Kurzformel ‚Hüter der Verfahrensnormen' umschreiben, was wiederum bedeutet, ihre Gültigkeit in Gegenwart und Zukunft – trotz permanenter Verletzungen, die ja gerade durch die Tätigkeit der Rechnungshöfe belegt werden – sicherzustellen. Zu dieser „Sicherstellungsfunktion", womit der zentrale expressive Aspekt der Rechnungshof-Aktivitäten bezeichnet werden kann, gehört die Motivation zur Normbefolgung und die Vermittlung der Gewißheit bzw. des Vertrauens, daß diese Normen nicht nur formal gelten, sondern in aller Regel auch beachtet werden. Wie in den vorhergehenden Beiträgen mehrfach explizit oder implizit dargelegt, ist hierbei eine Streitfrage bis zum heutigen Tage offengeblieben, nämlich die, für wen die Rechnungshöfe ihre Kontrolleistung vorrangig erbringen sollen – die Exekutive oder die Legislative, womit gleichzeitig ihre Stellung im Verfassungsgefüge angesprochen ist.

1. Rechnungshöfe – Wanderer zwischen den Gewalten

Die erste systematische Institutionalisierung von Finanzkontrollbehörden erfolgte in der Zeit des Absolutismus, deren zentrale Aufgabe bis weit ins

[1] Dieser Beitrag fußt im wesentlichen auf Vorarbeiten zur Errichtung des Forschungsprojektschwerpunktes „Planung und Kontrolle" am Zentralinstitut für sozialwissenschaftliche Forschung an der FU Berlin (Leitung: Prof. Dr. Theo Pirker, wissenschaftliche Mitarbeiter: Franz-O. Gilles, Gerhard Otto, Rainer Weinert), insbesondere auf: *Diederich,* Nils / *Gilles,* Franz-O. / *Otto,* Gerhard / *Otto,* Gundolf / *Weinert,* Rainer, Die Institution Rechnungshof – Stiefkind der Sozialwissenschaften, in: ZParl, Heft 4/1984, S. 479 - 494, sowie auf: *Gilles,* Franz-O., Die verkannte Macht. Determinanten der Nachkriegsgeschichte der Institution Rechnungshof, Berlin 1986. In diesen Abhandlungen wird die für die Themenstellung wichtige Literatur ausführlich erörtert.

19. Jahrhundert darin bestand, zu Nutz und Frommen des Herrschers bzw. seiner Regierung die weitgehend ‚selbstherrlichen' Verwaltungen zu disziplinieren und zu effektivieren sowie die Redlichkeit und das Pflichtbewußtsein ihrer Beamten zu fördern. Eine entscheidende Zäsur brachte die mit der Wandlung zur konstitutionellen Monarchie verbundene Erringung der Budgethoheit durch das Parlament mit sich. Aus dieser konstitutiven Umwälzung entbrannte sehr bald ein fast das ganze 19. Jahrhundert hindurch andauernder Konflikt zwischen den Landtagen und den Regierungen um die Einsichtnahme in die Berichte der Oberrechnungskammern. Erst allmählich erhielten diese Prüfungsberichte eine Doppelfunktion: Neben dem Regierungsinstrument zur Verwaltungskontrolle wurden sie auch ein Mittel des Parlaments zur Verfassungskontrolle[2].

Nahezu zwangsläufig erwuchs hieraus schon zu Beginn der siebziger Jahre des vorigen Jahrhunderts eine vehemente und langlebige Diskussion um die Stellung bzw. staatsrechtliche Einordnung der Finanzkontrollorgane zwischen Exekutive und Legislative, die das Kaiserreich überdauerte, da die Regelungen der Republik ebenfalls ein entsprechendes Definitionsdefizit aufwiesen. Zwar wurde der Rechnungshof durch die Reichshaushaltsordnung in der Weimarer Republik endgültig als eine gegenüber der Reichsregierung unabhängige und erstmalig nur dem Gesetz unterworfene oberste Reichsbehörde verankert, sein Verhältnis zum Parlament blieb jedoch weiterhin ungeklärt. Mit der Einsetzung des Reichssparkommissars zu Beginn der zwanziger Jahre, die eine faktische Ausweitung der Finanzkontrolle bedeutete, verschärfte sich dieses Problem, da die Erreichung des angestrebten Zieles einer effektiveren und effizienteren Politikumsetzung naturgemäß ein „besonderes Vertrauensverhältnis" zwischen Regierung und Sparkommissar voraussetzte. Dies warf verfassungsrechtliche Probleme auf, die bis heute nicht völlig ausgeräumt werden konnten, zumal die nach 1933 quasi als Ersatz für den RSK geschaffene Präsidialabteilung des Reichsrechnungshofes nach dem Zweiten Weltkrieg als Gutachtenabteilung beibehalten und darüber hinaus aufs neue die Institution eines ‚Sparkommissars' unter der Bezeichnung „Bundesbeauftragter für Wirtschaftlichkeit in der Verwaltung (BWV)" geschaffen wurde.

Die staatsrechtliche Stellung der obersten Finanzkontrollbehörde im Gefüge der Verfassungsorgane blieb auch im Bonner Grundgesetz ungeklärt, mit der Folge, daß erneut eine bis heute anhaltende Diskussion über die formalrechtliche Einordnung der Rechnungshöfe im System der Gewaltentrennung einsetzte. Dieser Disput, der häufig von der (hypothetischen) Frage nach einer vierten Gewalt ausgeht, mündet meist in Feststellungen wie, es handele sich bei den Finanzkontrollbehörden um „staatsrechtliche Misch-

---

[2] *Sigg*, Wolfgang, Die Stellung der Rechnungshöfe im politischen System der Bundesrepublik Deutschland, Berlin 1983, S. 18.

formen", um Einrichtungen „einmaliger" bzw. „singulärer Art", oder in anderer, aber ebenso nichtssagender Diktion um Institutionen „sui generis", die zwar Elemente der gesetzgebenden, vollziehenden und rechtsprechenden Gewalt in sich vereinigten, aber von diesen drei Gewalten vollkommen unabhängig seien bzw. ein zwischen den Gewalten stehendes „neutrales Element" darstellten[3].

Derartige Topoi haben durchaus Tradition: So bediente sich 1939 der nationalsozialistische Präsident des Reichsrechnungshofs, Heinrich Müller, wohl in Ermangelung stringenter Ableitungen, ebenfalls der sprachlichen ‚Fluchtburg'; ihm galt das Kontrollrecht der Rechnungshöfe als ein „ius sui generis", welches als Hoheitsrecht neben anderen, wie etwa der Gesetzgebung, der Rechtsprechung etc. stünde und als solches in der Hand des Führers vereinigt sei[4].

Diese sich auf einer gewissermaßen abgehobenen „sui-generis-Ebene" perpetuierenden Versuche einer staatsrechtlichen Einordnung müssen als Eingeständnis der Rechts- und Verwaltungswissenschaften gewertet werden, daß eine adäquate Funktionsbestimmung dieser Kontrollorgane in parlamentarischen Demokratien mit Hilfe normativer Ansätze – wenn überhaupt – nur bedingt möglich ist. Jedoch könnte (von den angedeuteten Schwierigkeiten der staatsrechtlichen Einordnung abgesehen) zur Beurteilung der Finanzkontrolltätigkeit und deren Wirkungsmechanismen die These weiterhelfen, daß den Rechnungshöfen aus dieser Unbestimmtheit ein im Hinblick auf das Postulat einer in allen Belangen unabhängigen Kontrolle geradezu existenz- bzw. funktionsnotwendiger Handlungsspielraum erwächst.

2. Politikgestalter oder neutraler Kontrolleur

Das Problem der politischen Funktion der Rechnungshöfe gehört mit zu den umstrittensten Fragen, wenngleich weitgehende Einigung darüber besteht, daß die Prüf-, Beratungs- und Gutachtertätigkeit der Rechnungshöfe politische Auswirkungen haben. Nichtsdestoweniger sind auch heute noch die Einschätzungen der politischen Einwirkung der Rechnungsprüfungsbehörden sehr breit gestreut: Sie reichen von der herrschenden Lehrmeinung des Rechnungshofes als einer apolitischen Institution über das Postulat von der Notwendigkeit seiner politischen Enthaltsamkeit bis hin zur Position, daß mit der Wirtschaftlichkeitsprüfung notwendigerweise Politikgestaltung verbunden sei[5].

---

[3] Vgl. für viele: *Weichmann,* Herbert, Die Stellung der Rechnungshöfe im organisatorischen Aufbau der Staatsgewalt, in: DVBl. 1953, S. 745 ff.

[4] Vgl. hierzu den Beitrag von *Rainer Weinert* in diesem Band.

Diesbezügliche Kontroversen erhielten insbesondere aus der von Susanne Tiemann treffend als „Janusköpfigkeit“[6] charakterisierten, faktisch untrennbar miteinander verwobenen Doppelfunktion der Rechnungshöfe Nahrung: die überwiegend nachgängige Prüfung einerseits und die gegenwarts- und zukunftsbezogene Beratungs- und Gutachtertätigkeit andererseits, wobei auch dieses Problemfeld auf Bundesebene durch die faktische Ankoppelung der Institution des BWV an den BRH noch weiter kompliziert wird. Die daran sich anknüpfende Frage, welche Funktion hierbei die jeweils andere dominiere, wird vor dem Hintergrund der Verankerung der RH-Mitglieder zwischen den Polen ‚unabhängige Prüfung‘ und ‚weisungsgebundene Beratung und Gutachtung‘ kontrovers diskutiert. Dies gilt ebenfalls für die aus dieser Verflechtung resultierenden Problemfelder – wie etwa die (partielle) Interessenidentität von Rechnungshof und Legislative bzw. Rechnungshof und Exekutive, oder wie das Entstehen ‚verantwortungsfreier Räume‘ im exekutiven Bereich, in denen faktische Verantwortlichkeit und formale Verantwortung auseinanderfallen, so z. B. wenn sich Organe der Exekutive für die Folgen administrativer Entscheidungen mit dem Hinweis auf Positionen des Rechnungshofs zu exkulpieren suchen.

Die Diskussion über das Ob und Wie einer politischen Einflußnahme durch die Rechnungshöfe führt jedoch fast zwangsläufig zu der Frage nach den Kriterien der Prüf- bzw. Beratungstätigkeit und damit zu den Termini der ‚Sachbezogenheit‘ und vor allem der ‚Objektivität‘. Während besonders bei Juristen hierzu ein weitgehend affirmativer Standpunkt vorherrscht und in der Auseinandersetzung vorwiegend formalrechtliche bzw. normative Argumente dominieren, wird von wirtschaftswissenschaftlicher Seite – insbesondere vor dem Hintergrund der von den Rechnungshöfen unter Wirtschaftlichkeitsgesichtspunkten vorgenommenen Beurteilung und Bewertung staatlich administrativen Handelns – der Begriff der Objektivität schon eher problematisiert, wobei vor allem Aspekte des Bewertungsmaßstabs im Vordergrund stehen[7].

Das Dilemma dieser Dispute und Kontroversen besteht darin, daß weder Verfechter noch Kritiker der gängigen Lehrmeinung von der politischen

---

[5] So z. B. *Köttgen*, Arnold, Die Organisation der Landesverwaltung Schleswig-Holstein. Eine Besprechung des gleichnamigen Gutachtens des Präsidenten des Bundesrechnungshofes, in: DÖV 1951, S. 546ff.; *Tomuschat*, Christian, Haushalt und Finanzkontrolle in der Bundesrepublik Deutschland, in: Der Staat, Heft 1/1980, S. 182; *Wittrock*, Karl, Über Grundprobleme der Finanzkontrolle – Anmerkungen zu dem Aufsatz von Hans Herbert von Arnim zum gleichen Thema, in: DVBl. 1983, S. 885; *Mann*, Günter, Unabhängige Kontrolleure? Probleme der Besetzung von Kontrollämtern, dargestellt am Beispiel des Leitungspersonals von Rechnungshöfen, in: ZParl, Heft 3/1981, S. 353ff.

[6] *Tiemann*, Susanne, Die staatsrechtliche Stellung der Finanzkontrolle des Bundes, Berlin 1974, S. 150ff.

[7] Vgl. u. a. *Reding*, Kurt, Die Effizienz staatlicher Aktivitäten. Probleme ihrer Messung und Kontrolle, Baden-Baden 1981, S. 193ff.

Enthaltsamkeit und Objektivität der Rechnungshöfe auf empirisch halbwegs abgesicherte Befunde zurückgreifen können, sondern zur Untermauerung auf Einzelbeispiele angewiesen sind. Zudem sind die Proargumente stark ideologisch geprägt, was nach außen hin wiederum dazu führt, daß, wenn „die Prüfung der Sinnhaftigkeit einzelner politischer Ziele in irgendeiner Form dem Rechnungshof“[8] angetragen wird, zunächst einmal in gewisser Weise ein „elektrisch geladener Zaun“[9] überwunden werden muß, mit der Folge, „daß sich ein wohlgehütetes Territorium herrschender Lehrmeinung des unpolitischen Rechnungshofes erhalten hat“[10]. Dieses Dogma sagt jedoch über die tatsächlichen Aktivitäten und Wirkungsmechanismen dieser Institution aufgrund des konstatierten empirischen Defizits wenig aus.

Wie aus den Beiträgen dieses Bandes hervorgeht, hat dieses Ideologem vom apolitischen Rechnungshof den zügigen Wiederaufbau der Finanzkontrollbehörden nach dem Zusammenbruch des NS-Regimes 1945 beschleunigt, waren doch die Besatzungsmächte von deren eher ‚technischem‘ Servicecharakter überzeugt. Im übrigen lassen die insgesamt recht spärlichen Ausführungen zu dieser Thematik kaum eine andere Deutung zu als „daß die These vom unpolitischen Rechnungshof in dieser historischen Perspektive auch eine exkulpatorische Funktion zu erfüllen hatte“[11].

3. Re-Aktion oder Prävention

Ein immer wiederkehrender und vor allem im Zusammenhang mit den in der Finanzkontrolle vorfindlichen (tatsächlichen oder vermeintlichen) Wirkungsmechanismen äußerst interessanter Diskussionspunkt ist, wie die Rechnungshöfe ihre Aufgaben in den Prüffeldern der Exekutive erledigen. Hierbei werden neben den Überlegungen nach ihren Verfahren und ihren Sanktionspotentialen vor allem die nach den eingangs erwähnten Aspekten der Rechnungshof-Tätigkeit angestellt, die gewissermaßen als Äquivalent zur instrumentellen Komponente[12] der Durchsetzung der Verfahrensnormen Ordnungsmäßigkeit, Sparsamkeit und Wirtschaftlichkeit anzusehen sind, Kriterien, die im Grundsatz unverändert seit den Zeiten des ORK-Chef-Präsidenten Ladenberg in der ersten Hälfte des 19. Jahrhunderts die zentralen Kontrollkriterien darstellen und schon in der Instruktion von 1824 verankert wurden.

---

[8] Ebenda, S. 215.

[9] *Schäfer,* Hans, Finanzkontrolle und parlamentarische Demokratie, in: Presse- und Informationsamt der Bundesregierung, Bulletin Nr. 128, S. 1231.

[10] *Reding,* 1981, a.a.O., S. 215.

[11] *Diederich,* 1984, a.a.O., S. 487.

[12] Zur Unterscheidung von instrumentellen und expressiven Funktionen vgl. *Luhmann,* Niklas, Legitimation durch Verfahren, Neuwied 1975, S. 233ff.

Bei dieser Erörterung ist mit Blick auf die nach 1945 geschaffenen Regelungen zu berücksichtigen, daß die heutigen Rechnungshöfe im Unterschied zu den meisten Vorkriegsregelungen über keinerlei *formale* Sanktionsgewalt verfügen – wenngleich angenommen werden darf, daß hierfür durch das wie ein Damoklesschwert über der Exekutive schwebende und von den Finanzkontrollbehörden durchaus ins Kalkül gezogene Instrument ‚Öffentliche Meinung' ein wirkungsvoller Ersatz vorhanden zu sein scheint. Dementsprechend wird in der wissenschaftlichen Diskussion wie von seiten der Rechnungshöfe selbst immer wieder die Frage nach den Strategien und Verfahren gestellt, die zur Beachtung und Durchsetzung der RH-Vorstellungen in der Exekutive führen könnten. Allerdings wird gegen die Ausübung direkter Sanktionen zur Sicherstellung ihrer Verfahrensnormen von einigen Vertretern der Rechnungshöfe argumentiert, daß hierdurch ihre Unabhängigkeit und Neutralität gefährdet würde, da ihre Empfehlungen sich faktisch in Anordnungen bzw. Dienstanweisungen für die Exekutive umwandeln würden, die formalrechtlich zu verantworten wären.

Eine wichtige und hinsichtlich einer Durchleuchtung der realen Wirkungsstrukturen der Finanzkontrolle fruchtbare Überlegung geht davon aus, daß die Prüf-, insbesondere aber die Beratungs- und Gutachtentätigkeit und die dadurch vermittelten Wirtschaftlichkeits- und Sparsamkeitskonzepte der Rechnungshöfe quasi als Konditionalprogramme für die Exekutive anzusehen sind und von dieser auch entsprechend genutzt werden. Der sich hierin manifestierende Mechanismus der Vorwirkung ist im übrigen nicht neu und vor allem bei der Diskussion um die Effektivität der nachgängigen Kontrolle vermehrt aufgegriffen worden. Die lange Tradition dieser Diskussion und die Auffassung, daß schon die bloße Existenz der Kontrollbehörden eine präventive Wirkung entfalte, belegen Ausführungen des Haushaltsexperten Max von Heckel aus dem Jahre 1898:

> „Die nachträgliche Kontrolle ... bildet ... einen ununterbrochenen Druck, ein nie ruhendes Impelle für eine treffliche, auch formal einwandfreie Gebahrung. Nicht als ob der Beamte ohne diese Einwirkung seinen Amtspflichten lässig oder weniger gewissenhaft nachkäme, aber der Gedanke der künftigen Revision beeinflußt ihn psychologisch und spornt ihn zu formell tadellosem Schaffen an. Und dieses psychologische Element ist keineswegs ... zu unterschätzen. Aber gerade in diesem Umstande, welcher die Gebahrung stets neu befruchtet, liegt ein besonderes Verdienst des Kontrollwesens. Hält man sich alle diese Dinge vor Augen, so ist es unbestreitbar, daß auch die Kontrolle ex post wenigstens die *Wirkung einer Prävention hat*[13]."

Hinsichtlich der Prüfung neuer politischer Programme und/oder Administrationen erweist sich das Wirksamwerden der angesprochenen Konditionalprogramme sowie die Frage der Vorwirkung jedoch als ein gravierendes Problem, insbesondere dann, wenn sie den mit den wachsenden Staatsauf-

---

[13] *Heckel,* Max von, Das Budget, Leipzig 1898, S. 284f.

und -ausgaben ebenfalls zunehmenden Ermessensspielraum der Exekutive tangieren. In welcher Form dieses Problem von den Rechnungshöfen angegangen wird, beschreibt der ehemalige BRH-Präsident Hans Schäfer wie folgt:

„Der BRH kontrolliert eher neue Verwaltungen und Programme, weil hier in den Entscheidungsprozessen und den Arbeitsabläufen noch neue Lösungen gesucht werden, die von den allgemeinen Sparsamkeits- und Zweckmäßigkeitsgrundsätzen abweichen könnten[14]."

Damit führt der Rechnungshof eine traditionsreiche und allem Anschein unabhängig von dem politischen Umfeld bewährte Strategie zur Strukturierung seines Prüfauftrages wie des Prüffeldes fort, wie ein Blick auf entsprechende Ausführungen des letzten Präsidenten des Reichsrechnungshofs, Heinrich Müller, zeigt. Dieser betont darin die Notwendigkeit der Prüfung und insbesondere der Beratung vor allem der Verwaltungen, „die neu aufgebaut sind oder die im Aufbauwerk des Führers neue und besonders große Aufgaben zu bewältigen haben"[15], was sich während der Kriegszeit in der vorrangigen Prüfung der Besatzungsverwaltung in den eroberten Gebieten manifestierte.

Durch dieses Vorgehen wird (implizit) ebenfalls deutlich, daß die alteingesessenen Institutionen der Exekutive in der Regel den allgemeinen von der Prüf-, Beratungs- und Gutachtertätigkeit geprägten Grundsätzen der Rechnungshöfe folgen – ob dies immer aus eigener Überzeugung geschieht, sei dahingestellt; allerdings kann angesichts der durch die von der Exekutive internalisierten Prüfkriterien „von wirklicher Entscheidungsfreiheit keine Rede mehr sein"[16]. Vielmehr weist die ‚normative Präokkupation' zukünftiger Ermessensspielräume der Exekutive durch die Finanzkontrollbehörden implizit in die Richtung einer ‚politikgestaltenden Prüfungstätigkeit', die tendenziell weit über das hinausgeht, was etwa „dem Bundesrechnungshof als einer im politischen Raum wirkenden Institution als selbstverständlich und unabdingbar zugeordnet bzw. zugestanden wird"[17].

4. ‚Arkanien der Expertokraten' – arkanisierte Expertokratie?

In Ergänzung des zuvor angerissenen Aspekts der öffentlichen bzw. veröffentlichen Meinung als Sanktionspotential der Rechnungshöfe erhebt sich

---

[14] *Schäfer,* Hans, Wer kontrolliert unsere Steuergelder? Finanzprüfung durch den Bundesrechnungshof, Stuttgart 1977, S. 46.

[15] *Müller,* Heinrich, Die staatsrechtliche und staatspolitische Stellung des Rechnungshofs im Dritten Reich, in: FinArch N.F. 1940, S. 203.

[16] *Roedig,* Guido, Zur Problematik der Mitwirkung des Bundesrechnungshofes bei der Planung und Durchführung von Verwaltungsaufgaben, Köln 1966, S. 114.

[17] *Diederich,* 1984, a.a.O., S. 485.

die Frage, inwieweit diese selbst in das Blickfeld der Medien geraten. Abgesehen davon, daß die Ergebnisse der Finanzkontrolltätigkeit von diesen durchaus wahrgenommen werden, sofern sie nur publikumsträchtig erscheinen, ist festzustellen, daß die Kontroll- und Beratungstätigkeit der Rechnungshöfe selbst weitgehend im Verborgenen blüht. Zum Teil erklärt sich dies wohl aus der eigenartigen Stellung der Rechnungsprüfungseinrichtungen: einerseits in der parlamentarischen Demokratie der Öffentlichkeit verpflichtete Kontrollbehörden zu sein, andererseits – von ihrer Tradition her – in einem Bereich zu agieren, der seit jeher eben diese Öffentlichkeit scheute, im Finanzwesen, was ihnen die Geheimhaltung ihres ‚Regierungswissens' auferlegte.

Diese auch heute noch weit verbreitete, um nicht zu sagen vorherrschende Tendenz zur „Sekretierung" darf wohl als ein allgemeines Merkmal bürokratischer Strukturen gelten – worauf Theo Pirker einleitend schon hingewiesen hat –, insbesondere dann, wenn Aspekte der Machterhaltung hineinwirken, hinter der sich oftmals eine organisatorische Selbsterhaltung verbirgt. Zu der sich hieraus erklärenden häufig anzutreffenden Verschlossenheit von Verwaltungen und deren Verschanzen hinter dem Amtsgeheimnis gegenüber Auskunftsanmutungen der Öffentlichkeit bemerkt Kurt Heinig in einer zwar polemisch gefärbten, aber dennoch treffenden Sprache:

> „Gib einem Bureaukraten einen Gummistempel: ‚Geheim!' und er wird sehr bald finden, daß viele seiner Arbeiten diese Aufschrift verdienen. Dann wird er sich darüber klar werden, daß es eine Stufung geben muß, und er schafft sich einen zweiten Stempel an: ‚Ganz geheim!' oder ‚Staatsgeheimnis!' Am liebsten würde er Warnungen wie bei Hochspannungsleitungen benutzen: ‚Achtung, Lebensgefahr!'[18]"

Das nach wie vor existierende Bestreben der staatlichen Bürokratie nach Geheimhaltung und Geheimniskrämerei ist seit einiger Zeit in Verbindung mit der „Wiederkehr der Arkanpolitik"[19], die sich vor allem in der Verschleierung von Verantwortlichkeiten zeigt, insbesondere im Rahmen der politischen Wirkungen des Bundesverfassungsgerichtes, in der Literatur eingehend erörtert worden. Eine entsprechende, die Rechnungshöfe betreffende Diskussion ist jedoch über einen engen Kreis von Fachspezialisten nicht hinausgekommen und selbst dort mit ideologischen Tabus belastet, wie die schon erwähnte und an Teile des vorhergehenden Heinig-Zitats erinnernde Äußerung des ehemaligen BRH-Präsidenten Hans Schäfer über den die herrschende Finanzkontrollehre umgebenden „elektrisch geladenen Zaun" freimütig deutlich macht. Versuche, die Tabuisierung oder besser ideologische Fixierung zu überwinden, sind bisher nur sporadisch erfolgt

---

[18] *Heinig,* Kurt, Das Budget. Erster Band: Die Budgetkontrolle, Tübingen 1949, S. 388.

[19] *Eckertz,* R., Die Kompetenz des Bundesverfassungsgerichtes und die Eigenheit des Politischen, in: Der Staat, Heft 2/1978, S. 192.

und beschränken sich aufgrund fehlender empirischer Grundlagen im wesentlichen auf rechtstheoretische Argumentationen. Als Indiz für eine derartige ‚Arkanpolitik' im Rahmen der Finanzkontrolle wird vielfach die geringe Publizität der Rechnungshoftätigkeit gewertet. Unter dem Aspekt der Stärkung der Finanzkontrolle im politischen Prozeß hat diese kontrovers geführte Auseinandersetzung jedoch mehr als nur theoretische Bedeutung. Sie liefert Indikatoren, in welcher Richtung, insbesondere im Kräfteverhältnis der Rechnungshöfe zur Legislative, eine Gewichtsverlagerung als wünschenswert angesehen wird, wobei abzuwarten bleibt, ob und gegebenenfalls wie sich dieses Verhältnis z. B. durch das vor kurzem u. a. mit dem Ziel einer stärkeren Anbindung des BRH an das Parlament novellierte Bundesrechnungshofgesetz ändern bzw. entwickeln wird.

Im Zusammenhang mit dem Verhältnis Rechnungshof-Parlament ist unter dem hier diskutierten Aspekt der Arkanisierung im übrigen die Feststellung bemerkenswert, wonach der Rechnungsprüfungsausschuß den Bundesrechnungshof gelegentlich als Konkurrenten gegenüber der Öffentlichkeit empfindet[20]. Tatsächlich spielt in der öffentlichen Darstellung von Problemen der Finanzkontrolle der Rechnungshof eine ‚zentrale', der Rechnungsprüfungsausschuß hingegen eine eher ‚marginale' Rolle, was im übrigen wenig verwundert eingedenk einer Bemerkung Hans Schäfers, daß in den jährlichen Berichten der Rechnungshöfe „immer, ohne daß wir (die Rechnungshöfe, d. Verf.) das wollen, der eine oder andere Knüller"[21] enthalten ist. Hiermit drängt sich die Frage einer Politisierung der Rechnungshoftätigkeit durch eine eventuell unangemessene Publizität in den Massenmedien auf, die eine zeitgeschichtliche Parallele in Erinnerung ruft. Gemeint ist der Streit im Organisationsausschuß der Ministerpräsidentenkonferenz im Jahre 1949: Mehrere Ausschußmitglieder sahen sich durch die ‚Öffentlichkeitsarbeit' der Rechnungsprüfer in ihrer Arbeit dermaßen beeinträchtigt, daß man im Ausschuß erwog, die Vertreter der Rechnungshöfe bei den künftigen Beratungen auszuschließen.

Die Ausweitung expertokratischer Tendenzen als einer sublimen Form von Arkanisierung wird in diesem Bereich seit kurzem verstärkt kritisiert: „Die Haushalts- und Finanzkontrolle bildet ein Lehrstück für das Entstehen einer ‚Expertokratie', die ihrerseits selbst einen weiten Freiraum für unkontrolliertes Handeln besitzt"[22]. Diese Entwicklung steht im Kontext mit der vielbeklagten Kompetenzausdünnung des Parlaments, die durch eine Funktionsausweitung der Finanzkontrollbehörden, etwa durch vermehrte Beratungs- und Gutachtertätigkeit, kompensiert werden könnte,

---

[20] *Tomuschat,* 1980, a.a.O., S. 22.

[21] *Schäfer,* Hans, Beitrag auf einer Podiumsdiskussion der Deutschen Vereinigung für Parlamentsfragen zur Finanzkontrolle des Bundes, in: ZParl, Heft 1/1977, S. 110.

[22] *Tomuschat,* 1980, a.a.O., S. 27.

wobei allerdings zu bedenken ist, ob dies nicht auch eine Annäherung an die Ausnahmesituation der Nachkriegszeit bedeuten würde, wo die Rechnungshöfe und ihre „mit Tradition und Erfahrung ausgestatteten“ Experten in „exzessiver“ Weise[23] nicht nur am Verwaltungsgeschehen, sondern in vielfältiger, zum Teil indirekter Form an den Weichenstellungen für die bundesdeutsche Politik mitgewirkt haben.

5. Lösungsstrategien für alte Probleme – Umriß eines neuen Forschungsansatzes

Wenn in der heutigen Diskussion um das Verhältnis der Rechnungshöfe zur Exekutive und zur Legislative noch darum gestritten wird, in welche Richtung sich die wechselseitigen Affinitäten neigen und wo am ehesten Interessengleichklänge vorhanden sind, sollte nicht übersehen werden, daß die institutionalisierte Rechnungsprüfung bis 1945 in allen ihren Ausprägungen ein enges Verhältnis zur Obrigkeit bzw. Regierungsgewalt aufweist. Dies dürfte damit zusammenhängen, daß die Mitglieder der Rechnungsprüfungsbehörden geradezu den Prototyp des ‚echten Beamten‘ im Weberschen Sinne verkörpern. Als Sachverwalter der Rechtmäßigkeit, Ordnungsmäßigkeit und Sparsamkeit, die gleichzeitig jeglicher politischer Verantwortlichkeit enthoben sind, sind sie den hergebrachten Grundsätzen des Berufsbeamtentums auf besondere Weise verpflichtet, fühlen sie sich doch als Elite dieses Berufsstandes.

Bei der Betrachtung der historischen Entwicklung der Rechnungsprüfung in Deutschland fällt auf, „wie wenig sich (deren) Behörde(n) trotz grundlegender politischer Wandlungen in ihrer Grundstruktur verändert“ haben[24]. Neben der vorab erwähnten besonderen Affinität der Rechnungsprüfer zur Obrigkeit und Regierungsgewalt fällt der der Finanzkontrollfunktion beigemessene, schon mehrfach angesprochene unpolitische Charakter besonders auf. Beide Merkmale ziehen sich im Selbstverständnis der Rechnungshöfe wie ein roter Faden von der Preußischen Generalrechenkammer bis zum Bundesrechnungshof – ihr Gültigkeitsanspruch ist dabei sozusagen zeitlos. Sie fügen sich in Verbindung mit einer weitgehenden Abschottung der Rechnungshoftätigkeit gegenüber der Öffentlichkeit und einem hohen Wirkungspotential gegenüber den Verwaltungen zu einer Konstellation, die es den Rechnungshöfen trotz tiefgreifender politischer Wandlungen erlaubt, ihre Grundstrukturen weitgehend zu konservieren und sie gegenüber fundamentalen staatspolitischen Veränderungen zu immunisieren. Allerdings drängt sich besonders aus der zeitgeschichtlichen Perspektive die Frage auf,

---

[23] *Reger,* Hans, Zum Thema „Überrechnungshof“, in: DÖH, Heft 4/1962, S. 197.
[24] *Sigg,* 1983, a.a.O., S. 17.

ob sich nicht gerade hinter den in jüngster Zeit häufenden Vorschlägen für eine Ausweitung der Rechnungshofkompetenzen oder für eine Einrichtung zusätzlicher Kontrollbehörden auch eine Kritik an der unzureichenden Anpassungsfähigkeit der Rechnungshöfe an die Anforderungen des modernen parlamentarisch verfaßten Finanz- und Steuerstaates verbirgt.

Die wissenschaftliche Diskussion zu diesen und anderen Fragen ist weitgehend durch Stagnation gekennzeichnet, die mit den bisherigen, fast durchweg normativ ausgerichteten Erklärungsansätzen kaum überwunden werden dürfte. Hierzu bedarf es vielmehr einer empirischen Überprüfung und Analyse sowohl der Funktionen der Finanzkontrolle als auch ihrer Wirkungen einschließlich deren jeweiligen Mechanismen, wie sie in diesem Beitrag verschiedentlich angesprochen worden sind. Bei einer solchen Analyse müßten zunächst die Funktionen der Rechnungshöfe möglichst vollständig beschrieben werden, wobei den in der Literatur bislang vernachlässigten expressiven Aspekten besondere Aufmerksamkeit zu schenken ist. Hierbei geht es u. a. um die Frage, welche Theorie-Ansätze zur Erfassung und Analyse dieser expressiven Teilfunktionen nutzbar gemacht werden können. Da eine ‚Meta-Theorie', wie sie für instrumentelle Funktionen beispielsweise von Luhmann[25] vorgelegt wurde, für die Bestimmung expressiver Funktionen fehlt, muß in einem iterativen Prozeß sich abwechselnder theoretischer und emprischer Arbeitsschritte der Funktionsrahmen der Institution Rechnungshof umrissen und insbesondere die darin enthaltenen expressiven Aspekte aufgezeigt und präzisiert werden. Die Brauchbarkeit einer solchen differenzierten Funktionsbestimmung wird sich vor allem daran messen lassen müssen, inwieweit hierdurch die in der Literatur zu konstatierenden Divergenzen bzw. Widersprüche sich erklären bzw. auflösen lassen. Diese Überlegung greift die These auf, wonach ein soziales System sich nie ausschließlich an einem instrumentellen Aspekt, an einer Zielsetzung orientieren kann. Ihre Richtigkeit vorausgesetzt, folgt hieraus, daß Analysen von Systemprozessen, sofern sie ausschließlich unter dem instrumentellen Gesichtspunkt einer Zwecksetzung erfolgen, zu Widersprüchlichkeiten führen müssen, was – wie ausgeführt – für den derzeitigen Stand der Diskussion zur Finanzkontrolle um so mehr zutrifft, als allein schon bei der Interpretation und Konzeptualisierung von Ordnungsmäßigkeit, Sparsamkeit und Wirtschaftlichkeit internormative Disparitäten auftreten können.

Ausgangspunkt für eine Präzisierung und Differenzierung der expressiven Funktionen der Rechnungshöfe ist die Frage nach möglichen funktionalen Äquivalenten, die für eine soziale und zeitliche Generalisierung der paradigmatischen Normen Ordnungsmäßigkeit, Sparsamkeit und Wirt-

---

[25] Vgl. *Luhmann,* Niklas, Zweckbegriff und Systemrationalität, Frankfurt a. M. 1973.

schaftlichkeit anstelle der fehlenden Sanktionsverfahren genutzt werden können. Zu einer diesbezüglichen Operationalisierung bieten sich beispielsweise Theoriefragmente zum politischen Skandal[26] und zur Begrenzung der Sanktionspflicht als Instrument der Normstabilisierung an. Hinsichtlich des letztgenannten Aspekts vertritt Popitz[27] die These, daß jedes Normensystem und damit jede Gesellschaft und jede Organisation zusammenbrächen, würden *alle* Normverletzungen aufgedeckt und sanktioniert. Dies darf mit Fug und Recht auch für öffentliche Verwaltungen angenommen werden. (Als indirekter empirischer Beleg kann der hin und wieder als tarifpolitisches Kampfmittel verstandene „Dienst nach Vorschrift" herangezogen werden, mit dem die Funktionsfähigkeit derartiger Systeme und ihres Umfeldes aufs Höchste gefährdet werden kann. Dienst nach Vorschrift bedeutet aber nichts anderes als eine strikte Beachtung aller handlungsrelevanten Normen, d. h. Normverstöße werden auf ein Minimum reduziert – sieht man einmal von dem Eulenspiegeleffekt ab, der aus einer buchstabengetreuen Auslegung und Befolgung der Norm resultiert und deren Sinn konterkariert. Hieraus kann gefolgert werden, daß auch der Verwaltungsalltag durch zahlreiche permanente Normverletzungen geprägt ist, von dem – wie die unumstrittene Existenznotwendigkeit der Rechnungshöfe belegt – auch die erwähnten paradigmatischen Normen betroffen sind.) Popitz faßt seine Überlegungen wie folgt zusammen: „Normbrüche sind unvermeidbar. Aber es ist vermeidbar – und es wird vermieden –, daß sie alle ans Tageslicht kommen"[28]. Folgerichtig definiert er denn auch die „sanktionierten Normverletzungen" als die Teilmenge, die sich ergibt, wenn durch einen mehrstufigen Selektionsprozeß aus der Gesamtmenge aller Normverletzungen – der bekannten wie der unbekannten – zunächst die Menge der offiziell zur Kenntnis genommenen und hieraus wiederum die ‚sanktionswürdigen' herausgefiltert werden. Aus dem hiermit verbundenen Informationsverzicht oder präziser Perzeptionsverzicht resultiert auch ein Sanktionsverzicht. „Aber dieser soweit wie möglich ‚vorgeschobene Sanktionsverzicht' ist zumindest die vergleichsweise ungefährlichste Methode der Entspannung. Jeder spätere Rückzug, wie der Verzicht auf Verfolgung, Anklageerhebung und Verurteilung, ist als Verzicht viel eindeutiger artikuliert[29]." Diese Überlegungen wurden für den Bereich des Strafrechtes angestellt. Hier ist der Perzeptionsverzicht als vorgeschobener Sanktionsverzicht insoweit institutionalisiert, als der staatliche Sanktionsapparat sich ausschließlich auf die

---

[26] Vgl. hierzu u. a. *Schütze,* Christian, Die Kunst des Skandals. Über die Gesetzmäßigkeiten übler und nützlicher Ärgernisse, München 1967.

[27] *Popitz,* Heinrich, Über die Präventivwirkung des Nichtwissens. Dunkelziffer, Norm und Strafe, in: Recht und Staat in der Geschichte und Gegenwart, Nr. 350, Tübingen 1968.

[28] Ebenda, S. 9.

[29] Ebenda, S. 14.

Ahndung bekanntgewordener realer oder begründet vermuteter Verstöße gegen Strafrechtsnormen konzentriert.

Völlig anders ist die Situation beim Rechnungshof: Sein Prüffeld umfaßt im Prinzip das gesamte Verwaltungshandeln. Seine Zuständigkeit beginnt also nicht erst dort, wo der konkrete *Verdacht,* sondern schon dort, wo die (abstrakte) *Möglichkeit* eines Verstoßes gegen die Gebote der Ordnungsmäßigkeit, Sparsamkeit und Wirtschaftlichkeit gegeben ist. Damit wird die von Popitz formulierte Notwendigkeit der Nichtperzeption von Normverstößen – im Gegensatz zur staatlichen Sanktionsorganisation im Bereich der Strafrechtsnormen – zum prekären innerorganisatorischen Problem. Entwickelte Sozialsysteme reagieren in solchen Konstellationen mit Systemdifferenzierungen, d. h. sie isolieren kritische Teilfunktionen und bilden hierfür Subsysteme aus. Im Falle der öffentlichen Finanzkontrolle kann hierzu eine theoretisch begründete Ortsbestimmung erfolgen: Das entsprechende Subsystem ist – soll es seine „Entlastungsaufgaben" erfolgversprechend ausführen – als Grenzstelle zwischen dem Rechnungshof und dem Segment zu verorten, in dem die Masse der Normverletzung zwangsläufig anfällt – der Exekutive. In der Tat hat sich hier ein ganzes Netz solcher Subsysteme herausgebildet in Form der Vorprüfstellen, deren ‚Grenzcharakter' strukturell verankert ist: in sachlicher bzw. fachlicher Hinsicht sind sie gegenüber dem Rechnungshof weisungsgebunden, disziplinarrechtlich der jeweiligen Behörde bzw. der Ressortspitze unterstellt[30]. Es wäre also zu klären, welche Funktion die Vorprüfstellen in dem Selektionsprozeß des Herausfilterns solcher Normverstöße haben.

Die Rechnungshöfe verfügen nicht über die Definitionsgewalt, allgemein verbindlich zu explizieren oder zu präzisieren, wie in der Gegenwart oder in der Zukunft die paradigmatischen Normen zu interpretieren und verfahrensmäßig zu verankern sind; d. h. sie selbst liefern keine verbindlichen Konditionalprogramme, die diese Normen in handlungsbestimmende Erwartungen umsetzen. Die dem Rechnungshof formal-rechtlich zugewiesenen Funktionen leisten keinen Beitrag, Unsicherheit, die bezüglich der Einhaltung der Gebote Ordnungsmäßigkeit, Sparsamkeit und Wirtschaftlichkeit im faktischen Verwaltungshandeln bei der Administration stets besteht, in eine tragbare Form zu bringen. Diese Unsicherheit hängt eng mit dem besonderen Charakter der genannten paradigmatischen Normen zusammen. Hinsichtlich ihrer Bedeutung für Handlungssysteme können sie als kongruent mit dem Begriff der ‚Wertidee' gelten[31]. Die aufgrund der

---

30 Die teilweise unterschiedliche Regelung der Vorprüfung beim Bund und in den einzelnen Ländern kann bei dieser Sichtweise ausgeklammert werden.

31 „Es handelt sich dabei weder *um utopische Ideale noch um handlungsbestimmende Normen,* sondern um einen ‚Zwischenbereich', der gerade um dieser Zwischenstellung willen leicht mit dem einen oder anderen identifiziert wird. (Anm. d. Verf.:

hohen Abstraktheit wesentlich größere Unbestimmtheit der gesellschaftlichen Werte gegenüber sozialen Normen erlaubt es, sich bei normabweichendem Verhalten auf jene zu berufen, wodurch die Möglichkeit gegeben ist, das Gefüge der Normen an veränderte Bedingungen anzupassen, ohne in Legitimationszwänge zu geraten. Diesem Gesichtspunkt kommt in diesem Zusammenhang ein besonders hoher Stellenwert zu. Gerade bei den Begriffen Ordnungsmäßigkeit, Sparsamkeit und insbesondere Wirtschaftlichkeit muß sichergestellt sein, daß sie für zukünftige Entwicklungen offen bleiben[32].

Unsicherheit, die durch Entscheidungsprobleme mit finanzieller Auswirkung in der Gegenwart oder Zukunft in der Exekutive erzeugt wird, soll – nach der formalen Funktionszuweisung – durch die Institution Rechnungshof offensichtlich nicht absorbiert werden. Dies mag paradox erscheinen, wird aber unter instrumentellen Aspekten durchaus verständlich, wenn man die Wirkungen von Unsicherheit einbezieht. Anknüpfend an die These, daß Sicherheit ein gesellschaftliches Wertideal darstellt, kann davon ausgegangen werden, daß Unsicherheit – in dem hier behandelten Fall, die Ungewißheit, wie die haushaltsrelevanten paradigmatischen Normen im aktuellen und zukünftigen Verwaltungshandeln konkret zu handhaben seien – Strategien ihres Abbaues bzw. ihrer Absorption auslöst; das bedeutet vor allem die Suche nach Orientierungs- und Interpretationshilfen, d. h. nach geeigneten Handlungsnormen oder Konditionalprogrammen, die in Organen der Staatsbürokratie im allgemeinen die Form von Gesetzen, Vorschriften, Geschäftsordnungen etc. aufweisen. Kurz: das definitorische Defizit des Rechnungshofes ist sehr wohl geeignet, normkonformes Verhalten in der Exekutive zu induzieren oder zu verstärken, was unter dem Gesichtspunkt der paradigmatischen Norm ‚Ordnungsmäßigkeit' durchaus funktional ist.

Es bestehen allerdings berechtigte Zweifel, ob die hier als These entwikkelte ‚definitorische Enthaltsamkeit' die Praxis der öffentlichen Finanzkon-

---

die zahlreichen unterschiedlichen wirtschaftswissenschaftlichen und juristischen Interpretationen, insbes. der Begriffe ‚Sparsamkeit' und ‚Wirtschaftlichkeit', liefern ein beredtes Beispiel hierfür.) Die ‚gesellschaftlichen Wertideen' üben *innerhalb* der Handlungssysteme (Institutionen) eine handlungsorientierende Wirkung aus und lassen – im Gegensatz zu den ‚utopischen Idealen' (die möglicherweise noch auf der Suche nach einer institutionellen Vergegenständlichung sind) – *partielle Realisierungen* zu. Sie sind zugleich ‚in Handlungen entwickelbar' und ‚teildeterminiert' (Gehlen), d. h. sie transzendieren jeden Handlungszweck, jeden auf ihre Erreichung gerichteten Akt."

Kaufmann, Franz-Xaver, Sicherheit als soziologisches und sozialpolitisches Problem. Untersuchungen zu einer Wertidee hochdifferenzierter Gesellschaften, Stuttgart ^{2}1973, S. 38.

[32] Wenn es vor 25 Jahren wirtschaftlich gewesen sein mag, wichtige eindeutige Informationen vom Ort A zum Ort B per Eilbrief oder telegraphisch zu übermitteln, so darf eine entsprechende Prüfpraxis in der Vergangenheit keine Legitimation dafür bieten, daß auch heute noch so verfahren wird, wenn z. B. die Möglichkeiten von Teletextsystemen genutzt werden können.

trolle wirklich prägt oder ob in der Tätigkeit des Rechnungshofes nicht doch faktisch definitorische oder interpretative Aspekte, kurz ‚Normsetzungsfunktionen' an Bedeutung gewinnen. Es ist davon auszugehen, daß die Definitionsdefizite im Verwaltungsalltag in den letzten Jahren stark zugenommen haben, weil der Anteil von Gesetzen, der sich auf die Zweckprogrammierung beschränkt, stetig wächst und damit Konditionalprogramme, die allein geeignet sind, Unsicherheiten im Verwaltungsalltag tragbar zu machen, zumindest relativ abgenommen haben. Von daher wäre zu erwarten, daß die Tätigkeit der Rechnungshöfe, sofern ihr eine ‚gewußte', d. h. extern bekannte Kontinuität der Prüfkriterien und -praxis zugrunde liegen, Vorwirkungen dahingehend entfaltet, daß die impliziten Wirtschaftlichkeits- und Sparsamkeitskonzepte des BRH quasi als Konditionalprogramme von der Exekutive genutzt werden. Da dieser Gesichtspunkt der Vorwirkung wie ausgeführt keineswegs neu ist, ist zu vermuten, daß dieser Widerspruch, der zwischen formaler Funktionszuweisung und realem Erwartungsdruck seitens der Exekutive im Rechnungshof erzeugt wird, seinen institutionellen Niederschlag ebenfalls in der Einrichtung der Vorprüfstellen gefunden hat.

Als Indiz für den hier postulierten Erwartungsdruck auf die Institutionen der Finanzkontrolle kann z. B. die Tatsache gewertet werden, daß der Bundesrechnungshof bzw. sein Präsident als „Bundesbeauftragter für Wirtschaftlichkeit in der Verwaltung“ nicht nur von der Legislative, sondern auch von der Regierung oder einzelnen Ministerien in Anspruch genommen wird. Daraus folgt, daß die Widersprüchlichkeit der Rechnungshoftätigkeit – das Fehlen formaler Sanktionsverfahren und die Notwendigkeit definitorischer Abstinenz auf der einen Seite und die (vermutete) Verfügbarkeit über funktionale Sanktionsäquivalente sowie der (vermutete) faktische ‚Normsetzungseffekt' auf der anderen Seite – insbesondere ihren Niederschlag darin finden müßte, daß sich Gutachten, die im Auftrage der Exekutive erstellt wurden, stärker durch eine Zurückhaltung im Hinblick auf verallgemeinernde Aussagen auszeichnen als Gutachten für die Legislative. Im letzteren Falle, wenn die Legislative mit den Inhalten der RH-Gutachten „Politik macht“, besteht für verallgemeinernde Aussagen zwar durchaus die Chance, Normencharakter zu gewinnen, ohne jedoch die Legitimations- oder Autoritätsbasis des Rechnungshofs zu tangieren, weil er die ‚Norm-Verbindlichkeit' institutionell nicht zu verantworten hat. Des weiteren darf vermutet werden, daß das Sanktionspotential von Gutachten, die im Auftrag der Ressorts erstellt worden sind, tendenziell geringer ist als bei solchen, die z. B. der Haushaltsausschuß angefordert hat.

Mit dem hier grob skizzierten Forschungsansatz eröffnet sich die Möglichkeit, eine Schwäche der bisherigen auf empirische Erhebungen weitgehend verzichtenden Untersuchungen zu überwinden, die fast ausnahmslos von formal zugewiesenen Funktionen ausgehen. Dieser normativen Blickwinkelverengung ist es zuzuschreiben, daß instrumentelle Aspekte der Institution Rechnungshof, die auf den ersten Blick nicht in unmittelbarem Zusammenhang mit der öffentlichen Finanzkontrolle zu stehen scheinen, außer Betracht bleiben und erst recht die expressiven. Eine Vernachlässigung dieser Funktionen bedeutet faktisch die Ausblendung der Erwartungs- und Orientierungsebene mit der Gefahr beträchtlicher Verzerrungen insbesondere im Hinblick auf die Analyse der realen Macht- und Herrschaftsbeziehungen und der faktischen Sanktionspotentiale, die in der Regel keine Entsprechung auf der Ebene der Normsetzung finden. Mit einem solchen Ansatz[33] könnte die seit längerem stagnierende Theoriebildung zur öffentlichen Kontrolle staatlicher Aktivitäten durch empirisch fundierte Erkenntnisse neu belebt werden.

---

33 Ein entsprechendes Forschungsprojekt wird zur Zeit von der Deutschen Forschungsgemeinschaft gefördert und im Rahmen des Forschungsprojektschwerpunktes „Planung und Kontrolle“ am Zentralinstitut für sozialwissenschaftliche Forschung der FU Berlin unter der Leitung von Prof. Dr. Nils Diederich durchgeführt.

Autoren

MinRat *Hermann A. Dommach*, Mitglied des Bundesrechnungshofes.

Dr. *Franz-Otto Gilles*, Mitarbeiter des Zentralinstituts für sozialwissenschaftliche Forschung der Freien Universität Berlin.

Ulrich Müller, Präsident des Rechnungshofes von Berlin.

MA *Gerhard Otto*, Mitarbeiter des Zentralinstituts für sozialwissenschaftliche Forschung der Freien Universität Berlin.

Professor Dr. *Theo Pirker*, Geschäftsführender Vorsitzender des Zentralinstituts für sozialwissenschaftliche Forschung der Freien Universität Berlin.

Dr. *Rainer Weinert*, Mitarbeiter des Zentralinstituts für sozialwissenschaftliche Forschung der Freien Universität Berlin.

Karl Wittrock, ehem. Präsident des Bundesrechnungshofes.